普通高等教育经管类专业"十二五"规划教材

会计业务一体化实验教程

(用友 ERP-U8 V10.1 版)

毛华扬　邹　淑　编著

清华大学出版社

北　京

内容简介

本书采用用友 ERP-U8 V10.1 版作为操作软件,以安装、基础设置、总账、采购与应付、销售与应收、库存、存货核算、固定资产、薪资、期末业务处理、报表为基本处理顺序来完成整个实验。在实验资料上按照业务类型进行设计,各项业务的操作都有详细的操作过程,同时在一些环节留有主要的业务结果供操作验证。

本书主要供高等院校和高职院校会计、财务管理、审计专业学生学习,还可供在职会计人员参考使用。

本书封面贴有清华大学出版社防伪标签,无标签者不得销售。
版权所有,侵权必究。侵权举报电话:010-62782989,beiqinquan@tup.tsinghua.edu.cn。

图书在版编目(CIP)数据

会计业务一体化实验教程:用友 ERP-U8 V10.1 版/毛华扬,邹淑 编著.
—北京:清华大学出版社,2014(2024.2重印)
(普通高等教育经管类专业"十二五"规划教材)
ISBN 978-7-302-35802-2

Ⅰ.①会… Ⅱ.①毛… ②邹… Ⅲ.①财务软件—高等学校—教材 Ⅳ.①F232

中国版本图书馆 CIP 数据核字(2014)第 057732 号

责任编辑:崔 伟 马遥遥
封面设计:周晓亮
版式设计:方加青
责任校对:邱晓玉
责任印制:沈 露

出版发行:清华大学出版社
    网 址:https://www.tup.com.cn,https://www.wqxuetang.com
    地 址:北京清华大学学研大厦 A 座 邮 编:100084
    社 总 机:010-83470000 邮 购:010-62786544
    投稿与读者服务:010-62776969,c-service@tup.tsinghua.edu.cn
    质 量 反 馈:010-62772015,zhiliang@tup.tsinghua.edu.cn
    课 件 下 载:https://www.tup.com.cn,010-62796865

印 装 者:三河市少明印务有限公司
经 销:全国新华书店
开 本:185mm×260mm 印 张:18.5 字 数:425 千字
    (附光盘 1 张)
版 次:2014 年 5 月第 1 版 印 次:2024 年 2 月第 14 次印刷
定 价:48.00 元

产品编号:057031-02

前　言

用友ERP-U8 V10.1实现了财务业务的一体化处理，并适应目前的技术环境，我们按照业务一体化的方式分模块编写了本实验指导，分步骤、按流程完成业务操作，帮助读者掌握用友ERP-U8的应用方法。

本书设计了一个一体化的案例，结合业务模拟一个企业进行会计信息化的基本过程，以安装、基础设置、总账、采购和应付、销售和应收、库存、存货核算、固定资产、薪资、期末业务处理、报表为基本处理顺序来完成整个业务处理，在案例资料上按照业务类型进行设计，这样就与实际业务处理的方法类似。业务的操作有详细的操作过程，同时在一些重要环节留有主要的业务结果，便于实验者自我验证。

本实验所使用的操作系统为Windows 7旗舰版，数据库软件为SQL Server 2005 Express SP2版。随书附赠的光盘包括用友ERP-U8 V10.1版教学软件和每个阶段的实验账套等。如果按照实验要求，某些部分不安排实验，则可以导入某阶段的账套，然后直接在该基础上进行。

本书由毛华扬、邹淑编著。在编写中参考了一些资料，详见文后的参考文献，在此对文献作者表示谢意。在写作中，特别参考了用友ERP-U8的相关技术资料、培训资料、帮助信息，在此特别表示感谢。

限于作者水平，本书一定还存在不少不足，欢迎业界同仁和读者指正，意见和建议请反馈至landmao@126.com，以便在下一版中修改。本书的相关辅助资料或问题回答会在http://hi.baidu.com/landmao上公布。

编者
2013年12月18日

目 录

第1章　系统管理与基础设置 ················ 1
1.1　用友ERP-U8简介 ····················· 1
1.2　安装 ······································· 2
　　1.2.1　安装注意事项 ·················· 2
　　1.2.2　安装环境的准备 ·············· 3
　　1.2.3　安装IIS ·························· 4
　　1.2.4　安装数据库 ···················· 4
　　1.2.5　安装用友U8系统 ············ 7
1.3　系统管理 ································ 10
　　1.3.1　系统管理功能概述 ········· 10
　　1.3.2　创建账套 ······················· 11
　　1.3.3　恢复账套 ······················· 17
　　1.3.4　财务分工、账套信息修改 ···· 19
1.4　基础设置 ································ 26
　　1.4.1　基础设置概述 ················ 26
　　1.4.2　系统启用 ······················· 27
　　1.4.3　系统出错处理方法 ········· 29
　　1.4.4　部门和人员档案设置 ······ 30
　　1.4.5　客户和供应商档案设置 ···· 34

第2章　总账业务处理 ······················· 39
2.1　总账业务处理概述 ·················· 39
　　2.1.1　总账的处理流程 ············· 39
　　2.1.2　总账与其他子系统之间的数据关系 ··· 40
　　2.1.3　日常总账处理 ················ 40
2.2　总账设置 ································ 44
　　2.2.1　设置总账参数 ················ 44

2.2.2　外币设置 ··························· 46
2.2.3　设置会计科目 ···················· 47
2.2.4　设置凭证类别 ···················· 51
2.2.5　设置结算方式 ···················· 52
2.2.6　设置项目目录 ···················· 52
2.2.7　录入会计科目期初余额 ······ 55
2.3　日常总账业务处理 ·················· 60
2.4　出纳管理 ································ 72
　　2.4.1　出纳管理概述 ················ 72
　　2.4.2　期初设置 ······················· 74
　　2.4.3　出纳日常业务处理 ········· 76
　　2.4.4　信息查询 ······················· 80
2.5　总账查询 ································ 81

第3章　采购与应付业务处理 ············· 84
3.1　供应链管理 ····························· 84
　　3.1.1　供应链管理与其他系统的关系 ··· 84
　　3.1.2　设置基础信息 ················ 85
　　3.1.3　设置基础科目 ················ 94
　　3.1.4　期初余额 ······················· 100
3.2　采购管理 ································ 105
　　3.2.1　采购管理功能概述 ········· 105
　　3.2.2　常规采购业务 ················ 107
　　3.2.3　采购现结业务 ················ 117
　　3.2.4　采购运费处理 ················ 120
　　3.2.5　请购比价业务 ················ 124
　　3.2.6　暂估入库报销处理 ········· 128

  3.2.7 采购结算前退货 ………………… 131
  3.2.8 采购结算后退货 ………………… 134
  3.2.9 暂估入库处理 …………………… 137
  3.2.10 采购业务月末结账 …………… 138
  3.2.11 采购查询 ……………………… 139
 3.3 应付款管理 ………………………… 141
  3.3.1 概述 …………………………… 141
  3.3.2 付款业务 ……………………… 142
  3.3.3 查询 …………………………… 143
  3.3.4 期末处理 ……………………… 143

第4章 销售与应收业务处理 ………… 144

 4.1 销售管理 …………………………… 144
  4.1.1 销售管理功能概述 …………… 144
  4.1.2 常规销售业务 ………………… 146
  4.1.3 商业折扣的处理 ……………… 152
  4.1.4 现结业务 ……………………… 154
  4.1.5 补开上月发票业务 …………… 156
  4.1.6 汇总开票业务 ………………… 158
  4.1.7 分次开票业务 ………………… 161
  4.1.8 开票直接发货 ………………… 163
  4.1.9 超发货单出库 ………………… 165
  4.1.10 分期收款发出商品 …………… 170
  4.1.11 委托代销业务 ………………… 173
  4.1.12 开票前退货业务 ……………… 177
  4.1.13 委托代销退货业务 …………… 179
  4.1.14 直运销售业务 ………………… 181
  4.1.15 销售查询 ……………………… 186
  4.1.16 月末结账 ……………………… 187
 4.2 应收款管理 ………………………… 187
  4.2.1 应收款管理概述 ……………… 187
  4.2.2 预收款处理 …………………… 187
  4.2.3 收款处理 ……………………… 188
  4.2.4 预收冲应收 …………………… 189
  4.2.5 计提坏账准备 ………………… 190
  4.2.6 往来核销 ……………………… 191
  4.2.7 往来账的查询 ………………… 192
  4.2.8 期末处理 ……………………… 193

第5章 库存与存货核算业务处理 ……… 194

 5.1 库存管理 …………………………… 194
  5.1.1 库存管理功能概述 …………… 194
  5.1.2 产成品入库业务 ……………… 195
  5.1.3 物料领用 ……………………… 197
  5.1.4 调拨业务 ……………………… 198
  5.1.5 盘点业务 ……………………… 201
  5.1.6 其他出库业务 ………………… 203
  5.1.7 假退料 ………………………… 204
  5.1.8 月末结账 ……………………… 205
 5.2 存货核算 …………………………… 206
  5.2.1 存货核算功能概述 …………… 206
  5.2.2 调整存货入库成本 …………… 209
  5.2.3 调整存货出库成本 …………… 210
  5.2.4 核算资料查询 ………………… 212
  5.2.5 期末处理 ……………………… 213

第6章 固定资产与薪资业务处理 ……… 219

 6.1 固定资产管理 ……………………… 219
  6.1.1 固定资产管理功能概述 ……… 219
  6.1.2 固定资产初始设置 …………… 220
  6.1.3 固定资产日常业务处理 ……… 227
  6.1.4 月末对账与结账 ……………… 233
  6.1.5 固定资产查询 ………………… 233
 6.2 薪资管理 …………………………… 234
  6.2.1 薪资管理功能概述 …………… 234
  6.2.2 薪资基础设置 ………………… 234
  6.2.3 正式人员工资类别日常工资处理 … 247
  6.2.4 临时人员工资类别日常工资处理 … 254
  6.2.5 月末处理 ……………………… 261
  6.2.6 工资信息查询 ………………… 262

第7章 期末业务与报表业务处理 ……… 263

 7.1 期末业务 …………………………… 263
  7.1.1 期末处理概述 ………………… 263
  7.1.2 期末业务 ……………………… 264
  7.1.3 自动转账 ……………………… 264
  7.1.4 汇兑损益 ……………………… 268

  7.1.5 销售成本结转 ·················· 270
  7.1.6 损益结转 ························ 270
 7.2 报表管理 ······························· 272
  7.2.1 报表编制的一般方法 ········ 272
  7.2.2 U8报表管理功能概述 ········ 275
  7.2.3 制作常规报表 ··················· 277

  7.2.4 自定义报表制作 ··············· 281
 7.3 期末结账 ······························· 285
  7.3.1 供应链期末处理 ··············· 285
  7.3.2 期末对账 ························ 286
  7.3.3 月末结账 ························ 286

参考文献 ··· 288

第1章 系统管理与基础设置

1.1 用友ERP-U8简介

用友ERP-U8企业应用套件(简称用友ERP-U8)是面向中型企业的管理软件。它充分适应中国企业高速成长且逐渐规范发展的状况,是蕴涵中国企业先进管理模式,体现各行业业务最佳实践,有效支持中国企业国际化战略的信息化经营平台。

用友ERP-U8提供财务管理、供应链管理、生产制造管理、客户关系管理、人力资源管理、办公自动化和商业智能等集成化功能,具体可根据实际需要选用。

> **注意** 本书重点讲解供应链业务与财务的一体化处理方法,如需要学习生产管理等模块,请参考其他资料。

用友ERP-U8提供业务财务一体化解决方案,是一个集成应用平台,其结构如图1-1所示。

图1-1　集成应用平台[①]

---

① 来源于用友股份公司培训资料。

在业务上，ERP-U8是一体化的处理平台，其财务业务一体化的流程如图1-2所示。

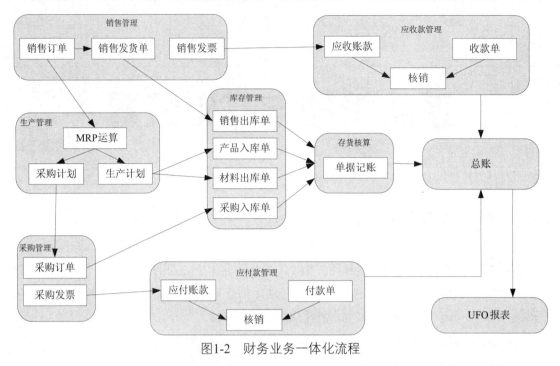

图1-2　财务业务一体化流程

1.2 安装

1.2.1 安装注意事项

在单机上安装用友ERP-U8 V10.1软件，操作系统使用Windows 7时，要注意以下问题。

(1) 操作系统：Windows 7家庭版、高级家庭版都不能安装，只能是旗舰版和专业版。

(2) 数据库：SQL Server 2005 SP2，并使用REGEDIT更改注册表。若要安装其他版本的SQL Server，请参考其他资料。

(3) 安装权限：管理员。最好是超级用户。

(4) 用户权限控制：设置为最低，即对安装不做限制。

(5) 安全管理软件：安全卫士、杀毒软件之类在安装过程中必须停止运行。最好先卸载，待安装成功后再安装安全管理类软件。

(6) 其他软件：可以安装Office、输入法、浏览器、即时通讯类软件。由于管理软件之间容易产生冲突，所以不能在同一环境再安装其他管理软件。

1.2.2 安装环境的准备

1. 安装用户

安装软件过程中,一般都要更改有关的环境设置,因此需要具有管理员权限才能安装,最好在安装时使用超级用户。

具体操作方法是:在桌面"计算机"上单击鼠标右键,从弹出的快捷菜单中选择"管理",然后依次选择"本地用户和组"|"用户"|"Administrator"。

双击"Administrator",将"账户已禁用"前面的"√"去掉(单击"√"),单击"确定"按钮,退出后重新启动操作系统。

2. 更改用户账户控制设置

为了安全起见,Windows 7对用户的权限进行了控制,以防止非法软件被安装。但在安装一些软件时是需要最高权限的,以避免表面上似乎安装完成,但由于安装人员的权限不够,导致在修改有关系统参数时不成功,从而导致安装后无法使用的情况。这种问题是在程序的安装过程中发生的,不一定进行提示,出现错误的时候很难找出原因和解决办法。

选择"控制面板"|"用户账户和家庭安全"|"用户账户",再单击"更改用户账户控制设置",然后将其设为最低。

3. 更改计算机名称

打开"控制面板",选择"系统和安全",再选择"系统"。

在用友U8系统中,计算机名不能使用"-"等特殊字符,如需要更改,可选择计算机名的"更改设置"功能完成。如图1-3所示,将计算机名改为"landmao",然后单击"确定"按钮,重新启动后完成。

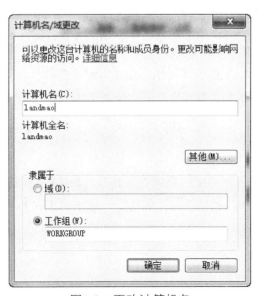

图1-3 更改计算机名

4. 日期分隔符设置

用友U8中，要求日期分隔符号设置为"-"。设置的方法为：进入Windows 7控制面板，选择"时钟、语言和区域"，再选择"更改日期、时间或数字格式"，设置短日期的格式(设置为yyyy-MM-dd格式)即可。

1.2.3 安装IIS

用友ERP-U8需要安装IIS(Internet Information Services，互联网信息服务)，它是由微软公司提供的基于运行Windows的互联网基本服务。IIS的默认安装不完全，需要手动添加进行安装。具体方法如下：

(1) 进入控制面板后，选择"程序"，并选择"程序和功能"中的"打开或关闭Windows功能"。

(2) 选择"Internet信息服务"，进入后，要把加号都点开，简单的做法是选取可选的全部项目。

进行相关设置后，单击"确定"按钮，系统会自动完成IIS的安装，然后重新启动计算机。

1.2.4 安装数据库

用友U8使用的是微软的SQL Server数据库，这里使用Microsoft SQL Server 2005 EXPRESS SP2版本(免费版)。作为学习使用，功能已经能满足。

Windows 7家庭版是不能安装SQL Server 2005的。

具体安装方法如下：

(1) 进入MSSQLSERVER2005EXPRESS_sp2目录，双击setup.exe安装程序，进行安装。在安装之前，一定要停用杀毒软件、360安全卫士之类的安全管理软件。

安装过程中，系统可能会提示"此程序存在已知的兼容性问题"，可选择"运行程序"继续安装。在后续安装中遇到类似提示，也按照这种方式处理。

(2) 进入安装界面后，先选择"我接受许可条款和条件"复选框，然后单击"下一步"按钮。

(3) 在"安装必备组件"界面中，选择"安装"，系统将自动进行安装。然后出现"系统配置检查"，系统检查通过后应显示为"成功"。单击"下一步"按钮，出现"注册信息"对话框，如图1-4所示。

第1章 系统管理与基础设置 5

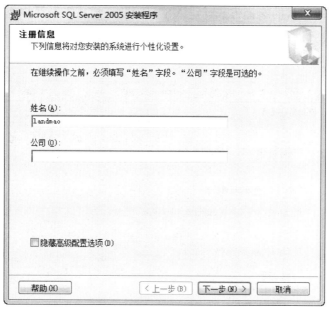

图1-4 注册信息

注意 不要选择"隐藏高级配置选项"(默认是选择的)。

(4) 单击"下一步"按钮，如图1-5所示。按照系统默认的选择即可，也可以全部安装，安装路径可以按照自己的需要更改。单击"下一步"按钮，进入"实例名"设置窗口。选择"默认实例"，下一步的"服务账户"也选择默认的方式。

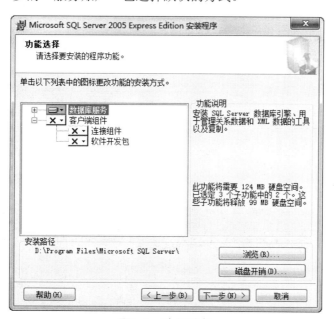

图1-5 功能选择

(5) 后续选用系统默认的选择方式,进入"身份验证模式"对话框,如图1-6所示。身份认证方式选择混合模式,密码可自己设定。这里输入"yonyou"作为密码,然后单击"下一步"按钮,排序规则使用默认设置。

图1-6　身份验证模式

(6) 进入配置选项设置时,选择"将用户添加到SQL Server管理员角色"复选框,如图1-7所示。

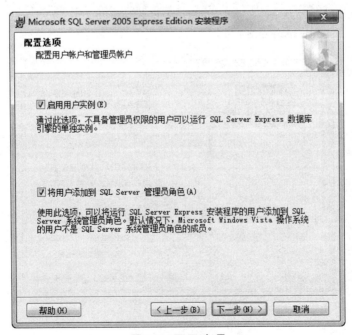

图1-7　配置选项

(7) 后续安装选择默认设置,直至安装完毕。

注意 要记住设置的密码，后续需要输入。安装完成后需要重新启动系统。

(8) 重新启动后，选择"开始"|"所有程序"|"Microsoft SQL Server 2005"|"SQL Server 配置管理器"，在单击"SQL Server 2005服务"后，可以看到该服务已运行，如图1-8所示。

图1-8　SQL Server配置管理器

如果服务没有启动，可以单击鼠标右键，从弹出的快捷菜单中选择"启动"即可。

1.2.5　安装用友U8系统

1. 安装环境检测

进入用友新道教育U8AllinOne (G)目录，双击Setup.exe安装程序，在打开的窗口中单击"下一步"按钮，并在"许可证协议"窗口选择接受协议，然后单击"下一步"按钮进行客户信息设置。这里输入的公司名称对后面的实际应用没有影响，可自行输入。单击"下一步"按钮后进入"选择目的地位置"窗口，一般选择默认设置，用户也可以根据需要自行更改。如图1-9所示。

图1-9　目的地位置

单击"下一步"按钮,在安装类型窗口,选择"全产品",就是全部组件在同一台机器上安装,如图1-10所示。

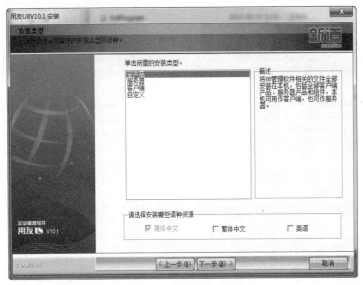

图1-10 安装类型选择

可以不选择"繁体中文"和"英语",然后单击"下一步"按钮,进入"环境检测"窗口,单击"检测"按钮,检测后如图1-11所示。

图1-11 系统环境检查

如果缺省组件中有未安装的组件，要选择"安装缺省组件"进行自动安装，也可以直接单击相应项目进行安装。可选组件可以不安装。

2. 安装

系统环境检查通过后，单击"确定"按钮，出现"可以安装程序了"对话框，选择"安装"进行具体的安装。

安装将持续较长时间，具体与所用机器的性能有关。安装中如果出现如图1-12所示的提示信息，可选择"使用推荐的设置重新安装"。安装完毕，需要重新启动计算机。

图1-12　安装兼容性提示

重新启动后系统提示进行数据源配置，在"数据库"文本框中输入"landmao"，在"SA口令"文本框中输入"yonyou"。数据库名就是本机机器名，SA口令的密码就是安装数据库时自己设置的。单击"测试连接"按钮，应显示"测试成功"，不然说明数据库没有连接上，注意检查数据库名和密码，如图1-13所示。

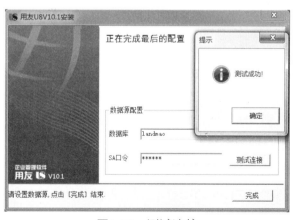

图1-13　测试连接

之后还会提示"是否初始化数据库"。这里不选择初始化，留待后续来完成。

1.3 系统管理

1.3.1 系统管理功能概述

系统管理负责对整个系统的公共任务进行统一管理,包括账套管理、操作员及其权限的设置等。

系统管理功能的基本流程,一般是以系统管理员注册的方式进入U8的系统管理窗口,建立账套,添加新的操作员并设置操作员权限、指定该账套的账套主管,然后以账套主管身份重新注册系统管理功能,进行账套启用的设置。

1. 新建账套

U8软件属于通用型商品化管理软件,系统中并没有任何与使用单位相关的信息,因此要使用计算机进行账务处理工作,首先必须进行账套文件设置,以存放企业开展会计工作的信息。账套中存放的内容包括会计科目、记账凭证、账簿、会计报表等。建立账套是在建账向导指引下进行的,主要确定账套号、账套名称、企业所属行业、记账本位币、会计科目体系结构、会计期间的划分和设置账套启用期间等。这一过程称为新建账套。

2. 年度账管理

在U8系统中,每个账套都存放企业不同年度的财务数据,称为年度账。在一个新的会计年度开始时,都应在系统中设置新的年度账套,并将上年度账套的期末余额结转到新的年度账套中,开始新一年的业务核算工作。

只有账套主管才有权限进行有关年度账的操作。

3. 恢复和备份

备份账套功能是指将所选的账套数据进行备份。恢复账套功能是指将以前备份的账套数据引入本系统中。该功能不仅方便企业将备份数据恢复,而且有利于集团公司将子公司的账套数据定期地引入母公司系统中,方便账套数据的分析和合并工作。

恢复和备份账套功能只能由系统管理员进行操作。

年度账的恢复和备份操作与一般账套的操作方法相同,不同的是年度账的恢复与备份是针对账套中的某一年度数据,而不是整个账套的数据,并且年度账的恢复与备份只能由账套主管进行操作。

4. 系统管理员与账套主管

系统管理功能只允许系统管理员和账套主管两类用户登录。

系统管理员负责整个系统的运行维护工作，包括进行账套建立、恢复、备份，为账套设置操作员、权限，指定账套的账套主管等。

账套主管负责所指定账套的维护工作，包括对账套参数的修改，年度账的建立、清空、恢复、备份、结转，以及该账套的操作员权限设置。

1.3.2 创建账套

实验资料

公司简介：重庆两江科技有限公司生产的主产品是税控II号及发票打印纸，应用于录入发票(专用和普通)、打印发票和数据存储，同时公司代理与税控II号产品相关的配套用品(如激光打印机、扫描仪、服务器等)。一车间主要生产税控II号产品，二车间主要生产发票打印纸。

建账信息：

(1) 账套信息

账套号：999(具体实验中可用学生的学号代替)；账套名称：重庆两江科技有限公司；采用默认账套路径；启用会计期：2013年4月；会计期间：默认。

(2) 单位信息

单位名称：重庆两江科技有限公司；单位简称：两江科技；单位地址：重庆市两江新区新光大道9999号；法人代表：孙正；邮政编码：401147；联系电话及传真：0231234567；税号：110 119 120 130 999。

有外币核算。

(3) 分类编码方案

该企业的分类编码方案如下。

科目编码级次：4222；客户和供应商分类编码级次：2；存货分类编码：122；部门编码级次：12；地区分类编码级次：2；结算方式编码级次：2；收发类别编码级次：12；其余使用默认。

(4) 数据精度

该企业对存货数量、单价小数位定为2，均为默认。

(5) 系统启用

启用总账系统，启用时间为2013-04-01。

实验过程

(1) 选择"开始"|"所有程序"|"用友U8 V10.1"|"系统服务"|"系统管理"，启动"用友U8系统管理"窗口。

(2) 选择"系统"|"初始化数据库"命令，按照前面安装SQL Server 2005时的设置，在初始化数据库实例窗口输入数据库实例为"landmao"；SA口令为"yonyou"。如图1-14所示。

图1-14 初始化数据库实例

(3) 系统提示"确定初始化数据库实例吗"时,选择"是",稍待片刻,系统完成后即出现如图1-15所示的登录界面,输入系统预置的系统管理员"admin"。然后单击账套选择,将会出现"(default)"选项。

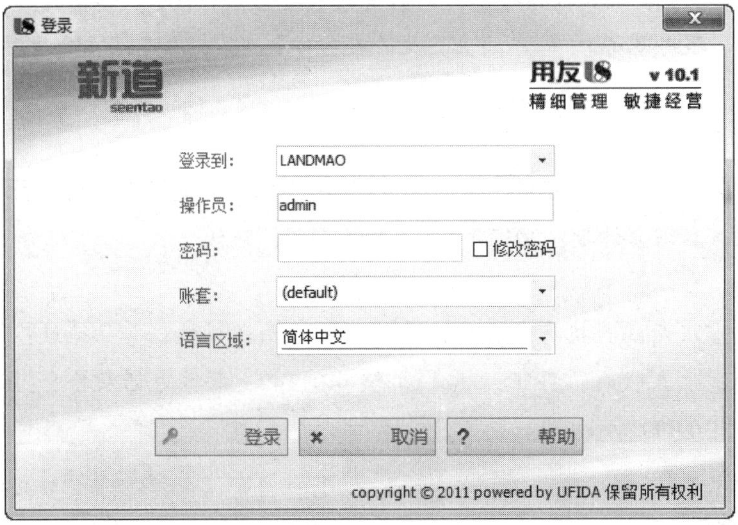

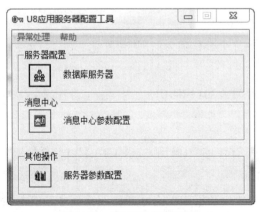

图1-15 登录

(4) 如果在登录过程中,账套中不显示"(default)"选项,可以选择Windows开始程序中"用友U8 V10.1"|"系统服务"|"应用服务器配置"命令,打开如图1-16所示的"U8应用服务器配置工具"窗口。

图1-16 应用服务器配置

(5) 如果数据库服务器是错误的,可以在这里进行更改。选择"数据库服务器",即可对数据源进行修改，如图1-17所示。

图1-17　修改数据源

实验提示

服务器是指C/S结构下的服务器名，如果U8是安装在单机上运行，则是指本计算机名。

第一次运行时，系统管理员密码为空，为安全考虑，应在第一次运行时单击"修改码"按钮，对系统管理员密码进行设置。作为实验学习，也可以不改。

(6) 登录后显示建账方式，如图1-18所示。

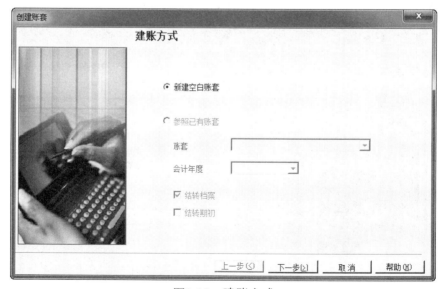

图1-18　建账方式

(7) 选择"新建空白账套",单击"下一步"按钮,设置账套信息,如图1-19所示。

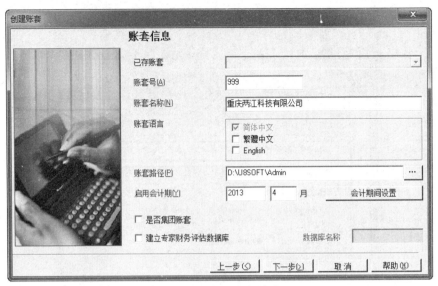

图1-19　设置账套信息

实验提示

"已存账套"是系统已经建立并使用的账套,在这里不能更改。

"账套号"一般是000~999之间的三位数字,账套号唯一,不能重复。

"账套名称"是能够标识该账套的信息,用户根据企业情况输入。

"账套路径"是存放账套数据的位置,一般用系统默认的路径即可,也可以自行确定。

"启用会计期"是指新建账套将被启用的时间,具体到"月",用户可根据实际情况,单击"会计期间设置"按钮进行设置。

(8) 单击"下一步"按钮,输入有关单位信息,如图1-20所示。

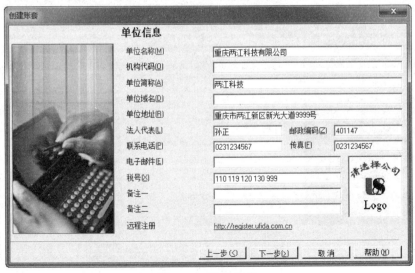

图1-20　单位信息

(9) 单击"下一步"按钮，进行核算类型设置，根据企业实际情况，完成后如图1-21所示。

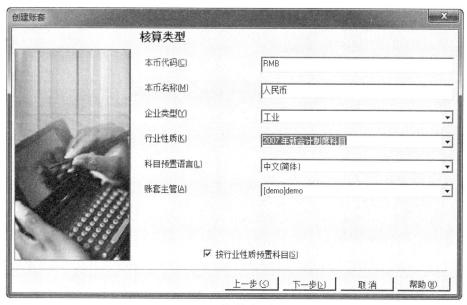

图1-21　核算类型设置

(10) 单击"下一步"按钮，设置基础信息，具体如图1-22所示。

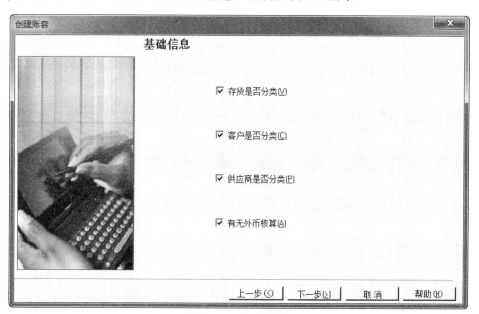

图1-22　基础信息

(11) 单击"下一步"按钮，开始建账的各项准备，如图1-23所示。

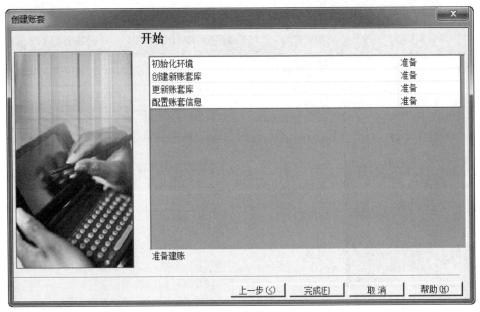

图1-23 建账准备

(12) 单击"完成"按钮,提示"可以创建账套了么",选择"是(Y)",系统将进行建账,需要等待一段时间以后才完成数据库建账。建账完成后,会出现编码方案的设置窗口,根据案例资料,设置后如图1-24所示。

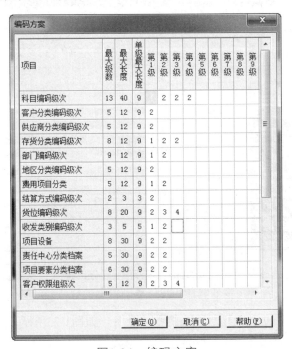

项目	最大级数	最大长度	单级最大长度	第1级	第2级	第3级	第4级	第5级	第6级	第7级	第8级	第9级
科目编码级次	13	40	9		2	2	2					
客户分类编码级次	5	12	9	2								
供应商分类编码级次	5	12	9	2								
存货分类编码级次	8	12	9	1	2	2						
部门编码级次	9	12	9	1	2							
地区分类编码级次	5	12	9	2								
费用项目分类	5	12	9	1	2							
结算方式编码级次	2	3	3	2								
货位编码级次	8	20	9	2	3	4						
收发类别编码级次	3	5	5	1	2							
项目设备	8	30	9									
责任中心分类档案	5	30	9									
项目要素分类档案	6	30	9									
客户权限组级次	5	12	9	2	3	4						

图1-24 编码方案

(13) 单击"确定"按钮,然后关闭窗口(不关闭窗口则会一直停留在此处),再设置数据精度,各项目均设置为2。再次单击"确定"按钮,等到出现如图1-25的提示,才表明建账完成。

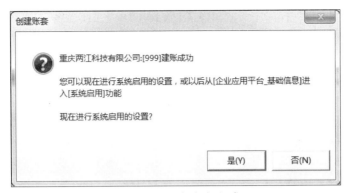

图1-25 创建账套完成

(14) 选择"是"进入"系统启用"窗口,如图1-26所示。可以在系统编码项目上选中某系统(如GL代表总账),然后选择启用的日期。这里按照案例资料设置为2013-04-01。

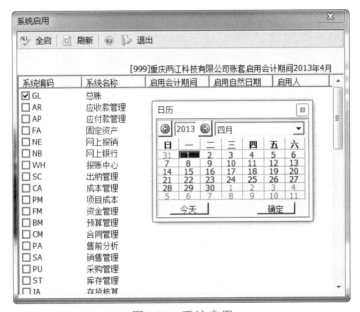

图1-26 系统启用

(15) 启用后单击"退出"按钮,完成建账。

1.3.3 恢复账套

实验资料

恢复实验账套,也可以恢复自己备份的账套。

实验过程

1. 初始化数据库

如果已经建账,就不用再初始化数据库,直接单击"下一步"按钮引入账套。

采用恢复账套,建账过程就可以简化,只输入主要参数即可。

(1) 选择"开始"|"所有程序"|"用友U8 V10.1"|"系统服务"|"系统管理"命令，启动"U8系统管理"窗口，选择"系统"|"初始化数据库"命令。

(2) 在"初始化数据实例"窗口，按照前面安装SQL Server 2005时的设置，输入数据库实例为"landmao"，SA口令为"yonyou"。

(3) 单击"确定"按钮后，系统提示"确定初始化数据库实例吗"，选择"是"(如果曾经建过账，则会提示已经存在系统数据库，询问是否覆盖，相关提示均选择"是"即可)，然后稍待片刻，系统完成后即出现登录界面。这里使用"admin"用户登录(密码为空)。

(4) 登录后，按照案例资料输入建账信息，账套号输入"999"，如图1-27所示。

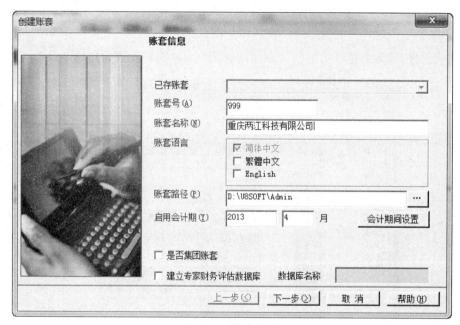

图1-27　账套信息

(5) 单击"下一步"按钮，输入单位名称，其他信息不用输入。后面均单击"下一步"按钮，使用默认值，一直到建账完毕。

单击"完成"按钮，提示"可以建账了么"，选择"是"，系统将进行建账(如果以前建过账，会提示删除以前的账套，这里选择删除)，需要等待一段时间以后，才完成数据库建账。建账完成后，会出现编码方案的设置窗口，按照默认设置即可。

建账完成，系统进入启用设置中，这里不用进行启用设置。

建账过程完毕后，返回系统管理中。以上步骤与建账是一致的，只是可以省略输入一些辅助信息。引入账套后，就使用了新引入账套的设置。

2. 引入账套

在正式引入账套之前，如果账套文件名称被更改过，需要将准备恢复的账套文件名字分别改为UFDATA.BAK、UfErpAct.Lst。

在系统管理窗口，选择"账套"|"引入"，选择要恢复的账套文件UfErpAct.Lst，具体目

录自己选择。

出现选择账套引入目录时，选择默认即可，并覆盖前面建立的账套。引入完毕，系统会显示引入成功的提示。然后启动企业应用平台，按照案例的用户进行登录操作。具体的阶段业务要根据恢复的那个账套来确定。

1.3.4 财务分工、账套信息修改

实验资料

角色权限表如表1-1所示。根据业务变化需要，可进行调整。

表1-1 角色权限表

角色代码	角色名称	角色权限
DATA-MANAGER	账套主管	系统的全部模块权限
91	出纳业务	财务会计：总账-出纳管理；总账-凭证-出纳签字；总账-出纳
92	日常业务	财务会计：总账；应收款管理；应付款管理；固定资产；出纳管理 供应链：销售管理；采购管理；库存管理；存货核算 人力资源：薪资管理；计件工资管理
93	采购业务	基本信息：公共目录设置 财务会计：应付款管理；总账-账表-供应商往来辅助账 供应链：采购管理；库存管理；存货核算
94	仓库业务	供应链-库存管理
95	销售业务	基本信息：公共目录设置 财务会计：应收款管理；总账-账表-客户往来辅助账 供应链：售前分析；销售管理；库存管理；存货核算

财务分工见表1-2，初始密码均设置为"123"。

表1-2 财务分工

编号	姓名	角色	主要业务权限	所属部门
01	■何沙(实验者本人的名字)	账套主管	负责财务业务一体化管理和业务处理工作，具有系统所有模块的全部权限	财务部
02	赵小兵	出纳	负责现金、银行账管理工作	财务部
03	孙胜业	日常业务	负责日常业务处理工作	财务部
04	李天华	采购主管	主要负责采购业务处理工作	采购部
05	刘一江	销售主管	主要负责销售业务处理工作	销售部
06	陈瓜瓜	仓库主管	主要负责仓库管理工作	仓储部

在实验中，主要由何沙(即操作者本人)来完成各项业务处理，需要出纳签字的由赵小兵完成，审核、记账的工作由孙胜业完成。实际工作中则按照岗位完成相关业务的处理工作。

实验过程

1. 角色设置

(1) 执行"开始"|"所有程序"|"用友U8 V10.1"|"系统服务"|"系统管理"命令，进

入后选择"系统"|"注册",进行注册,如图1-28所示。

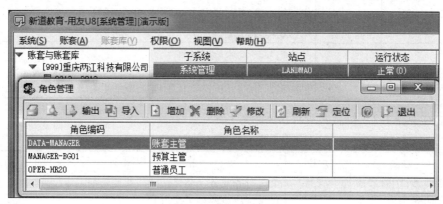

图1-28 登录

(2) 在系统管理窗口,选择"权限"|"角色",进入"角色管理"窗口,如图1-29所示。

图1-29 角色管理

实验提示

① 角色和用户。拥有某个身份的一类人员,相当于做某类工作的一个用户组,这就是角色。用户就是指每个具体的操作员。一个用户可以归属于不同的角色,一个角色可以包含多个不同的用户。

已经赋予某角色的权限,归属于该角色的所有用户均可以享有。也可以单独为某个用户指定其所属角色不拥有的某些权限。

② 账套主管。账套主管拥有包括总账在内所有子系统模块的处理权限,还包括修改账套、备份账套、管理年度账、设置操作员等系统管理权。

角色编码可以自定，如果先设置了各操作员，在这里设置的时候，可同时把某角色赋予某个操作员。账套主管角色系统已经设置，可保留使用。已经存在的角色也可以单击"修改"按钮进行修改。单击"增加"按钮，如图1-30所示，可增加新的角色，直至将所有角色添加完成。

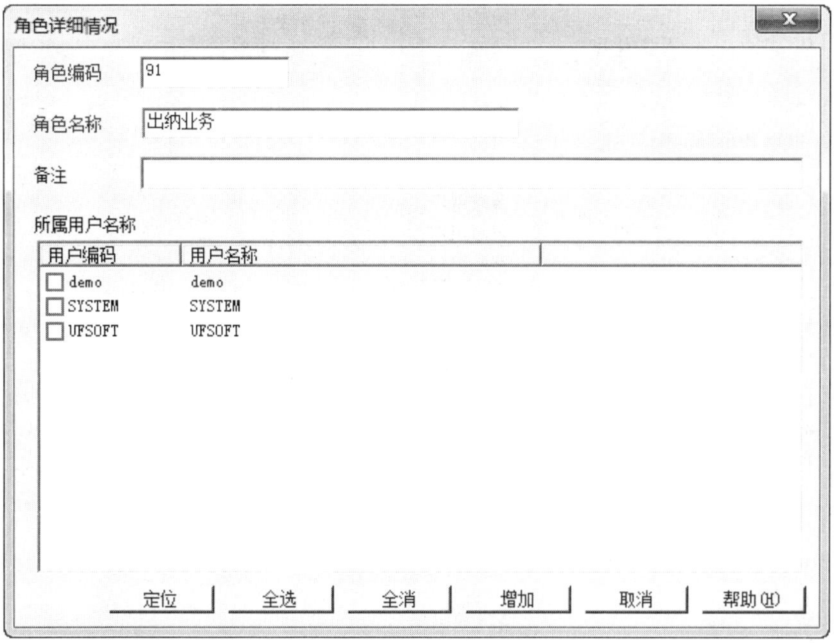

图1-30 增加角色

角色设置完成后如图1-31所示。

图1-31 角色管理

(3) 在"系统管理"窗口，选择"权限"|"权限"命令，进入"操作员权限"窗口。选择角色(如"出纳业务")，先单击"修改"按钮，按照角色的功能权限进行设置，如图1-32所示。其他角色按照同样的方法设置，在业务操作过程中可根据需要进行调整。

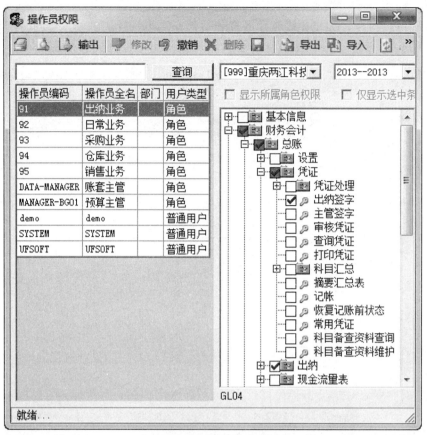

图1-32 出纳角色权限设置

2. 用户设置

在"系统管理"窗口,选择"权限"|"用户",进入"用户管理"窗口,如图1-33所示。

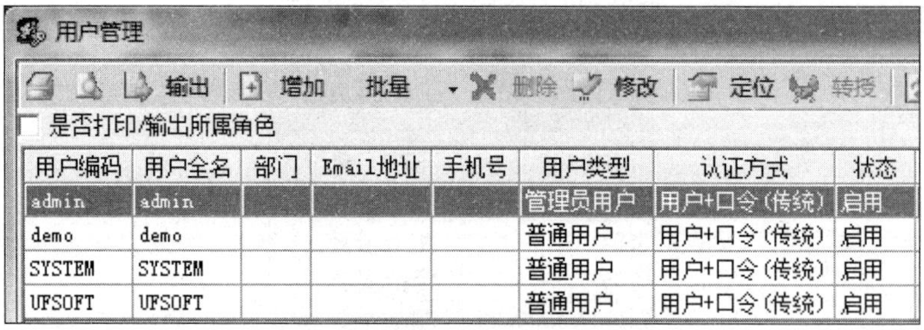

图1-33 用户管理

单击"增加"按钮,输入操作员的具体信息,如图1-34所示。

在设置用户信息时,可以为其分配角色。分配角色后,他便具有了这个角色所拥有的权限。一个操作员设置完成后,可单击"增加"按钮继续设置。

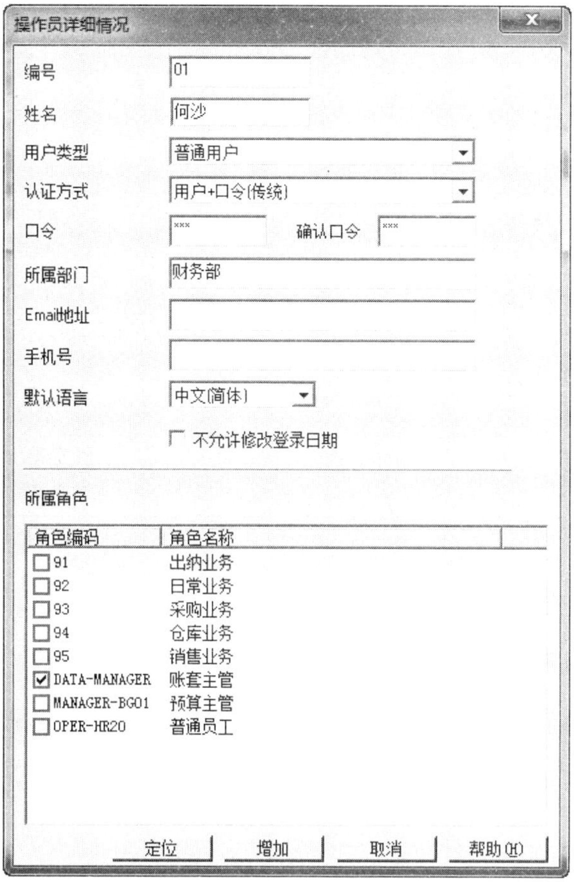

图1-34　操作员详细情况

实验提示

角色和用户编号不能重复。

所有用户设置完成后如图1-35所示。

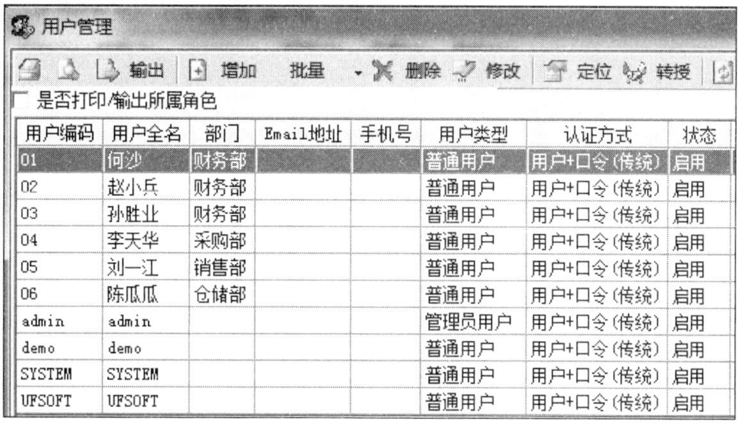

用户编码	用户全名	部门	Email地址	手机号	用户类型	认证方式	状态
01	何沙	财务部			普通用户	用户+口令(传统)	启用
02	赵小兵	财务部			普通用户	用户+口令(传统)	启用
03	孙胜业	财务部			普通用户	用户+口令(传统)	启用
04	李天华	采购部			普通用户	用户+口令(传统)	启用
05	刘一江	销售部			普通用户	用户+口令(传统)	启用
06	陈瓜瓜	仓储部			普通用户	用户+口令(传统)	启用
admin	admin				管理员用户	用户+口令(传统)	启用
demo	demo				普通用户	用户+口令(传统)	启用
SYSTEM	SYSTEM				普通用户	用户+口令(传统)	启用
UFSOFT	UFSOFT				普通用户	用户+口令(传统)	启用

图1-35　用户管理

系统管理员与账套主管的区别如表1-3所示。

表1-3　系统管理员与账套主管的区别

系统管理员	账套主管
建立账套	修改本账套信息
删除账套	删除本账套年度账
账套全部的数据备份和恢复	本账套年度账的数据备份和恢复
设置操作员	为本账套操作员赋权
赋权	新建本账套年度账
清除异常任务	结转本账套上年数据
清除所有锁定	清空本账套年度数据

3.设置操作员权限

在"系统管理"窗口，选择"权限"|"权限"命令，进入"操作员权限"管理窗口，选择具体要设置操作权限的人员(如赵小兵)，如图1-36所示。

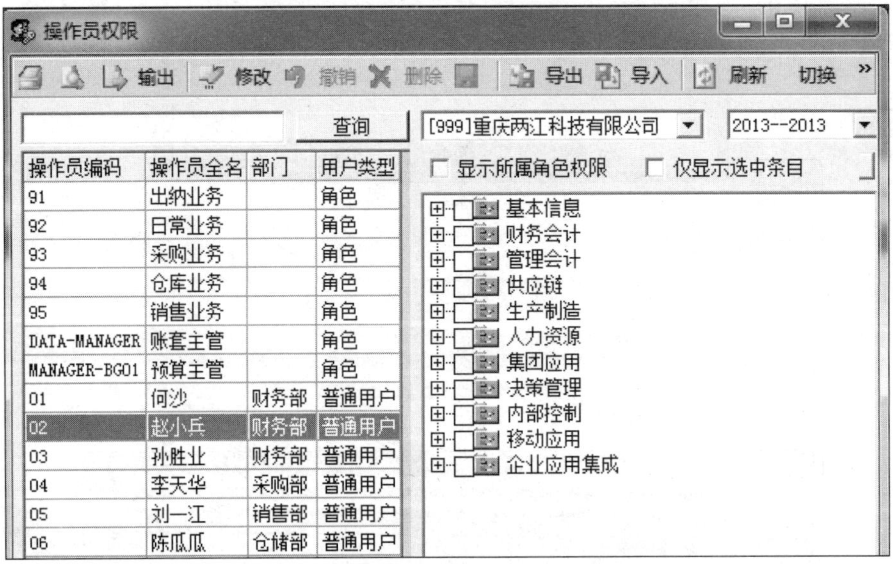

图1-36　操作员权限

选中"显示所属角色权限"，再选中"仅显示选中条目"，则会显示该角色已经分配的权限，如图1-37所示。

这时还可以根据需要，在所分配角色权限的基础上增加其他权限。方法是先单击"修改"按钮，然后再选择需要增加的权限，最后单击"保存"按钮完成设置。

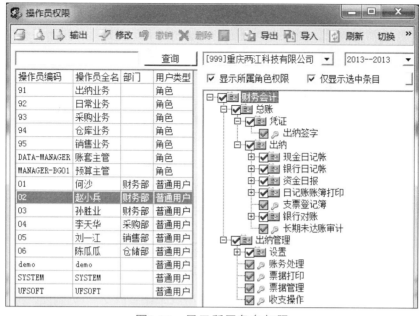

图1-37　显示所属角色权限

4. 修改账套信息

在系统管理下,以账套主管"01"(即何沙)的身份重新注册系统管理功能,日期选择为2013年4月,账套选择重庆两江科技有限公司,如图1-38所示。

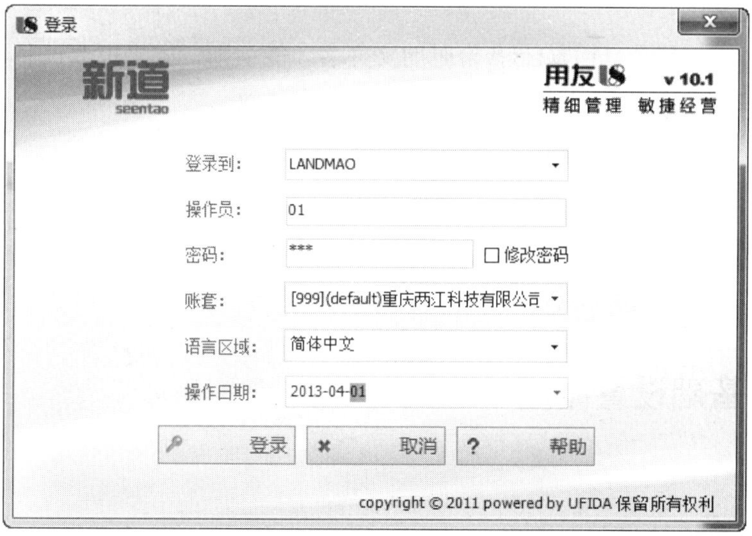

图1-38　以账套主管身份登录系统管理

选择"账套"|"修改"命令,进入"账套信息修改"窗口,与建账时输入信息的方式是相同的,若有变化,在此完成修改(有些部分已经锁定,不能修改)。

5. 账套备份

(1) 以系统管理员admin的身份注册系统管理。

(2) 选择"账套"|"输出"命令,在出现的"账套输出"窗口中选择需要备份的账套号。如果备份后源账套需要删除,则选中"删除当前输出账套"复选框,那么备份完成后,系统中将不存在当前账套数据(此功能谨慎使用)。然后选择存放备份账套的目录,具体可自行选定。备份信息如图1-39所示。

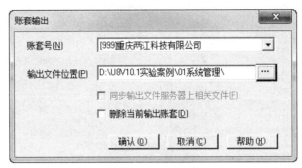

图1-39　账套输出

单击"确认"按钮,需要等待一会儿,直到出现"输出成功"的提示信息。备份的文件为:UFDATA.BAK和UferpAct.Lst两个文件。

6. 账套恢复

(1) 以系统管理员admin的身份注册系统管理。

(2) 选择"账套"|"引入"命令,然后选择备份账套的存放路径及所要恢复的备份文件,即可完成账套的恢复工作。

引入账套时,必须是以用友U8备份时的文件名才能识别。如果更改过名称,需要还原为备份时的名称。

1.4　基础设置

1.4.1　基础设置概述

1. 准备工作

ERP软件在正式应用前,还需做一些准备工作,主要包括确定会计核算规则、准备ERP软件所需的初始基础数据,这些工作将直接影响后续的使用效果。

2. 基础设置操作方法

U8软件的基础信息设置包括三部分:一是与总账有关的基础信息,如设置会计科目、设置凭证类型等;二是与供应链经营业务有关的信息,如设置采购类型和销售类型、设置收发类别、设置仓库档案等;三是总账与供应链经营业务都共同需要的基础信息,如部门职员的设置、外币种类设置、存货分类设置等。业务系统的部分基础数据设置可以在使用该业务系统时设置。

第一次登录U8系统时，系统会直接显示"基础档案设置"窗口。在此窗口中，可以进行U8账套的基础档案设置；也可以关闭此窗口，通过"基础设置"菜单，选择对应的档案设置功能，设置相应的参数。

基础信息设置在账套初始化工作中处于非常重要的地位，其数据档案的分类划分是否合理、准确，将直接关系整个U8软件系统能否协调一致，能否被充分利用。而要进行基础档案设置，其信息编码必须满足编码方案与数据精度的定义。

基础设置中的信息可以集中设置也可以分散设置。集中设置就是将所需设置全部设置完成后再使用业务系统；分散设置是先设置部门、人员、客户、供应商等基本信息，其他设置在相关模块设置。这里采用分散设置方式。

1.4.2 系统启用

实验资料

根据案例企业要使用的业务，启动的模块如表1-4所示。

表1-4 启动模块表

系统编码	系统名称	启用会计期间	启用自然日期
GL	总账	2013-04	2013-04-01
AR	应收款管理	2013-04	2013-04-01
AP	应付款管理	2013-04	2013-04-01
FA	固定资产	2013-04	2013-04-01
SC	出纳管理	2013-04	2013-04-01
PA	售前分析	2013-04	2013-04-01
SA	销售管理	2013-04	2013-04-01
PU	采购管理	2013-04	2013-04-01
ST	库存管理	2013-04	2013-04-01
IA	存货核算	2013-04	2013-04-01
WA	薪资管理	2013-04	2013-04-01
PR	计件工资管理	2013-04	2013-04-01

实验过程

系统启用用于设定用友U8应用系统中各个子系统开始使用的日期，只有启用的子系统才能登录使用。

系统的启用主要有两种方法。

(1) 创建账套时启用，这种方法在前面已经使用过。

(2) 在企业应用平台中启用。具体操作方法如下：

选择"开始"|"所有程序"|"用友U8V10.1"|"企业应用平台"命令，用账套主管身份登录，如图1-40所示。

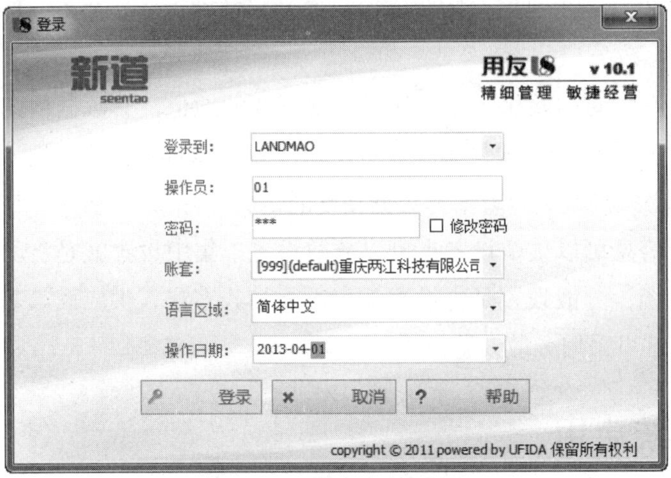

图1-40　账套主管登录

进入后选择左下部的"基础设置"，再依次选择左上部的"基本信息"|"系统启用"命令，如图1-41所示。

图1-41　基础设置

双击"系统启用"按钮，然后设定启用的模块，如图1-42所示。

图1-42 系统启用

这里还可以选择基本信息下的"会计期间"、"编码方案"、"数据精度"功能，进行相关参数的修改。

1.4.3 系统出错处理方法

在应用U8过程中，有时候会因为非正常关机或非正常退出等原因而导致系统出错。

处理的方法是，用admin登录系统管理，然后选择"视图"|"清除异常任务"，如图1-43所示。

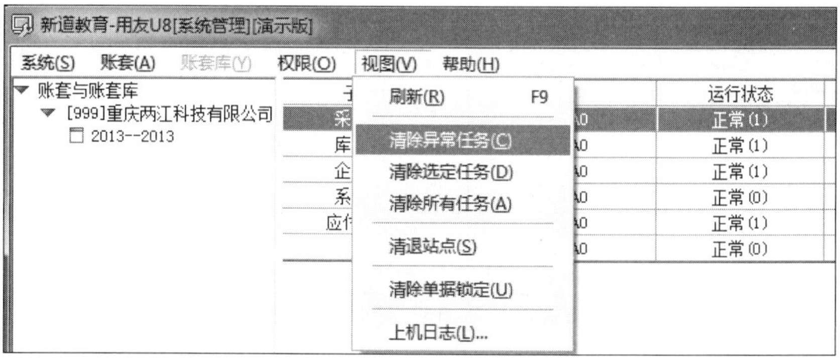

图1-43 清除异常任务

然后再选择"视图"|"清除所有任务"等命令，清除系统的出错问题，具体可根据出错情况选择。处理完成后再重新登录U8应用平台处理业务。

1.4.4 部门和人员档案设置

实验资料

重庆两江科技有限公司分类档案资料如下。

1. 部门档案

部门档案如表1-5所示。

表1-5 部门档案

部门编码	部门名称	部门属性	部门编码	部门名称	部门属性
1	管理中心	管理部门	3	制造中心	生产管理
101	行政部	综合管理	301	一车间	生产制造
102	财务部	财务管理	302	二车间	生产制造
2	供销中心	供销管理	4	物流中心	物流管理
201	销售部	市场营销	401	仓储部	库存管理
202	采购部	采购管理	402	运输部	运输管理

2. 人员类别

101：管理人员；102：经营人员；103：车间管理人员；104：车间人员。

3. 人员档案

人员档案如表1-6所示。具体操作时，可将何沙改为操作者的名字。

表1-6 人员档案

人员编码	人员姓名	性别	人员类别	行政部门	是否业务员	是否操作员	对应操作员编码
101	孙正	男	管理人员	行政部	是		
102	宋嘉	女	管理人员	行政部	是		
111	■何沙	男	管理人员	财务部	是	是	01
112	赵小兵	女	管理人员	财务部	是	是	02
113	孙胜业	女	管理人员	财务部	是	是	03
121	李天华	女	经营人员	采购部	是	是	04
122	杨真	男	经营人员	采购部	是		
131	刘一江	男	经营人员	销售部	是	是	05
132	朱小明	女	经营人员	销售部	是		
141	陈瓜瓜	男	经营人员	仓储部	是	是	06
151	罗忠	男	经营人员	运输部	是		

人员均为在职人员。业务人员的费用归属为所在部门，生效日期从2013年4月1日起计算。

实验过程

1. 修改单位信息

登录进入U8企业应用平台后，选择"基础设置"|"基础档案"|"机构人员"|"本单位

信息",可以修改本单位信息。单位信息在建账时输入过,如果有错误信息或补充信息,可以在这里更正或补充。

2. 部门档案设置

登录进入U8企业应用平台后,选择"基础设置"|"基础档案"|"机构人员"|"部门档案",弹出"部门档案"窗口。单击工具栏上的"增加"按钮,然后在窗口右边栏中录入部门编码、部门名称等信息,如图1-44所示。

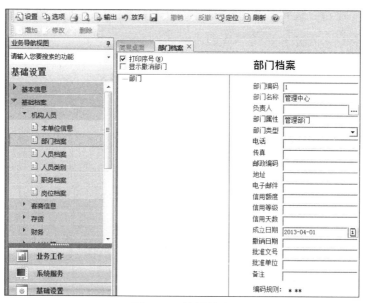

图1-44 部门信息

录入完一个部门信息后单击工具栏上的"保存"按钮,保存当前录入的部门信息。然后单击"增加"按钮继续输入,也可对已经输入的信息单击"修改"按钮进行修改。输入完成后的部门信息如图1-45所示。

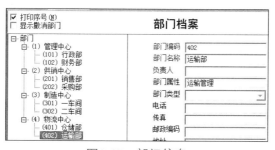

图1-45 部门信息

实验提示

① 部门信息录入错误的,应先在窗口左边栏中选中需要修改的部门,然后单击"修改"按钮,在右边栏中进行修改,修改完成后单击"保存"按钮保存。

② 部门编码不能修改,只能删除该部门后再重新增加。

③ 在部门信息录入栏的下面,若显示编码原则为"* **",表示部门编码级次为2级,其中第一级1位,第二级2位。其他档案信息的设置窗口也有编码规则提示,并且必须先录入上级部门,然后才能录入下一级部门档案。

④ 如果实际编码与系统编码规则不符,可以选择"基础设置"|"基本信息"|"编码方案"功能,对编码规则重新进行设置。

3. 人员类别设置

在U8企业应用平台,选择"基础设置"|"基础档案"|"机构人员"|"人员类别",弹出"人员类别"窗口。先删除系统预置的人员类别,然后单击"增加"按钮,录入档案编码、档案名称等信息,如图1-46所示。

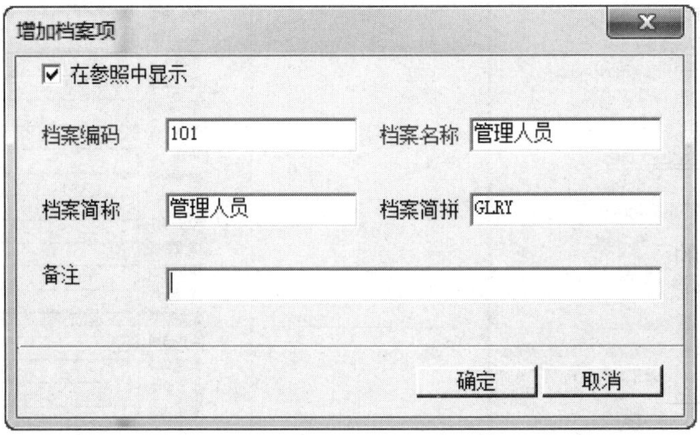

图1-46 人员类别

设置完成后如图1-47所示。

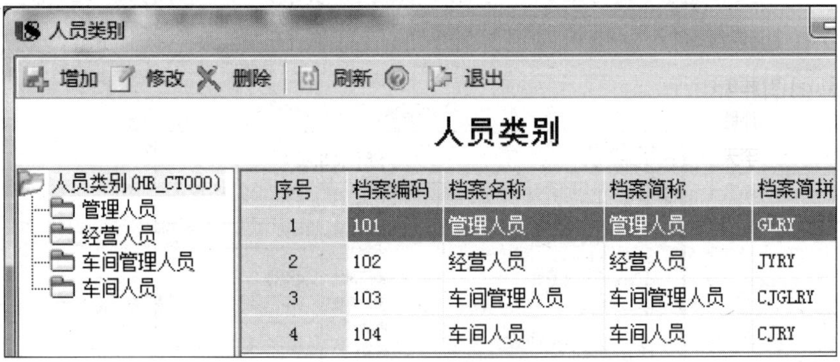

图1-47 人员类别

4. 人员档案设置

在U8企业应用平台,选择"基础设置"|"基础档案"|"机构人员"|"人员档案",然后单击"增加"按钮,录入人员的相关信息,如图1-48所示。

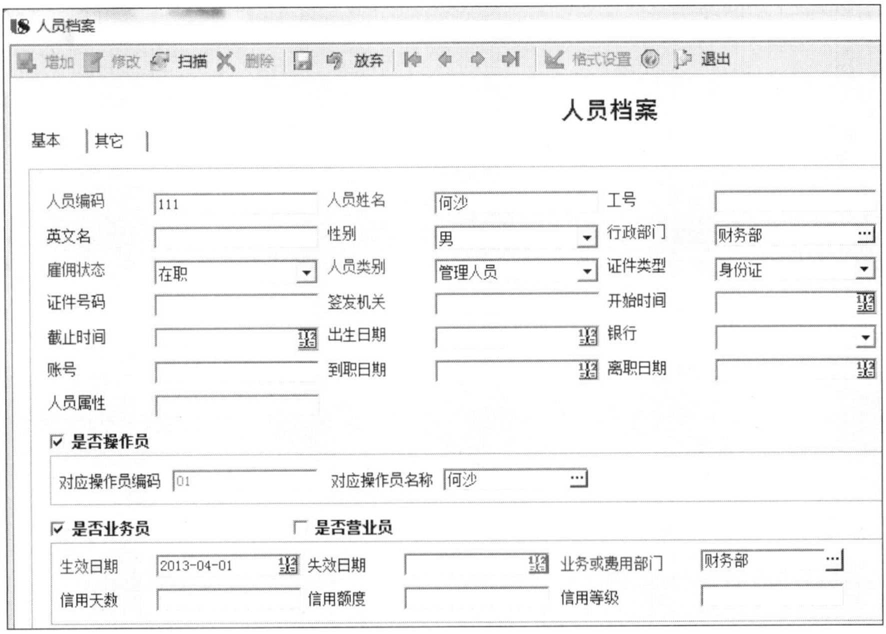

图1-48　人员信息

对于是操作员的，要在对应操作员名称后重新选择，这样对应的操作员编码才正确。

输入一个人的信息完毕后，单击“保存”按钮完成。人员档案设置完成后如图1-49所示。

人员列表

记录总数：11

选择	人员编码	姓名	行政部门名称	雇佣状态	人员类别	性别	出生日期	业务或费用部门名称	审核标志
	101	孙正	行政部	在职	管理人员	男		行政部	未处理
	102	宋嘉	行政部	在职	管理人员	女		行政部	未处理
	111	何沙	财务部	在职	管理人员	男		财务部	未处理
	112	赵小兵	财务部	在职	管理人员	女		财务部	未处理
	113	孙胜业	财务部	在职	管理人员	女		财务部	未处理
	121	李天华	采购部	在职	经营人员	女		采购部	未处理
	122	杨真	采购部	在职	经营人员	男		采购部	未处理
	131	刘一江	销售部	在职	经营人员	男		销售部	未处理
	132	朱小明	销售部	在职	经营人员	女		销售部	未处理
	141	陈瓜瓜	仓储部	在职	经营人员	男		仓储部	未处理
	151	罗忠	运输部	在职	经营人员	男		运输部	未处理

图1-49　人员档案

显示的具体内容可以单击工具栏的“栏目”功能，根据需要进行调整，如图1-50所示。

图1-50 显示栏目调整

实验提示

① 业务员在会计科目辅助核算和业务单据中可以选到，而操作员不能被选到。

② 业务员是在业务单据中使用到的人员，如领料人等签字的人员，操作员一般只是录入、查看数据的人员。

1.4.5 客户和供应商档案设置

实验资料

1. 地区分类

该公司地区分类为：01—东北地区；02—华北地区；03—华东地区；04—华南地区；05—西北地区；06—西南地区；07—华中地区。

2. 供应商分类

该公司供应商分类为：01—原料供应商；02—成品供应商。

3. 客户分类

该公司客户分类为：01—批发；02—零售；03—代销；04—专柜。

4. 供应商档案

供应商档案如表1-7所示。

表1-7 供应商档案

供应商编号	供应商名称	所属分类码	所属地区	税号	开户银行	银行账号	地址	邮编	分管部门	分管业务员
01	重庆大江公司(简称：大江)	01	西南	98462	中行	3367	重庆市巴南区大江路1号	410001	采购部	李天华
02	成都大成公司(简称：大成)	01	西南	67583	中行	3293	成都市青羊区大成路1号	610001	采购部	李天华
03	南京天华商行(简称：天华)	02	华东	72657	工行	1278	南京市重庆路22号	230187	采购部	杨真
04	上海大坤公司(简称：大坤)	02	华东	31012	工行	5076	上海市浦东新区广州路6号	200232	采购部	杨真

5. 客户档案

客户档案如表1-8所示。

表1-8 客户档案

客户编号	客户名称	所属分类码	所属地区	税号	开户银行(默认值)	银行账号	地址	邮编	分管部门	分管业务员
01	重庆嘉陵公司(简称：嘉陵)	01	西南	32788	工行双碑支行	3654	重庆市沙坪坝区双碑路9号	400077	销售部	刘一江
02	天津大华公司(简称：大华)	01	华北	32310	工行东风支行	5581	天津市滨海区东风路8号	300010	销售部	刘一江
03	上海长江公司(简称：长江)	04	华东	65432	工行海东支行	2234	上海市徐汇区海东路1号	200032	销售部	朱小明
04	辽宁飞鸽公司(简称：飞鸽)	03	东北	03251	中行三好支行	0548	沈阳和平区三好路88号	110008	销售部	朱小明
05	湖南宇子公司(简称：宇子)	02	华中	01121	中行路口支行	1717	长沙市路口路77号	110001	销售部	朱小明

实验过程

1. 地区分类

在U8企业应用平台，选择"基础设置"|"基础档案"|"客商信息"|"地区分类"，然后单击"增加"按钮，录入地区的相关信息，如图1-51所示。

图1-51 地区分类

2. 供应商分类

在U8企业应用平台，选择"基础设置"|"基础档案"|"客商信息"|"供应商分类"，然后单击"增加"按钮，录入供应商分类的相关信息，如图1-52所示。

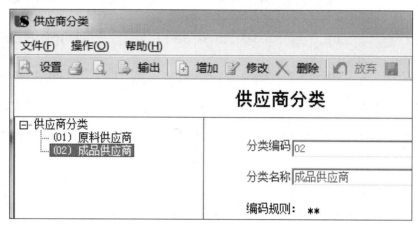

图1-52　供应商分类

3. 客户分类

在U8企业应用平台，选择"基础设置"|"基础档案"|"客商信息"|"客户分类"，然后单击"增加"按钮，录入客户分类的相关信息，如图1-53所示。

图1-53　客户分类

4. 供应商档案设置

在U8企业应用平台，选择"基础设置"|"基础档案"|"客商信息"|"供应商档案"，然后单击工具栏的"增加"按钮，录入供应商的相关信息，如图1-54所示。

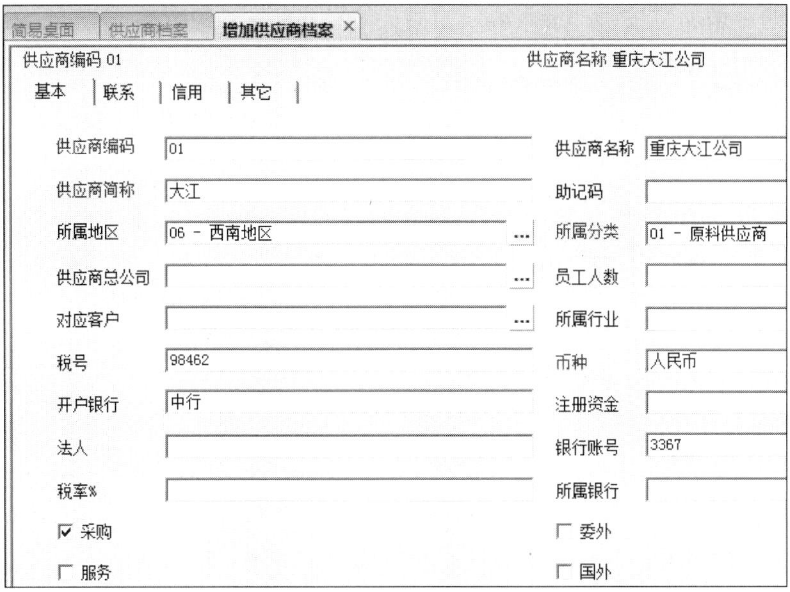

图1-54 供应商档案(基本)

在"联系"页签下输入信息如图1-55所示。

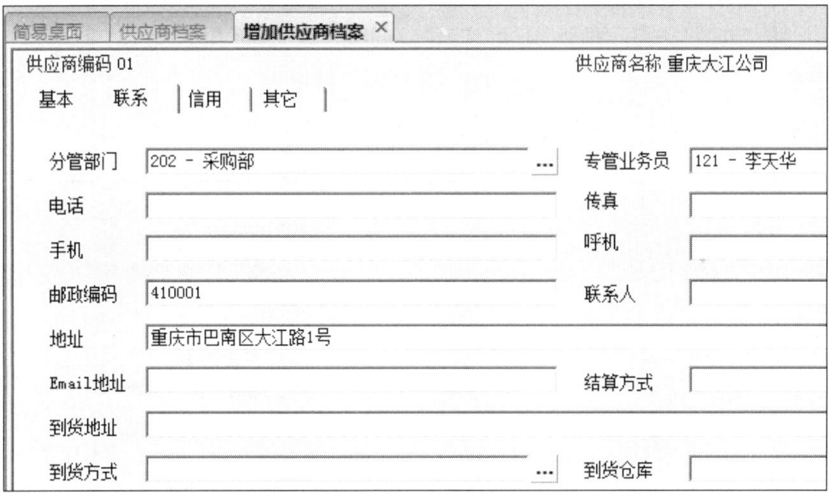

图1-55 供应商档案(联系)

设置完成后的供应商档案如图1-56所示。

供应商档案

序号	选择	供应商编码	供应商名称	供应商简称	供应商分类编码	地区名称	纳税人登记号	开户银行	银行账号
1		01	重庆大江公司	大江	01	西南地区	98462	中行	3367
2		02	成都大成公司	大成	01	西南地区	67583	中行	3293
3		03	南京天华商行	天华	02	华东地区	72657	工行	1278
4		04	上海大坤公司	大坤	02	华东地区	31012	工行	5076

图1-56 供应商档案

5. 客户档案设置

在U8企业应用平台,选择"基础设置"|"基础档案"|"客商信息"|"客户档案",然

后单击工具栏的“增加”按钮，录入客户的相关信息，如图1-57所示。

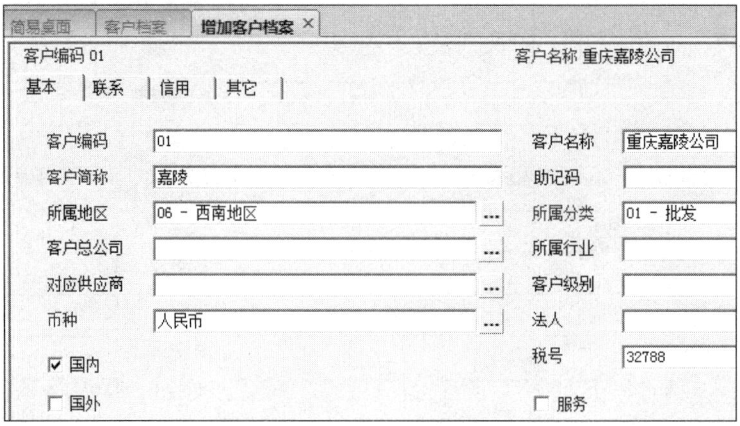

图1-57　客户档案(基本)

单击工具栏的“银行”按钮，输入客户银行信息，如图1-58所示。

序号	所属银行	开户银行	银行账号	账户名称	默认值
1	中国工商银行	工行双碑支行	3654	重庆嘉陵公司	是

图1-58　客户银行档案

在“联系”页签下输入信息如图1-59所示。

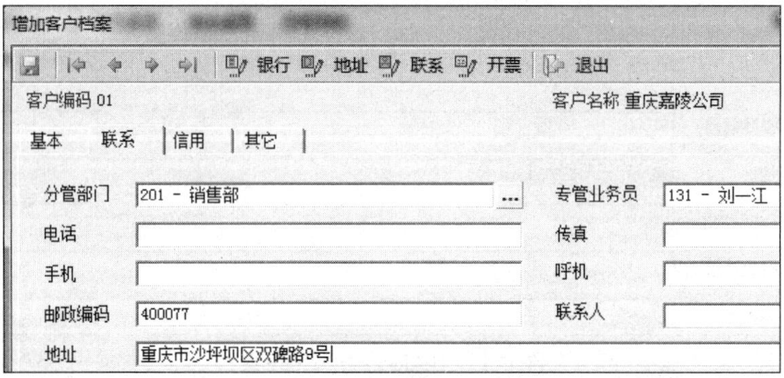

图1-59　客户档案(联系)

选择“基础设置”|“基础档案”|“客商信息”|“客户档案”，就可以查看到客户信息，如图1-60所示。

客户档案

序号	选择	客户编码	客户名称	客户简称	地区名称	纳税人登记号	开户银行	银行账号
1		01	重庆嘉陵公司	嘉陵	西南地区	32788	工行双碑支行	3654
2		02	天津大华公司	大华	华北地区	32310	工行东风支行	5581
3		03	上海长江公司	长江	华东地区	65432	工行海东支行	2234
4		04	辽宁飞鸽公司	飞鸽	东北地区	03251	中行三好支行	0548
5		05	湖南宇子公司	宇子	华中地区	01121	中行路口支行	1717

图1-60　客户档案

第2章 总账业务处理

2.1 总账业务处理概述

总账模块是会计核算的重要部分,各子系统以总账处理为核心,相互之间进行信息传递。总账与应收账款、应付账款、固定资产、成本核算等各个模块之间用记账凭证相联系。

2.1.1 总账的处理流程

1. 总账处理流程

信息化条件下,数据处理工作可借助于计算机设备集中快速完成,所以不再考虑各种手工流程,而是结合计算机的特点,以记账凭证处理程序流程为主,采用一种全新的核算处理流程(如图2-1所示)。

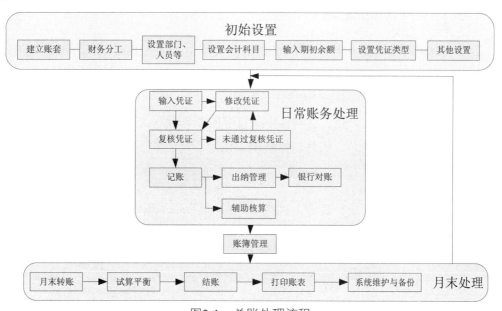

图2-1 总账处理流程

2. 信息化总账处理流程的特点

比较手工处理与信息化总账处理流程，从表2-1可见，信息化处理流程并没有改变手工总账处理程序，而是将许多原手工操作的业务，由总账处理子系统设定，软件在后台自动处理了，从而提高了总账核算的效率与准确度。

表2-1 手工处理与信息化总账处理流程对比表

方式	建账	制作凭证	审核	记账过程			
软件	初始设置	凭证输入	复核	记账			
手工	设置账户	填制凭证	复核	凭证汇总	登总账	登日记账	登明细账

2.1.2 总账与其他子系统之间的数据关系

信息化后，各模块之间的数据关系是隐藏在系统中的，业务处理直接影响相关系统的数据，其主要关系如图2-2所示。

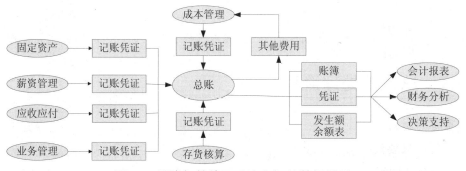

图2-2 总账与其他子系统之间的数据关系

2.1.3 日常总账处理

日常总账处理主要是围绕凭证进行的总账处理工作。它是总账处理子系统中使用最频繁的功能模块，主要功能模块包括会计凭证的录入修改、会计凭证的审核(复核)、会计凭证的记账(过账)、会计凭证的查询打印及会计凭证的汇总等。

凭证是总账核算的基础，是会计软件中最重要的业务数据，也是总账处理的核心功能。凭证处理的及时性和正确性是总账处理的基础。凭证是登记账簿的依据，在实行计算机处理总账后，电子账簿的准确与完整完全依赖于凭证，因而必须确保凭证输入的准确完整。

1. 凭证处理工作流程

总账处理软件中处理凭证的流程与手工处理凭证相似，其工作流程如图2-3所示。

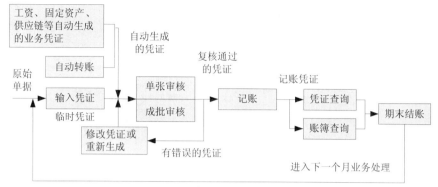

图2-3 凭证处理的流程

常规的日常凭证制作过程是将每个月会计期间的凭证输入总账软件，通过复核签章记账后，再经过月末结账，进入下一个月会计期间，然后重复进行相同的处理过程。凭证录入后，可以立即进行复核签章记账，也可以在以后进行复核签章记账。

与手工账务处理中一样，凭证一般是按月会计期间进行编号的。用户登录时，总账软件会将当前的日期作为软件的默认日期，这个日期也是凭证录入时系统默认的制单日期，当然这个日期在会计期间日期范围中对应的月会计期间也是默认的月会计期间。

某些特殊情况下(一般是月初)，在输入本月会计期间凭证的同时，可能还需要输入上个月会计期间的部分凭证(一般是月末结转凭证)，总账软件将这种同时处理两个月会计期间以上的凭证的情况称为跨月处理。跨月处理的前提是上个月份会计期间没有结账，因为对于一般的总账处理软件，只要没有进行结账的月会计期间，就可以输入凭证，这样就能处理同时输入相连两个月份会计期间的凭证。

允许跨月输入凭证提高了总账处理软件使用的方便性。跨月输入凭证和"日清月结"并不矛盾，它恰恰是为了保证当月凭证记当月的账，又不影响下月凭证输入而设置的。

在部分总账软件中，还有一种跨月处理方法，就是上月不结账，可继续输入上月凭证。当月也可输入凭证，但只能是模拟记账。

2. 凭证输入及修改

凭证是指用于登记明细账、日记账等账簿的各种记账凭证。在输入凭证前，应将有关会计科目及相应的初始余额通过设置会计科目和科目余额初始功能存入总账处理软件的数据库中，同时凭证类型亦通过"设置凭证类型"功能定义好。

凭证输入及修改功能是总账处理子系统软件中使用最频繁的功能，软件一般都提供了全屏幕凭证编辑功能，每张凭证包括的行数不受限制。在输入过程中，还提供各种联机帮助、辅助计算器等功能。为保证凭证输入的正确性，软件采用了大量的正确性检验控制措施，能够自动发现输入中的某些错误。

凭证输入格式在不同的总账处理软件中是有一定差异的，但输入的项目基本相同，凭证录入与修改过程十分简单、直观。其正常的操作流程如图2-4所示。

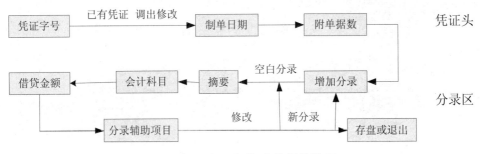

图2-4 凭证录入与修改的操作流程

凭证录入与修改过程中有许多需要使用者输入的项目，这些项目的含义和手工凭证中的含义基本相同。但在输入时，总账处理软件有一些基本要求和规定，有的总账处理软件为方便用户操作，还提供一些辅助输入手段。

(1) 凭证字号：是凭证的唯一标识。输入新的凭证字号表示增加新凭证，输入旧的凭证字号表示修改旧的凭证。凭证字号一般由凭证类型和凭证序号两部分组成，例如，"收款22"表示本月第22号收款凭证。同一类型凭证按月会计期间从1开始连续编号，不允许重号，也不允许漏号。如果出现重复的凭证号，总账处理软件会自动提示使用者修改。若出现漏号，系统一般也提供了相应的检查措施。

(2) 凭证日期：即制单日期，包括年、月、日。凭证日期必须在当前的会计期间范围内，其先后顺序和正确性将影响经济业务在明细账和日记账中的顺序。凭证日期是总账系统中账簿排列顺序的重要依据，这就要求每月内的凭证日期一般不能倒序。

3. 会计凭证查询、打印及汇总

凭证查询功能可以以某种查询条件查询任何年月、任何类型的凭证，还可以指定某类凭证的序号范围。

凭证查询的范围有凭证类型、凭证号范围、制单日期范围、金额范围、会计科目范围、制单人、是否复核、是否记账等。总账处理软件默认的查询范围是一个包含了所有凭证的范围。

凭证汇总的作用是将本次所选记账凭证或未记账凭证生成一张凭证汇总表。凭证汇总表的格式有类似"科目余额表"及"明细账表"样式的两种格式。凭证汇总之前应先选择汇总条件，总账处理软件会自动将满足条件的凭证以凭证汇总表的格式显示出来。

有的总账软件对未记账凭证还具有模拟记账功能。模拟记账并不是真正地记账，只是显示出模拟记账后的余额表和相关账簿。

凭证的查询也可以在明细账簿查询时通过明细账来调用。

4. 会计凭证的审核

审核凭证即审核人员按照会计制度，对制单人输入的会计凭证与原始凭证进行核对，审查认为有误的凭证应返回制单人修改后，再进行审核。对于审查无误的凭证，经审核人签章确认后,便可据以登记有关账簿,包括总账、明细账及相关辅助账。实际上"审核"也就是对凭证数据表记上审核标志。

因此,总账处理软件中同样要求输入的凭证必须经过审核并确认签章后方可在计算机中生效,并可用于记账、编表。凭证审核的目的在于防止输入人员有意或无意的错误操作,一般要求非凭证输入人员使用凭证审核功能,以便形成牵制关系。

按会计制度的规定,制单人与审核人不能为同一人,如果当前操作员为该凭证的制单人员时,应先更换操作员,再进行审核记账工作。

取消审核是指从已审核的凭证上抹去审核人员的姓名,使该张凭证成为未审核的凭证。抹去后该张凭证可以被修改,总账软件一般要求审核人员只能取消自己审核过的凭证。

凭证一经审核,就不能被修改、删除,只有被取消审核后才可以进行修改或删除。

5. 会计凭证的记账

凭证记账实现对已审核过的会计凭证进行批量或单张记账的功能。实际上"记账"也就是对凭证数据表记上记账标志,同时计算这些凭证所有分录所对应会计科目余额表的相应数据。

凭证记账的同时还对各科目的本月发生额进行累加,产生各科目最新的本月发生额和累计发生额,根据期初余额也就能求出最新的余额。各科目的发生额和余额在总账处理软件中用一个称为会计科目余额表的数据表存放。

有的总账处理软件也将记账称为过账、登账,记过账的凭证就可以在各种明细账、日记账中出现。

凭证记账功能十分重要,因此可将凭证记账功能限定为专人使用。一般由审核凭证人员负责凭证记账工作。

在记账过程中,为保证数据的准确性,应尽量保证机器正常运行,不允许关机或重新启动,有条件的单位应尽量配备不间断供电电源,以防止在记账过程中突然停电造成可能的错误。一旦出现上述异常情况,重新开机再进入本系统时,总账处理软件一般会自动进行修复工作。

在一些单位,凭证是先打印再进行相关的人工审核,在这种情况下一般可选择批量审核与记账,以提高效率。

6. 错误凭证的处理

凭证制作时出现错误是不可避免的,处理凭证的错误一般有两种情况。

(1) 记账前发现错误

如果在凭证记账前发现该凭证有误,应先取消审核,然后再对凭证进行修改或删除该错误凭证。

(2) 记账后发现凭证有误

凭证被记账后,凭证的内容已记入总账、明细账等相关账簿中,若发现错误,就需要出更正凭证。更正方法是先出一张"红字"凭证冲销错误的凭证,然后再补一张正确的凭证,并通过审核记账。

"红字"凭证是一张和原凭证会计科目及其他辅助内容完全相同的凭证,只是凭证的金额为负数(红字),应在凭证的摘要中写明是冲销哪一张凭证。注意,冲销凭证时不允许使用金额为正数、借贷方向相反的"蓝字"凭证方式进行冲销。

如果科目没有错,仅仅是金额错误,则可以采用补充登记法进行更正。

2.2 总账设置

2.2.1 设置总账参数

实验资料

总账控制参数如表2-2所示。

表2-2 总账控制参数表

选项卡	参数设置
凭证	不勾选"制单序时控制"选项 可以使用应收、应付、存货受控科目 不勾选"现金流量科目必录入现金流量项目"选项 自动填补凭证断号 银行科目结算方式必录 凭证编号方式采用系统编号
账簿	按照默认设置
凭证打印	按照默认设置
预算控制	按照默认设置
权限	出纳凭证必须经由出纳签字;允许修改、作废他人填制的凭证 可查询他人凭证
会计日历	会计日历为1月1日—12月31日; 数量小数位、单价小数位设置为2位;本位币精度2位
其他	外币核算采用固定汇率;部门、个人、项目按编码方式排序

实验过程

在U8企业应用平台,选择"业务工作"|"财务会计"|"总账"|"设置"|"选项"进行总账参数的设置,先单击"编辑"按钮,然后进行设置,如图2-5所示。

图2-5　总账(凭证)控制参数设置

其他项目可按照案例上的资料进行设置。

实验提示

"凭证"页签下各个参数的具体含义如下。

① 制单控制。主要设置在填制凭证时，系统应对哪些操作进行控制。

- 制单序时控制：此项和"系统编号"选项联用，即制单时凭证编号必须按日期顺序排列，如4月25日编制到27号凭证，则4月26日只能开始编制28号凭证，如果有特殊需要可以将其改为不序时制单。
- 支票控制：若选择此项，在制单时使用银行科目编制凭证时，系统针对票据管理的结算方式进行登记，如果录入支票号在支票登记簿中已存，系统提供登记支票报销的功能；否则，系统提供登记支票登记簿的功能。
- 赤字控制：若选择了此项，在制单时，当"资金及往来科目"或"全部科目"的最新余额出现负数时，系统将予以提示。提供了提示、严格两种方式，可根据需要进行选择。
- 可以使用应收受控科目：若科目为应收款管理系统的受控科目，为了防止重复制单，只允许应收系统使用此科目进行制单，总账系统是不能使用此科目制单的。所以如果要在总账系统中也能使用这些科目填制凭证，则应选此项。注意：总账和其他业务系统使用了受控科目会引起应收系统与总账对账不平。
- 可以使用应付受控科目：若科目为应付款管理系统的受控科目，为了防止重复制单，只允许应付系统使用此科目进行制单，总账系统是不能使用此科目制单的。所以如果要在总账系统中也能使用这些科目填制凭证，则应选择此项。注意：总账和其他业务系统使用了受控科目会引起应付系统与总账对账不平。
- 可以使用存货受控科目：若科目为存货核算系统的受控科目，为了防止重复制单，只允许存货核算系统使用此科目进行制单，总账系统是不能使用此科目制单的。所以如果要在总账系统中也能使用这些科目填制凭证，则应选择此项。注意：总账和其他业务系统使用了受控科目会引起存货系统与总账对账不平。

② 凭证控制
- 现金流量科目必录现金流量项目：选择此项后，在录入凭证时如果使用现金流量科目则必须输入现金流量项目及金额。
- 自动填补凭证断号：如果选择凭证编号方式为系统编号，则在新增凭证时，系统按凭证类别自动查询本月的第一个断号默认为本次新增凭证的凭证号。如无断号则为新号，与原编号规则一致。
- 批量审核凭证进行合法性校验：批量审核凭证时针对凭证进行二次审核，提高凭证输入的正确率，合法性校验与保存凭证时的合法性校验相同。
- 银行科目结算方式必录：选中该选项，填制凭证时结算方式必须录入。不选中该选项，则结算方式不控制必录。
- 往来科目票据号必录：选中该选项，填制凭证时往来科目必须录入票据号。
- 同步删除业务系统凭证：选中该选项，业务系统删除凭证时相应地将总账的凭证同步删除。否则，将总账凭证作废，不予删除。

③ 凭证编号方式。系统在填制凭证功能中一般按照凭证类别按月自动编制凭证编号，即"系统编号"；但有的企业需要系统允许在制单时手工录入凭证编号，即"手工编号"。

④ 现金流量参照科目。用来设置现金流量录入界面的参照内容和方式。"现金流量科目"选项选中时，系统只参照凭证中的现金流量科目；"对方科目"选项选中时，系统只显示凭证中的非现金流量科目。"自动显示"选项选中时，系统依据前两个选项将现金流量科目或对方科目自动显示在指定现金流量项目界面中，否则需要手工参照选择。

2.2.2 外币设置

⊙ 实验资料

外币及汇率：币符为USD；币名为美元；固定汇率为1∶6.25。

实验过程

选择"基础设置"|"基础档案"|"财务"|"外币设置",录入币符"USD",币名"美元",单击"增加"按钮。再选择增加的币种"美元",选择"固定汇率",记账汇率列输入期初汇率,如图2-6所示。

图2-6 外币设置

2.2.3 设置会计科目

实验资料

企业使用的会计科目如表2-3所示。

表2-3 会计科目表

科目代码	科目名称	辅助核算	方向	币别计量
1001	库存现金	日记账	借	
1002	银行存款		借	
100201	工行存款	日记账/银行账	借	
100202	中行存款	日记账/银行账 外币核算	借	美元
1122	应收账款	客户往来	借	
1123	预付账款	供应商往来	借	
1221	其他应收款		借	
122101	应收单位款	客户往来	借	
122102	应收个人款	个人往来	借	
1231	坏账准备		贷	
1401	材料采购		借	
1403	原材料		借	
140301	生产用原材料	数量核算	借	吨

(续表)

科目代码	科目名称	辅助核算	方向	币别计量
140399	其他用原材料	数量核算	借	吨
1404	材料成本差异		借	
1405	库存商品		借	
1408	委托加工物资		借	
1411	周转材料		借	
1601	固定资产		借	
1602	累计折旧		贷	
1604	在建工程		借	
160401	人工费	项目核算	借	
160402	材料费	项目核算	借	
160499	其他	项目核算	借	
1701	无形资产		借	
1901	待处理财产损益		借	
190101	待处理流动资产损益		借	
190102	待处理固定资产损益		借	
2001	短期借款		贷	
2202	应付账款	供应商往来	贷	
2203	预收账款	客户往来	贷	
2211	应付职工薪酬		贷	
221101	工资		贷	
221102	职工福利费		贷	
2221	应交税费		贷	
222101	应交增值税		贷	
22210101	进项税额		贷	
22210105	销项税额		贷	
222102	应交营业税		贷	
222199	其他		贷	
2231	应付利息		贷	
223101	借款利息		贷	
2241	其他应付款		贷	
4001	实收资本		贷	
4103	本年利润		贷	
4104	利润分配		贷	
410415	未分配利润		贷	
5001	生产成本		借	
500101	直接材料	项目核算	借	
500102	直接人工	项目核算	借	
500103	制造费用	项目核算	借	
500104	折旧费	项目核算	借	

(续表)

科目代码	科目名称	辅助核算	方向	币别计量
500199	其他	项目核算	借	
5101	制造费用		借	
510101	工资		借	
510102	折旧费		借	
510103	租赁费		借	
6001	主营业务收入		贷	
6051	其他业务收入		贷	
6401	主营业务成本		借	
6402	其他业务成本		借	
6403	营业税金及附加		借	
6601	销售费用		借	
660101	工资	部门核算	借	
660102	福利费	部门核算	借	
660103	办公费	部门核算	借	
660104	差旅费	部门核算	借	
660105	招待费	部门核算	借	
660106	折旧费	部门核算	借	
660199	其他	部门核算	借	
6602	管理费用		借	
660201	工资	部门核算	借	
660202	福利费	部门核算	借	
660203	办公费	部门核算	借	
660204	差旅费	部门核算	借	
660205	招待费	部门核算	借	
660206	折旧费	部门核算	借	
660299	其他	部门核算	借	
6603	财务费用		借	
660301	利息支出		借	
660302	利息收入		借	
660303	汇兑损益		借	

项目核算部分在后面项目目录设置时再补充。

将"库存现金1001"科目指定为现金总账科目；将"银行存款1002"科目指定为银行总账科目；将"库存现金1001"、"工行存款100201"、"中行存款100202"科目指定为现金流量科目。

实验过程

1. 设置会计科目

选择"基础设置"|"基础档案"|"财务"|"会计科目"，如图2-7所示。

图2-7 会计科目

单击"增加"按钮,可以增加科目,如图2-8所示。也可以单击"修改"功能对科目进行修改。

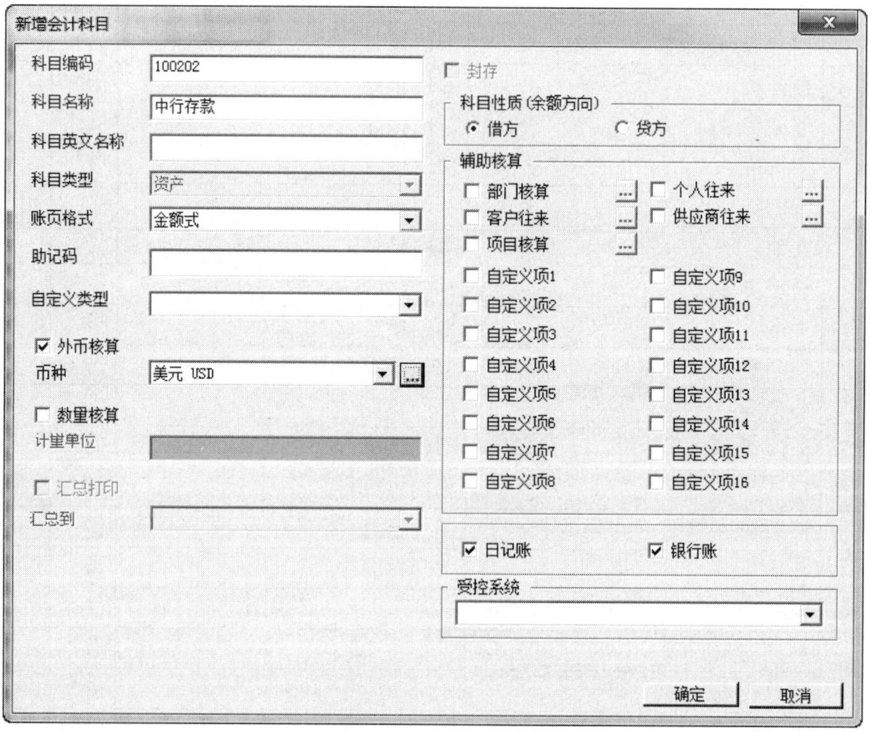

图2-8 增加科目

在设置科目过程中,特别要注意辅助核算的设置。

2. 指定会计科目

选择"基础设置"|"基础档案"|"财务"|"会计科目",再选择"编辑"|"指定科目",指定库存现金科目为现金总账科目,如图2-9所示。

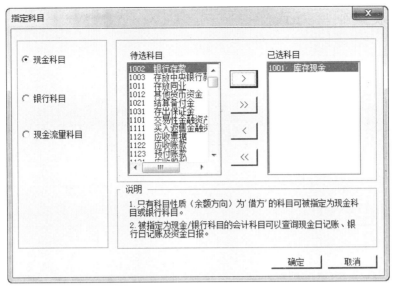

图2-9 现金总账科目

选择"银行存款"科目为银行总账科目。选择"库存现金1001"、"工行存款100201"、"中行存款100202"科目为现金流量科目。

2.2.4 设置凭证类别

实验资料

凭证类别如表2-4所示。

表2-4 凭证类别表

凭证类别	限制类型	限制科目
收款凭证	借方必有	1001、100201、100202
付款凭证	贷方必有	1001、100201、100202
转账凭证	凭证必无	1001、100201、100202

实验过程

选择"基础设置"|"基础档案"|"财务"|"凭证类别",再选择收款凭证、付款凭证、转账凭证预置模式,进入凭证类别设置界面后,先双击"修改"按钮,然后选择限制类型和限制科目,设置结果如图2-10所示。

图2-10 凭证类别设置

2.2.5 设置结算方式

实验资料

结算方式如表2-5所示。

表2-5 结算方式

结算方式编码	结算方式名称	是否票据管理
01	现金	否
02	现金支票	否
03	转账支票	否
04	其他	否

实验过程

选择"基础设置"|"基础档案"|"收付结算"|"结算方式",单击"增加"按钮,输入结算方式,如图2-11所示。

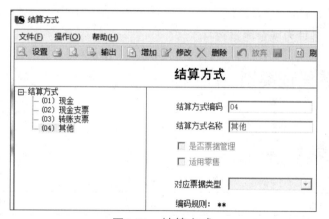

图2-11 结算方式

2.2.6 设置项目目录

实验资料

本单位项目核算大类项目为"开发项目",分为自行开发项目和委托开发项目,如表2-6所示。

表2-6 项目目录

项目大类:开发项目

项目分类编码	项目分类	项目编码	项目名称
1	自行开发项目	01	专用发票打印纸
		02	普通发票打印纸
		03	HP服务器项目
		04	税控II号
2	委托开发项目	05	加密卡

实验过程

1. 设置项目大类

(1) 选择"基础设置"|"基础档案"|"财务"|"项目目录",进入"项目档案"窗口,单击"增加"按钮,输入新项目大类名称"开发项目",如图2-12所示。

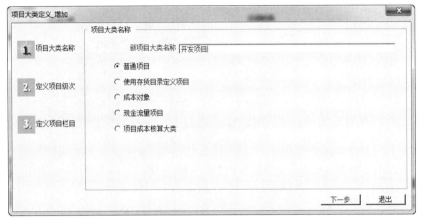

图2-12 增加项目大类

(2) 单击"下一步"按钮,定义项目级次,本处采用默认值,即只有1级。

(3) 单击"下一步"按钮,定义项目栏目,本处采用默认设置。单击"完成"按钮结束项目大类定义。

2. 定义项目分类

(1) 在项目大类中选择"开发项目"。

(2) 选择"项目分类定义"选项卡,单击右下角的"增加"按钮,逐个输入项目分类信息,然后按"确定"按钮完成,如图2-13所示。

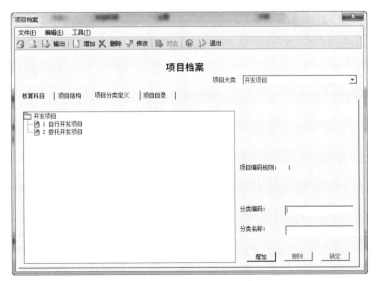

图2-13 增加项目分类

3. 定义项目目录

选择项目大类中的"开发项目",再选择"项目目录"选项卡,单击右下角的"维护"按钮,进入"项目目录维护"窗口。然后单击"增加"按钮后输入项目信息,如图2-14所示。

项目编号	项目名称	是否 结算	所属分类码	所属分类名称
01	专用发票打印纸		1	自行开发项目
02	普通发票打印纸		1	自行开发项目
03	HP服务器项目		1	自行开发项目
04	税控II号		1	自行开发项目
05	加密卡		2	委托开发项目

图2-14 项目目录维护

若"是否结算"标识为"Y",则该项目将不能再使用。标识的方法是在"是否结算"栏下要标识的项目进行双击,再双击则取消标识的"Y"。

实验提示

在操作过程中,新增一行后,若不再输入,可按ESC键退出该行(一些行可能会按两次ESC键)。

4. 指定核算项目

在"项目档案"窗口中,先选择项目大类为"开发项目",然后选择"核算科目"选项卡,将待选科目选入,这些科目是在科目定义时设定了项目核算的,单击"确定"按钮完成,如图2-15所示。

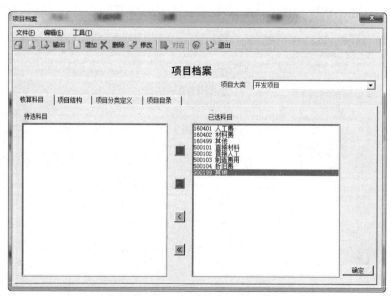

图2-15 指定项目大类的核算科目

实验提示

① 可以建立多个项目大类。
② 一个项目大类可以指定多个科目，但一个科目只能指定一个项目大类。

2.2.7 录入会计科目期初余额

实验资料

(1) 会计科目期初余额

2013年4月份会计科目期初余额如表2-7所示。

表2-7 会计科目期初余额表

科目代码	科目名称	方向	币别计量	累计借方	累计贷方	期初余额
1001	库存现金	借		18 889	18 860	6785
1002	银行存款	借		469 251	401 980	1 136 057
100201	工行存款	借		469 251	401 980	511 057
100202	中行存款	借	美元			625 000 美元：100 000
1122	应收账款	借		60 000	200 000	157 600
1221	其他应收款	借		7000	5300	3800
122102	应收个人款	借		7000	5300	3800
1231	坏账准备	贷		3000	6000	10 000
1403	原材料	借		293 180	80 000	1 004 000
140301	生产用原材料	借	吨	293 180	80 000	1 004 000
1405	库存商品	借		140 142	90 000	3 569 000
1601	固定资产	借				3 690 860
1602	累计折旧	贷			39 511	108 995
1701	无形资产	借			58 500	58 500
2001	短期借款	贷			200 000	200 000
2202	应付账款	贷		150 557	60 000	276 850
2211	应付职工薪酬	贷			3400	8200
221101	工资	贷			3400	8200
2221	应交税费	贷		36 781	15 581	-16 800
222101	应交增值税	贷		36 781	15 581	-16 800
22210101	进项税额	贷		36 781		-33 800
22210105	销项税额	贷			15 581	17 000
2241	其他应付款	贷			2100	2100
4001	实收资本	贷				7 695 444
4103	本年利润	贷				1 478 000
4104	利润分配	贷		13 172	9330	-119 022
410415	未分配利润	贷		13 172	9330	-119 022

(续表)

科目代码	科目名称	方向	币别计量	累计借方	累计贷方	期初余额
5001	生产成本	借		8711	10 121	17 165
500101	直接材料	借		4800	5971	10 000
500102	直接人工	借		861	900	4000
500103	制造费用	借		2850	3050	2000
500104	折旧费	借		200	200	1165
6001	主营业务收入	贷		350 000	350 000	
6051	其他业务收入	贷		250 000	250 000	
6401	主营业务成本	借		300 000	300 000	
6402	其他业务成本	借		180 096	180 096	
6403	营业税金及附加	借		8561	8561	
6601	销售费用	借		18 000	18 000	
660101	工资(销售部)	借		8000	8000	
660106	折旧费(销售部)	借		10 000	10 000	
6602	管理费用	借		22 550	22 550	
660201	工资(行政部)	借		8000	8000	
660202	福利费(行政部)	借		1100	1100	
660203	办公费(行政部)	借		600	600	
660204	差旅费(行政部)	借		5600	5600	
660205	招待费(行政部)	借		4600	4600	
660206	折旧费(行政部)	借		2600	2600	
660299	其他(行政部)	借		50	50	
6603	财务费用	借		8000	8000	
660301	利息支出	借		8000	8000	

说明：部门核算期初数据没有列示部门的，均假设为行政部。

(2) 辅助账期初余额表

日期中年份为2013年。

应收账款(1122)期初余额如表2-8所示。

表2-8 应收账款期初余额

日期	凭证号	客户	业务员	摘要	方向	期初余额	票号	票据日期
03-25	转-118	重庆嘉陵公司	朱小明	销售商品	借	99 600	P111	2013-02-25
03-10	转-15	天津大华公司	朱小明	销售商品	借	58 000	Z111	2013-03-10
		合计			借	157 600		

应收账款(1122)借贷方累计如表2-9所示。

表2-9 应收账款累计

客户	业务员	借方累计	贷方累计
重庆嘉陵公司	朱小明		200 000
天津大华公司	朱小明	60 000	
合计		60 000	200 000

其他应收款—应收个人款(122102)期初余额如表2-10所示。

表2-10 其他应收款—应收个人款期初余额

日期	凭证号	部门	个人	摘要	方向	期初余额
03-26	付-118	行政部	孙正	出差借款	借	2000
03-27	付-156	销售部	朱小明	出差借款	借	1800
				合计	借	3800

其他应收款—应收个人款(122102)借贷方累计如表2-11所示。

表2-11 其他应收款—应收个人款累计

部门	个人	借方累计	贷方累计
行政部	孙正	2000	3000
销售部	朱小明	5000	2300
合计		7000	5300

应付账款(2202)期初余额如表2-12所示。

表2-12 应付账款期初余额

日期	凭证号	供应商	业务员	摘要	方向	期初余额	票号	票据日期
01-20	转-45	重庆大江公司	杨真	购买原材料	贷	276 850	C123	2013-01-20
				合计	贷	276 850		

应付账款(2202)累计余额如表2-13所示。

表2-13 应付账款借贷方累计

供应商	业务员	累计借方	累计贷方
重庆大江公司	杨真	150 557	60 000

生产成本(5001)期初余额如表2-14所示。

表2-14 生产成本期初余额

项目	借方累计	贷方累计	期初余额
(1) 直接材料			
专用发票打印纸	4800	5971	4000
普通发票打印纸			6000
(2) 直接人工			
专用发票打印纸	861	900	1500
普通发票打印纸			2500
(3) 制造费用			
专用发票打印纸	2850	3050	800
普通发票打印纸			1200
(4) 折旧费			
专用发票打印纸	200	200	500
普通发票打印纸			665
合计	8711	10 121	17 165

实验过程

选择"业务工作"|"财务会计"|"总账"|"设置"|"期初余额",进入"期初余额录入"窗口。

在白色单元格内直接录入末级科目的期初余额,灰色单元格表示有下级科目,其余额由下级科目自动汇总计算。中行存款科目涉及人民币和美元,应分别输入,如图2-16所示。

科目名称	方向	币别/计量	年初余额	累计借方	累计贷方	期初余额
库存现金	借		6,756.00	18,889.00	18,860.00	6,785.00
银行存款	借		1,068,786.00	469,251.00	401,980.00	1,136,057.00
工行存款	借		443,786.00	469,251.00	401,980.00	511,057.00
中行存款	借		625,000.00			625,000.00
	借	美元	100,000.00			100,000.00
存放中央银行款项	借					

图2-16 期初余额录入

下面进行应收账款的输入。在应收账款的输入单元进行双击,然后会弹出应收账款的输入窗口,如图2-17所示。

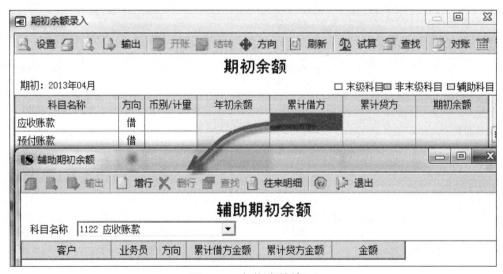

图2-17 应收账款输入

单击"往来明细"按钮,进入"期初往来明细"输入窗口,单击"增行"按钮,输入期初往来明细,如图2-18所示。

图2-18 期初往来明细

明细输入完成后，单击"汇总"按钮，系统将按照单位进行汇总，并把汇总数据填入辅助期初余额。单击"退出"按钮后返回"辅助期初余额"窗口，输入累计数，如图2-19所示。

图2-19 辅助期初余额

其他应收款、应付账款的输入方法相似。

下面进行生产成本(5001)的输入。在"生产成本—直接材料"科目上双击，进入后单击"增行"按钮，输入案例数据，如图2-20所示。

图2-20 "生产成本—直接材料"期初输入

科目初始数据全部输入后，单击"试算"按钮进行试算平衡。结果为：资产=9 507 607(借)，负债=470 350(贷)，成本=17 165(借)，权益=9 054 422(贷)，借方和贷方合计均为9 524 772。

期初余额要平衡,数据要正确,不然后续数据就会延续前面的错误。录入完成后的期初明细余额如图2-21所示。

科目编码	科目名称	期初余额 借方	期初余额 贷方
1001	库存现金	6,785.00	
100201	工行存款	511,057.00	
100202	中行存款	625,000.00	
1122	应收账款	157,600.00	
122102	应收个人款	3,800.00	
1231	坏账准备		10,000.00
140301	生产用原材料	1,004,000.00	
1405	库存商品	3,569,000.00	
1601	固定资产	3,690,860.00	
1602	累计折旧		108,995.00
1701	无形资产	58,500.00	
资产小计		9,626,602.00	118,995.00
2001	短期借款		200,000.00
2202	应付账款		276,850.00
221101	工资		8,200.00
22210101	进项税	33,800.00	
22210105	销项税		17,000.00
2241	其他应付款		2,100.00
负债小计		33,800.00	504,150.00
4001	实收资本		7,695,444.00
4103	本年利润		1,478,000.00
410415	未分配利润	119,022.00	
权益小计		119,022.00	9,173,444.00
500101	直接材料	10,000.00	
500102	直接人工	4,000.00	
500103	制造费用	2,000.00	
500104	折旧费	1,165.00	
成本小计		17,165.00	
合计		9,796,589.00	9,796,589.00

图2-21 期初余额

2.3 日常总账业务处理

实验资料

(1) 4月2日,采购部刘一江购买了350元的办公用品,以现金支付,附单据一张。

借:管理费用/办公费(660203)/采购部　　350
　　贷:库存现金(1001)　　　　　　　　　350

(2) 4月2日,收到兴华集团投资资金10 000美元,汇率为1∶6.25,中行转账支票号ZZW002。

借：银行存款/中行存款(100202)   62 500
　　贷：实收资本(4001)   62 500

(3) 4月2日，工行账户收到天津大华公司支付的货款3000元，转账支票号ZZ45623。

借：银行存款/工行存款(100201)   3000
　　贷：应收账款(1122)/大华   3000

(4) 4月2日，接银行通知，工行账户支付短期借款利息2000元。结算方式：其他；结算号：QT001。

借：财务费用/利息支出(660301)   2000
　　贷：银行存款/工行存款(100201)   2000

(5) 4月3日，采购部李天华采购原纸10吨，每吨5000元，材料直接送入二车间生产专用发票打印纸，货款以工行存款支付，转账支票号ZZR002。

借：生产成本/直接材料(500101)/专用发票打印纸   50 000
　　贷：银行存款/工行存款(100201)   50 000

(6) 4月3日，财务部赵小兵从工行提取现金15 000元，作为备用金，现金支票号XJ001。

借：库存现金(1001)   15 000
　　贷：银行存款/工行存款(100201)   15 000

(7) 4月12日，销售部刘一江收到重庆嘉陵公司转来的一张转账支票，金额49 600元，用以偿还前欠货款，转账支票号ZZR003。

借：银行存款/工行存款(100201)   49 600
　　贷：应收账款(1122)/嘉陵   49 600

(8) 4月12日，采购部李天华从重庆大江公司购入"税控Ⅱ号使用指南"光盘1000张，单价10元，货款暂欠，发票号为FP23135，商品已验收入库，适用税率17%。

借：库存商品(1405)   10 000
　　应交税费/应交增值税/进项税额(22210101)   1700
　　贷：应付账款(2202)/大江   11 700

(9) 4月12日，行政部支付业务招待费1500元，转账支票号ZZR004。

借：管理费用/招待费(660205)   1500
　　贷：银行存款/工行存款(100201)   1500

(10) 4月20日，行政部孙正出差归来，报销差旅费1800元，交回现金200元。票号QTS001。

借：管理费用/差旅费(660204)   1800
　　库存现金(1001)   200
　　贷：其他应收款(122102)   2000

(11) 4月20日，开具工行转账支票(支票号：ZG1226)20 000元支付本月制造中心租用房屋租赁费。

借：制造费用/租赁费(510103)   20 000
　　贷：银行存款/工行存款(100201)   20 000

实验过程

1. 凭证输入方法

(1) 进入凭证输入功能

在U8企业应用平台,选择"业务工作"|"财务会计"|"总账"|"凭证"|"填制凭证",进入"填制凭证"窗口,如图2-22所示。

图2-22 "填制凭证"窗口

(2) 凭证输入参数设置

在输入凭证前,可以设置凭证输入的参数。选择工具栏右边的"选项"按钮,可根据自己的需要进行设置,如图2-23所示。

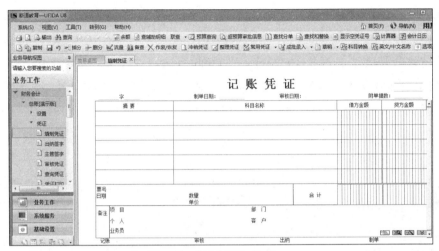

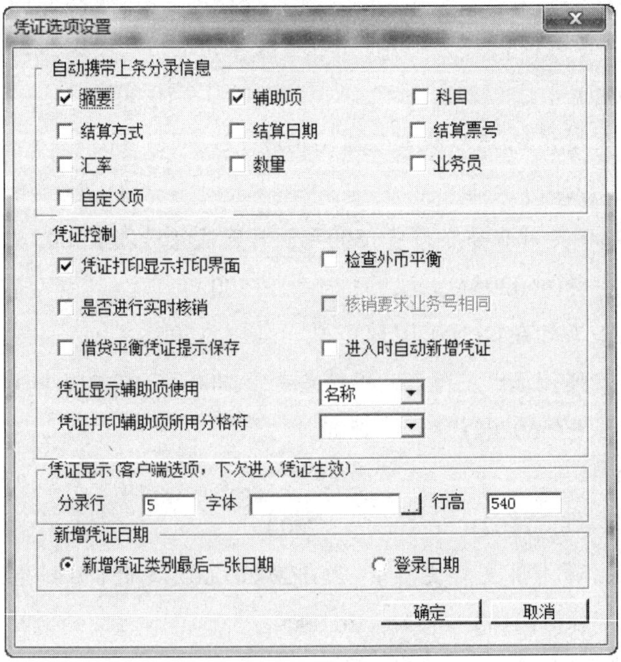

图2-23 凭证选项设置

当在"基础设置"|"业务参数"|"财务会计"|"总账"的"凭证选项设置"中设置了"制单序时控制"时,凭证填制必须按时间顺序进行,新增加的凭证日期不能小于系统中已有凭证的制单日期,否则系统会弹出错误提示。修改此项错误有两种方法,一是按照时间序列重新填写制单日期,二是取消控制参数中的"制单序时控制"选项。

(3) 凭证输入过程

单击工具栏的"增加"按钮,进入凭证输入状态。后续输入中凡在输入项目后面有"…"的,均可按F2键或单击"…"调出已经有的代码或项目资料供选择。

① 凭证字号。自动生成凭证号(具体看设置)。在"基础设置"|"业务参数"|"财务会计"|"总账"的"凭证"选项设置中设置凭证编号方式(系统编号或手工编号)。

② 制单日期。制单日期要求不能大于系统日期。在新增凭证日期设置为"登录日期"的情况下,可以通过登录日期来变更制单日期。

③ 附单据数。直接输入单据数。当需要将某些图片、文件作为附件链接凭证时,可单击"附单据数"录入框右侧的图标,选择文件的链接地址。附单据数上面的两个空白项目,可以自由输入内容,如凭证的分卷号等。

④ 摘要。可直接输入,也可以按F2键调入常用摘要。常用摘要就是把经常要输入的摘要保存起来,在输入摘要的时候调入,以提高输入的速度。进入"常用摘要"窗口后,可以增加、修改、删除常用摘要,如图2-24所示。

摘要编码	摘要内容	相关科目
01	购买办公用品	
02	报销差旅费	

图2-24 常用摘要

⑤ 科目名称。直接输入每级科目或按F2键参照录入。

如果科目设置了辅助核算属性,则在这里还要输入辅助信息,如部门、个人、项目、客户、供应商、数量等。录入的辅助信息将在凭证下方的备注中显示。

辅助核算项目的输入如图2-25所示。单击凭证右下角的扩展界面图标"≫",可以输入现金流量信息。

⑥ 录入借贷方金额。录入该笔分录的借方或贷方本币发生额,金额不能为零,但可以是红字,红字金额以负数形式输入。如果方向不符,可按空格键调整金额的借贷方向。在录入金额时,可按"="(等号键)将当前凭证借贷方金额的差额填入光标位置。

⑦ 其他操作。若想放弃当前未完成的分录的输入,可单击"删行"按钮或按Ctrl+D键删除当前分录即可。

图2-25　输入辅助核算项目

⑧ 完成。当凭证全部录入完毕后，单击"保存"按钮保存这张凭证(也可以按F6键保存)。

⑨ 常用功能。

● 余额：可查询当前科目+辅助项+自定义项的最新余额一览表。

● 插分：插入一条分录。快捷键为CTRL+I。

● 删分：删除光标当前行分录。快捷键为CTRL+D。

● 流量：查询当前科目的现金流量明细。

● 备查：查询当前科目的备查资料。

● 查找和替换：在当前凭证的摘要、科目或金额列中查找内容或进行替换。

输入完成的凭证如图2-26所示。

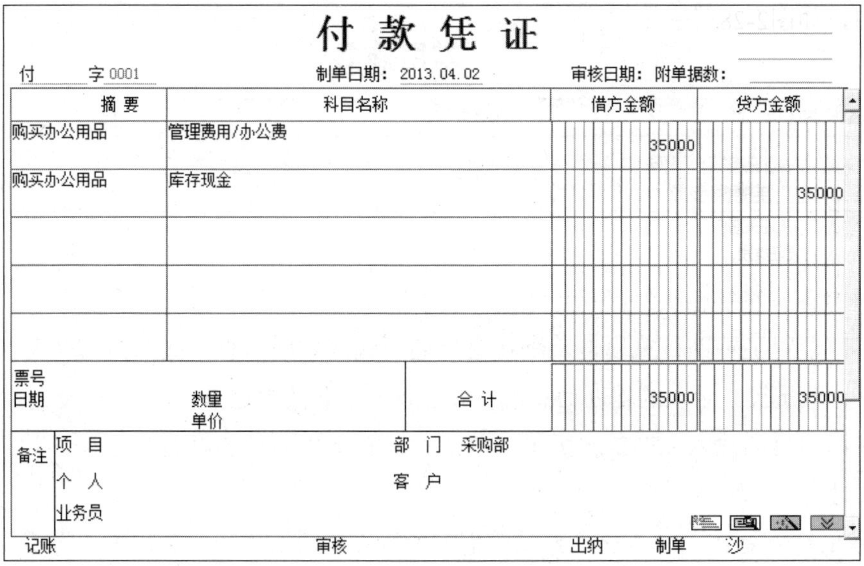

图2-26　付款凭证

(4) 外币凭证的输入

输入涉及外币的凭证时，凭证格式会自动转变为外币凭证格式，需要输入外币的数量和汇率，如图2-27所示。

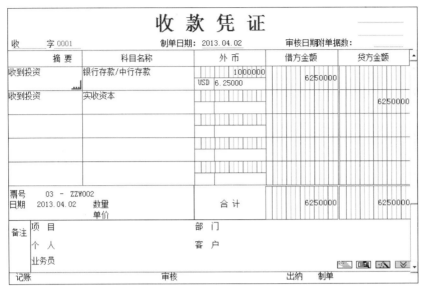

图2-27 外币凭证

2. 查询凭证

(1) 选择"业务工作"|"财务会计"|"总账"|"凭证"|"查询凭证"，进入凭证查询条件设置窗口，如图2-28所示。

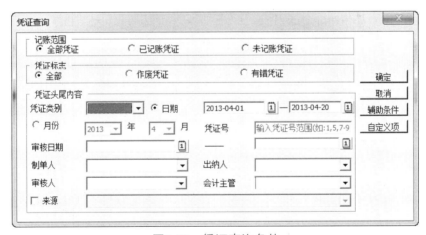

图2-28 凭证查询条件

按照设置条件显示的凭证如图2-29所示。双击任一行，就可以调出这张凭证查询，并可单击"修改"按钮对凭证进行修改。

凭证共 11张		已审核 0 张	未审核 11 张		
制单日期	凭证编号	摘要	借方金额合计	贷方金额合计	制单人
2013-04-02	收 - 0001	收到投资	62,500.00	62,500.00	何沙
2013-04-02	收 - 0002	收到货款	3,000.00	3,000.00	何沙
2013-04-12	收 - 0003	收货款	49,600.00	49,600.00	何沙
2013-04-20	收 - 0004	报销差旅费	2,000.00	2,000.00	何沙
2013-04-02	付 - 0001	购买办公用品	350.00	350.00	何沙
2013-04-02	付 - 0002	支付短期借款利息	2,000.00	2,000.00	何沙
2013-04-03	付 - 0003	支付货款	50,000.00	50,000.00	何沙
2013-04-03	付 - 0004	提取备用金	15,000.00	15,000.00	何沙
2013-04-12	付 - 0005	业务招待费	1,500.00	1,500.00	何沙
2013-04-20	付 - 0006	付房屋租赁费	20,000.00	20,000.00	何沙
2013-04-12	转 - 0001	采购税控II号使用指南	11,700.00	11,700.00	何沙
		合计	217,650.00	217,650.00	

图2-29 凭证列表

(2) 选择"业务工作"|"财务会计"|"总账"|"账表"|"科目账"|"序时账",先设置查询条件,如果凭证还没有记账,就需要选择"包含未记账凭证"复选框,如图2-30所示。单击"确定"按钮,显示的查询结果如图2-31所示。在序时账中,可以双击某一条记录查询对应的凭证。以这种方式,可以直接看到凭证的每一笔分录情况。

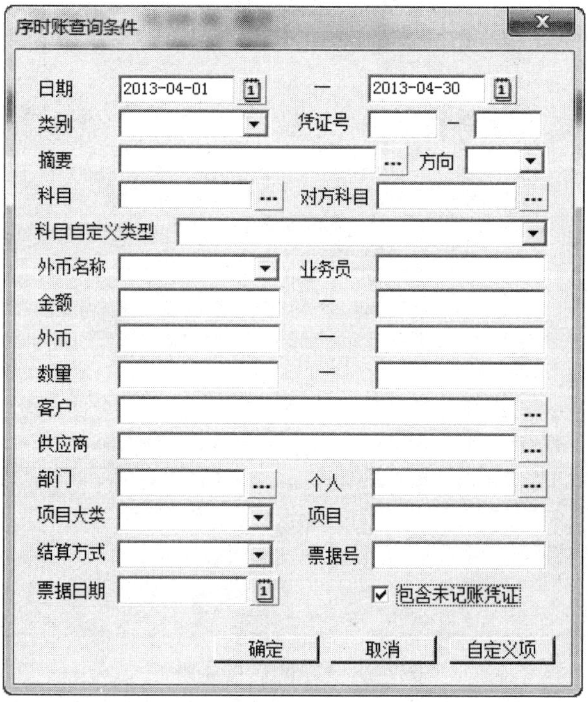

图2-30 序时账查询条件

日期	凭证号数	科目编码	科目名称	摘要	方向	数量	外币	金额
2013.04.02	收-0001	100202	中行存款	*收到投资	借		10,000.00	62,500.00
2013.04.02	收-0001	4001	实收资本	*收到投资	贷			62,500.00
2013.04.02	收-0002	100201	工行存款	*收到货款	借			3,000.00
2013.04.02	收-0002	1122	应收账款	*收到货款_大华	贷			3,000.00
2013.04.02	付-0001	660203	办公费	*购买办公用品_采购部	借			350.00
2013.04.02	付-0001	1001	库存现金	*购买办公用品	贷			350.00
2013.04.02	付-0002	660301	利息支出	*支付短期借款利息	借			2,000.00
2013.04.02	付-0002	100201	工行存款	*支付短期借款利息	贷			2,000.00
2013.04.03	付-0003	500101	直接材料	*支付货款_专用发票打印纸	借			50,000.00
2013.04.03	付-0003	100201	工行存款	*支付货款	贷			50,000.00
2013.04.03	付-0004	1001	库存现金	*提取备用金	借			15,000.00
2013.04.03	付-0004	100201	工行存款	*提取备用金	贷			15,000.00
2013.04.12	收-0003	100201	工行存款	*收货款	借			49,600.00
2013.04.12	收-0003	1122	应收账款	*收货款_嘉陵	贷			49,600.00
2013.04.12	付-0005	660205	招待费	*业务招待费_行政部	借			1,500.00
2013.04.12	付-0005	100201	工行存款	*业务招待费	贷			1,500.00
2013.04.12	转-0001	1405	库存商品	*采购税控II号使用指南	借			10,000.00
2013.04.12	转-0001	22210101	进项税	*采购税控II号使用指南	借			1,700.00
2013.04.12	转-0001	2202	应付账款	*采购税控II号使用指南_大	贷			11,700.00
2013.04.20	收-0004	660204	差旅费	*报销差旅费_行政部	借			1,800.00
2013.04.20	收-0004	1001	库存现金	*报销差旅费	借			200.00
2013.04.20	收-0004	122102	应收个人款	*报销差旅费_行政部_孙正	贷			2,000.00
2013.04.20	付-0006	510103	租赁费	*付房屋租赁费	借			20,000.00
2013.04.20	付-0006	100201	工行存款	*付房屋租赁费	贷			20,000.00
				合计	借			217,650.00
					贷			217,650.00

图2-31　序时账

3. 修改凭证

选择"业务工作"|"财务会计"|"总账"|"凭证"|"查询凭证",进入"凭证查询"窗口,然后可以选择所需要修改的凭证进行修改。具体方法与输入方法相同。

实验提示

① 未经审核的凭证可查询到后直接修改;已审核的凭证应先取消审核再修改。

② 如果采用"制单序时控制",则单据日期不能修改为一张凭证的制单日期之前。

③ 外部系统(如采购、销售、薪资、固定资产等)传过来的凭证不能在总账系统中进行修改,只能在生成凭证的系统中进行修改。

4. 冲销凭证

选择"业务工作"|"财务会计"|"总账"|"凭证"|"填制凭证",再选择工具栏的"冲销凭证"功能,可以选择相关的凭证进行冲销,如图2-32所示。

冲销凭证是指制作一张与原凭证相同、金额相反,将其冲销为零的凭证。

图2-32　冲销凭证

5. 作废与恢复凭证

选择"业务工作"|"财务会计"|"总账"|"凭证"|"填制凭证",选择工具栏的"作废/恢复"功能,作废凭证的左上角出现"作废"红字签章,表示该凭证已作废,其凭证数据将不登记到相关账簿中。

在"填制凭证"窗口,查询到要恢复的已作废凭证,选择工具栏的"作废/恢复"功能,凭证左上角的"作废"红字签章便会消除,该张凭证即恢复为有效凭证。

6. 整理凭证

(1) 在"填制凭证"窗口,选择工具栏的"整理凭证"功能,系统弹出对话框,选择要进行凭证整理的所属会计期间。

(2) 选择要整理的会计期间后,单击"确定"按钮,系统弹出已作废的凭证列表,选择要真正删除的凭证,单击"确定"按钮,系统将从凭证数据库中删除所选定的凭证,并对剩余凭证的凭证号重新编排,以消除断号;如果系统没有作废凭证,那么系统将对凭证编号进行重新排号整理,消除凭证断号。

> **实验提示**
>
> 凭证整理只能对未记账凭证进行整理。

7. 出纳签字

(1) 出纳签字设置

选择"业务工作"|"财务会计"|"出纳管理"|"设置"|"系统设置",再选择"账套参数",将"出纳签字功能"设为"GL-总账",如图2-33所示。单击"确定"按钮完成设置。

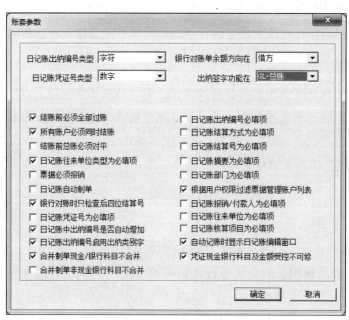

图2-33 账套参数

(2) 列示需要出纳签字的凭证

以出纳员身份登录。选择"业务工作"|"财务会计"|"总账"|"凭证"|"出纳签字",系统弹出"出纳签字"条件设置窗口。在此窗口中设置需要进行签字的凭证查询条件。

条件设置后单击"确定"按钮,系统将符合查询条件的需要进行出纳签字的凭证列示出来,如图2-34所示。

制单日期	凭证编号	摘要	借方金额合计	贷方金额合计	制单人	签字人
2013-04-02	收-0001	收到投资	62,500.00	62,500.00	何沙	
2013-04-02	收-0002	收到货款	3,000.00	3,000.00	何沙	
2013-04-12	收-0003	收货款	49,600.00	49,600.00	何沙	
2013-04-20	收-0004	报销差旅费	2,000.00	2,000.00	何沙	
2013-04-02	付-0001	购买办公用品	350.00	350.00	何沙	
2013-04-02	付-0002	支付短期借款利息	2,000.00	2,000.00	何沙	
2013-04-03	付-0003	支付货款	50,000.00	50,000.00	何沙	
2013-04-03	付-0004	提取备用金	15,000.00	15,000.00	何沙	
2013-04-12	付-0005	业务招待费	1,500.00	1,500.00	何沙	
2013-04-20	付-0006	付房屋租赁费	20,000.00	20,000.00	何沙	

凭证共 10张　已签字 0张　未签字 10张

图2-34　未经出纳签字的凭证列表

(3) 进行出纳签字

双击某一要签字的凭证,进入"出纳签字"窗口,系统调出要签字的凭证。单击工具栏上的"签字"按钮,凭证底部的"出纳"处将自动签上出纳员姓名。

单击"下张凭证"按钮(显示为➡),对其他凭证进行签字。或者选择工具栏的"批处理"|"成批出纳签字",对所有凭证进行签字,最后返回出纳签字列表,这时签字人栏目下会显示出每个已经签字的名字。

实验提示

① 出纳签字不是审核凭证的必需步骤。如果控制参数不选择"出纳凭证必须经由出纳签字",则可以不执行出纳签字功能。

② 凭证一经签字就不能被修改、删除,只有取消签字后才能进行修改、删除操作。

③ 只有涉及现金、银行科目的凭证才需要出纳签字。

8. 审核凭证

(1) 进入凭证审核列表

以审核员身份登录U8企业应用平台。选择"业务工作"|"财务会计"|"总账"|"凭证"|"审核凭证",系统弹出凭证审核条件设置窗口。设置好查询条件后,单击"确定"按钮,系统显示出符合条件的凭证列表,如图2-35所示。

制单日期	凭证编号	摘要	借方金额合计	贷方金额合计	制单人	审核人
2013-04-02	收－0001	收到投资	62,500.00	62,500.00	何沙	
2013-04-02	收－0002	收到货款	3,000.00	3,000.00	何沙	
2013-04-12	收－0003	收货款	49,600.00	49,600.00	何沙	
2013-04-20	收－0004	报销差旅费	2,000.00	2,000.00	何沙	
2013-04-02	付－0001	购买办公用品	350.00	350.00	何沙	
2013-04-02	付－0002	支付短期借款利息	2,000.00	2,000.00	何沙	
2013-04-03	付－0003	支付货款	50,000.00	50,000.00	何沙	
2013-04-03	付－0004	提取备用金	15,000.00	15,000.00	何沙	
2013-04-12	付－0005	业务招待费	1,500.00	1,500.00	何沙	
2013-04-20	付－0006	付房屋租赁费	20,000.00	20,000.00	何沙	
2013-04-12	转－0001	采购税控Ⅱ号使用指南	11,700.00	11,700.00	何沙	

图2-35　凭证审核列表

(2) 凭证审核

双击要进行审核的凭证，进入"审核凭证"窗口。检查要审核的凭证，确认无误后，单击工具栏的"审核"按钮，凭证底部的"审核"处将自动签上审核员的姓名。

单击"下张"按钮(显示为➡)，对其他凭证进行审核。或者选择工具栏的"批处理"|"成批审核凭证"，完成所有凭证的审核工作。

实验提示

① 若凭证有错，可以单击"标错"按钮，在凭证上显示"有错"红字签章；错误修改后，再单击"标错"按钮，将消除"有错"红字签章。

② 凭证一经审核，就不能被修改、删除，只有被取消审核签字后才可以进行修改或删除。

③ 作废凭证不能被审核，也不能被标错。

④ 制单人不能审核自己制作的凭证。

9. 凭证记账

(1) 记账凭证选择

以账套主管身份或具有记账权限的人员登录系统。选择"业务工作"|"财务会计"|"总账"|"凭证"|"记账"，进入"记账"窗口。选择要进行记账的凭证范围，如图2-36所示。

可以在"记账范围"栏中自行决定要进行记账的凭证范围，也可以单击"全选"按钮对所有凭证进行记账。

(2) 记账

单击"记账"进行记账工作。记账完成后，系统弹出"期初试算平衡表"窗口，单击"确定"按钮，系统开始登记总账、明细账、辅助账。登记完毕，弹出"记账完毕！"提示框，单击"确定"按钮。

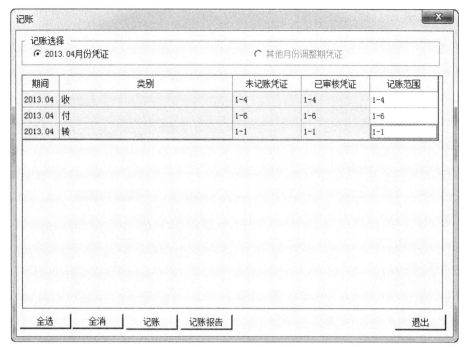

图2-36 进行记账的凭证范围选择

实验提示

① 首次使用总账系统进行记账时,如果期初余额不平衡,则不能记账。

② 上月未结账,则本月不能记账。

③ 如果所选范围内的凭证有不平衡凭证,系统将列出错误凭证,并重选记账范围。

④ 记账过程一旦因断电或其他原因造成中断后,系统将自动调用"恢复记账前状态"恢复数据,然后再重新记账。

10.恢复记账前状态

如果因为数据错误等原因,需要将凭证恢复到记账前状态,具体方法如下。

(1) 以账套主管身份登录总账系统,选择"业务工作"|"财务会计"|"总账"|"期末"|"对账",进入"对账"窗口。

(2) 按Ctrl+H键,系统弹出"恢复记账前状态功能已被激活!"提示(再按Ctrl+H键则隐藏该功能)。单击"确定"按钮,再单击"退出"按钮,退出"对账"窗口。

(3) 选择"业务工作|"财务会计"|"总账"|"凭证"|"恢复记账前状态"命令,进入"恢复记账前状态"窗口,如图2-37所示。

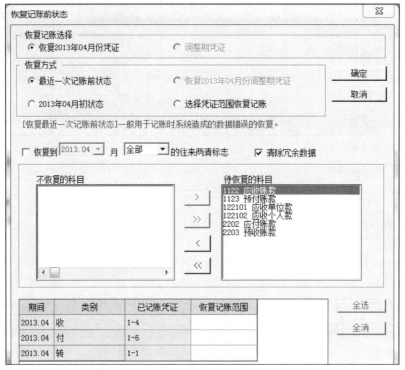

图2-37 恢复记账前状态选择

恢复方式选择"最近一次记账前状态",单击"确定"按钮,系统弹出"请输入口令"提示框。输入正确的口令后,单击"确认"按钮,系统取消已记账凭证的记账操作。

实验提示

① 已结账月份不能取消记账。
② 只有账套主管才能恢复到月初的记账前状态。

2.4 出纳管理

2.4.1 出纳管理概述

出纳管理在用友U8系统中是总账系统的一个模块,是为出纳业务提供的一套管理工具,主要功能包括查询和打印现金日记账、银行存款日记账和资金日报;登记和管理支票登记簿;输入银行对账单,进行银行对账,输出余额调节表,并可对银行长期未达账提供审计报告。

由于企业与银行的账务处理和入账时间上的差异,通常会发生双方账面不一致的情况。为防止记账发生差错,正确掌握银行存款的实际余额,必须定期将企业银行存款日记账与银行发出的对账单进行核对并编制银行存款余额调节表。

银行对账就是将企业登记的银行存款日记账与银行对账单进行核对,银行对账单来自企业开户行。银行对账的流程如图2-38所示。

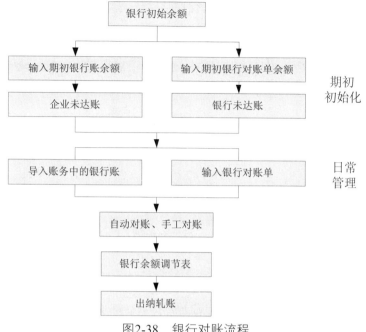

图2-38 银行对账流程

1. 输入银行对账期初数据

输入银行对账期初数据需要做的工作如下。

(1) 确定银行账户的启用日期。

(2) 输入企业银行日记账和银行对账单的调整前余额。

(3) 输入企业银行日记账和银行对账单期初未达账项。系统将根据调整前余额及期初未达账项自动计算出银行对账单与企业银行日记账的调整后余额,如果调整后余额不平,应该调平,否则在执行银行对账之后,会造成账面不平。

2. 输入银行对账单

当需要进行银行对账时,选择银行账户,输入银行对账单。

3. 银行对账

银行对账采用自动对账和手工对账相结合的方式进行。自动对账是系统根据对账依据自动进行核对、勾销,对账依据根据需要选择,方向、金额相同是必要条件,其他可选条件是票号相同、结算方式相同、日期在多少天之内等。

对于已经核对上的银行业务,系统将自动在银行存款日记账和银行对账单双方标上两清标志,并视为已达账。对于在两清栏未写上两清符号的记录,系统视为未达账项。

由于自动对账是以银行存款日记账和银行对账单双方对账依据相同为条件,所以为了保证自动对账的正确性和彻底性,必须保证对账数据规范合理。例如,银行存款日记账和银行存款对账单的票号要统一位长，否则系统将无法识别。

手工对账是对自动对账的补充，使用自动对账后，可能还有一些特殊的已达账没有对出来，而被视为未达账项，可以用手工对账进行调整。

4. 编制余额调节表

银行存款余额调节表是系统自动编制的。对账结束后，就可编制、查询和打印银行存款余额调节表，以检查对账是否正确。

2.4.2 期初设置

实验资料

(1) 工商银行期初数据

工行人民币账户企业日记账调整前余额为511 057.00元。银行对账单调整前余额为467 557.00元。

① 企业未达账

银行已收企业未收：3月26日，银行收到上海长江公司用转账支票支付的货款3000元，票号ZZ45623，企业未收到。

银行已付企业未付：3月28日，银行自动支付期短期借款利息2000元，银行付款票据企业未收到。

② 银行未达账

企业已付银行未付：3月28日，企业用现金支票支付零星采购货款2500元，票号XJ445353，银行未入账，付款凭证号27；3月29日，企业用转账支票支付货款3000元，票号ZZ30254，银行未入账，付款凭证号32。

企业已收银行未收：3月30日，已收未收货款(重庆嘉陵公司转账支票，票号ZZ8341)50 000元，收款凭证号56，银行未入账。

(2) 中国银行账户不进行银行对账。

实验过程

1. 银行科目选择

选择"业务工作"|"财务会计"|"总账"|"出纳"|"银行对账"|"银行对账期初录入"，进入银行科目选择界面，选择"工行存款(100201)"。然后单击"确定"按钮，进入"银行对账期初"窗口。

2. 输入期初未达账

(1) 在"单位日记账"一栏的调整前余额中录入工行存款期初余额511 057.00元，在"银行对账单"一栏的调整前余额中录入对账单期初余额467 557.00元，如图2-39所示。单击"方向"按钮，将银行对账单余额方向调整为贷方。

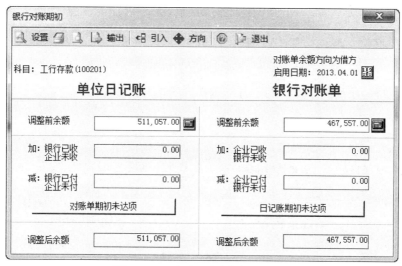

图2-39 "银行对账期初"窗口

实验提示

系统默认的银行对账单余额方向在借方，而在现实中，银行对账单余额一般在贷方，故本实验将其调整为贷方。

(2) 单击"对账单期初未达项"按钮，进入"银行方期初"窗口，再单击"增加"按钮，录入银行对账单期初未达账数据，如图2-40所示。然后单击"保存"按钮，退出"银行方期初"窗口。

图2-40 银行方期初未达账

(3) 单击"日记账期初未达项"按钮，进入"企业方期初"窗口，再单击"增加"按钮，录入企业日记账期初未达账数据，如图2-41所示。然后单击"保存"按钮，退出"企业方期初"窗口。

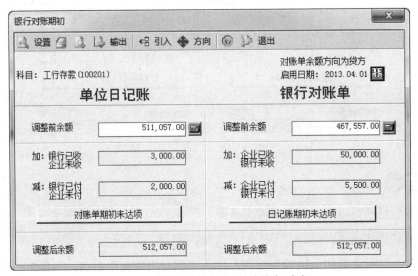

图2-41 企业方期初未达账

(4) 在"银行对账期初"窗口的下方,调整后的单位日记账余额与银行对账单调整后的余额相等,如图2-42所示。

图2-42 调整后的银行对账期初余额

2.4.3 出纳日常业务处理

实验资料

(1) 工商银行对账单

2013年4月底,工行存款对账单部分资料见表2-15。

表2-15 工行存款4月对账单(部分)

日　　期	结算方式	票　　号	借方金额	贷方金额
2013-04-02	现金支票	XJ445353	2500	
2013-04-04	转账支票	ZZ30254	3000	
2013-04-08	转账支票	ZZ8341		50 000

(续表)

日 期	结算方式	票 号	借方金额	贷方金额
2013-04-11	转账支票	001188		11 934
2013-04-12	转账支票	ZZR002	50 000	
2013-04-12	转账支票	ZZ123	33 345	
2013-04-16	转账支票	ZZR911	50 000	
2013-04-20	转账支票	456324	11 400	
2013-04-20	转账支票	ZZR003		49 600
2013-04-20	转账支票	ZS002		10 000
2013-04-20	转账支票	ZF002	90 000	

根据以上资料，进行银行对账，生成银行存款余额调节表。

(2) 中行存款期初及期末均无未达账，不进行银行对账。

实验过程

1. 票据管理

选择"业务工作"|"财务会计"|"总账"|"出纳"|"支票登记簿"，在弹出的"银行科目选择"窗口选择"工行存款(100201)"，进入工行存款账户的"支票登记簿"窗口，如图2-43所示。单击"增加"按钮，添加新的支票信息。

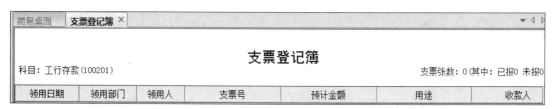

图2-43 工行支票登记簿

2. 银行对账

(1) 输入银行对账单

选择"业务工作"|"财务会计"|"总账"|"出纳"|"银行对账"|"银行对账单"，在弹出的"银行科目选择"窗口中选择"工行存款(100201)"，月份为2013年4月，单击"确定"按钮进入"银行对账单录入"窗口。然后单击"增加"按钮，输入2013年4月的部分对账单信息，如图2-44所示。保存后退出"银行对账单录入"窗口。

银行对账单

科目：工行存款(100201)　　　　　　　　　　　　　对账单账面余额：348,846.00

日期	结算方式	票号	借方金额	贷方金额	余额
2013.03.26	03	ZZ45623		3,000.00	469,557.00
2013.03.28	04		2,000.00		467,557.00
2013.04.02	02	XJ445353	2,500.00		465,057.00
2013.04.04	03	ZZ30254	3,000.00		462,057.00
2013.04.08	03	ZZ8341		50,000.00	512,057.00
2013.04.11	03	001188		11,934.00	523,991.00
2013.04.12	03	ZZR002	50,000.00		473,991.00
2013.04.12	03	ZZ123	33,345.00		440,646.00
2013.04.16	03	ZZR911	50,000.00		390,646.00
2013.04.20	03	456324	11,400.00		379,246.00
2013.04.20	03	ZZR003		49,600.00	428,846.00
2013.04.20	03	ZS002		10,000.00	438,846.00
2013.04.20	03	ZF002	90,000.00		348,846.00

图2-44　银行对账单信息

(2) 银行对账

选择"业务工作"|"财务会计"|"总账"|"出纳"|"银行对账"|"银行对账"命令，然后在打开的窗口中选择科目、月份(2013.03—2013.04)，确认后进入"银行对账"窗口，如图2-45所示。

科目：100201（工行存款）				单位日记账						银行对账单				
凭证日期	票据日期	结算方式	票号	方向	金额	凭证号数	摘要	对账序号	日期	结算方式	票号	方向	金额	两清	对账序号
2013.03.28		02	XJ445353	贷	2,500.00	付-0027			2013.03.26	03	ZZ45623	贷	3,000.00		
2013.03.29		03	ZZ30254	贷	3,000.00	付-0032			2013.03.28	04		借	2,000.00		
2013.03.30		03	ZZ8341	借	50,000.00	收-0056			2013.04.02	02	XJ445353	借	2,500.00		
2013.04.02	2013.04.02	03	ZZ45623	借	3,000.00	收-0002	收到货款		2013.04.04	03	ZZ30254	借	3,000.00		
2013.04.02	2013.04.02	04	QT001	贷	2,000.00	付-0002	支付短期借款利息		2013.04.08	03	ZZ8341	贷	50,000.00		
2013.04.03	2013.04.03	03	ZZR002	贷	50,000.00	付-0003	支付货款		2013.04.11	03	001188	贷	11,934.00		
2013.04.03	2013.04.03	02	XJ001	借	15,000.00	付-0004	提取备用金		2013.04.12	03	ZZR002	借	50,000.00		
2013.04.12	2013.04.12	03	ZZR003	借	49,600.00	收-0003	收货款		2013.04.12	03	ZZ123	借	33,345.00		
2013.04.12	2013.04.12	03	ZZR004	贷	1,500.00	付-0005	业务招待费		2013.04.16	03	ZZR911	借	50,000.00		
2013.04.20	2013.04.20	03	ZG1226	贷	20,000.00	付-0006	付房屋租赁费		2013.04.20	03	456324	借	11,400.00		
									2013.04.20	03	ZZR003	贷	49,600.00		
									2013.04.20	03	ZS002	贷	10,000.00		
									2013.04.20	03	ZF002	借	90,000.00		

图2-45　银行对账

单击"对账"按钮，在弹出的"自动对账"窗口中，录入截止日期"2013-04-20"，选择对账条件，如图2-46所示。然后单击"确定"按钮，系统自动对账，完成后，显示对账结果，如图2-47所示。在该窗口中，可以看到自动对账两清的记录标记"〇"，且背景色为黄色。

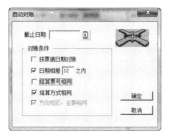

图2-46 自动对账条件定义

科目: 100201 (工行存款)													
单位日记账							银行对账单						
票据日期	结算方式	票号	方向	金额	两清	凭证号数	摘要	日期	结算方式	票号	方向	金额	两清	对账序号
2013.04.02	03	ZZ45623	借	3,000.00	○	收-0002	收到货款	2013.03.26	03	ZZ45623	贷	3,000.00	○	2013060700003
2013.04.12	03	ZZR003	借	49,600.00	○	收-0003	收货款	2013.03.28	04		借	2,000.00	○	2013060800001
2013.04.02	04	QT001	贷	2,000.00	○	付-0002	支付短期借款利息	2013.04.02	02	XJ445353	贷	2,500.00	○	2013060700001
2013.04.03	03	ZZR002	贷	50,000.00	○	付-0003	支付货款	2013.04.04	03	ZZ30254	借	3,000.00	○	2013060700002
2013.04.03	02	XJ001	贷	15,000.00		付-0004	提取备用金	2013.04.08	03	ZZ8341	贷	50,000.00	○	2013060700004
2013.04.12	03	ZZR004	贷	1,500.00		付-0005	业务招待费	2013.04.11	03	001188	借	11,934.00		
2013.04.20	03	ZG1226	贷	20,000.00		付-0006	付房屋租赁费	2013.04.12	03	ZZR002	贷	50,000.00	○	2013060800002
	03	ZZ8341	借	50,000.00	○	收-0056		2013.04.12	03	ZZ123	借	33,345.00		
	02	XJ445353	贷	2,500.00	○	付-0027		2013.04.16	03	ZZR911	借	50,000.00		
	03	ZZ30254	贷	3,000.00	○	付-0032		2013.04.20		456324	借	11,400.00		
								2013.04.20	03	ZZR003	贷	49,600.00	○	2013060700005
								2013.04.20		ZS002	贷	10,000.00		
								2013.04.20		ZF002	借	90,000.00		

图2-47 已进行自动对账的银行日记账与对账单

上面的对账情况,与前面的凭证已经记账的多少有关系。

实验提示

① 自动对账条件越多,对账越准确,但如果日记账、对账单信息不全,那么能对上的记录也就越少。

② "方向相反、金额相等"是系统默认条件,不能取消;如果在"银行对账期初"中定义银行对账单余额方向为借方,则对账默认条件为"方向、金额相同"。

③ 使用自动对账后,可能还有一些特殊的已达账没有对出来,而被视为未达账项。为了保证对账更彻底、正确,可用手工对账来进行调整。

④ 手工对账通过在单位日记账与银行对账单记录的两清标志区双击鼠标左键,打上两清标志"√"来完成。

⑤ 单击"取消"按钮,可取消自动对账标志;在手工对账的两清标志"√"处,双击鼠标左键,可取消手工对账标志。

⑥ 对账本身不会影响银行账的数据。

(3) 银行存款余额调节表

选择"总账"|"银行对账"|"余额调节表查询",可查看银行存款余额调节表情况。选中银行科目"工行存款",双击可查看该科目的余额调节表,如图2-48所示。

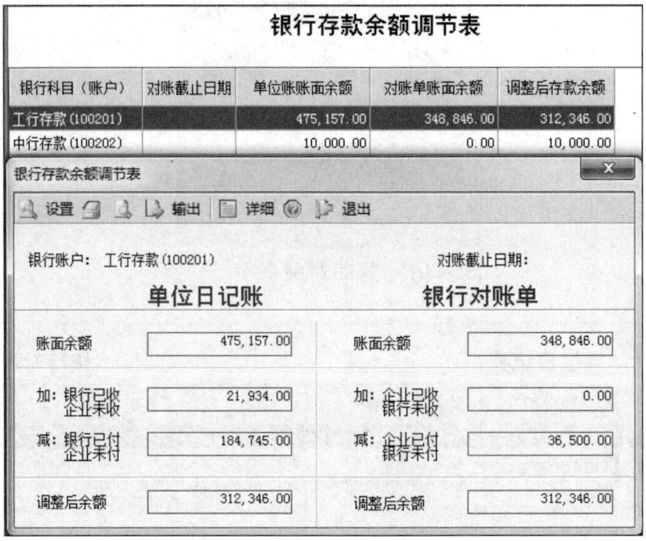

图2-48 工行存款期末余额调节表

2.4.4 信息查询

1. 日记账查询

选择“业务工作”|“财务会计”|“总账”|“出纳”|“现金日记账”命令，选择科目、月份确认后，进入“现金日记账”窗口，如图2-49所示。

现金日记账　　金额式

科目　1001 库存现金　　月份：2013.04-2013.04

2013年 月	日	凭证号数	摘要	对方科目	借方	贷方	方向	余额
			月初余额				借	6,785.00
04	02	付-0001	购买办公用品	660203		350.00	借	6,435.00
04	02		本日合计			350.00	借	6,435.00
04	03	付-0004	提取备用金	100201	15,000.00		借	21,435.00
04	03		本日合计		15,000.00		借	21,435.00
04	20	收-0004	报销差旅费	122102	200.00		借	21,635.00
04	20		本日合计		200.00		借	21,635.00
04			当前合计		15,200.00	350.00	借	21,635.00
04			当前累计		34,089.00	19,210.00	借	21,635.00
			结转下年				借	21,635.00

图2-49 现金日记账

在日记账中，双击某行记录或选中某行再单击“凭证”按钮，可查看该记录对应的凭证信息。单击“总账”按钮，可查看现金科目总账。

查看银行存款日记账的方法与查询现金日记账类似。

2. 资金日报表

选择“总账”|“出纳”|“资金日报”命令，科目级次选择1～3级，并选择“有余额无发生额也显示”条件，单击“确定”按钮后如图2-50所示。

资金日报表

科目编码	科目名称	币种	今日共借	今日共贷	方向	今日余额	借方笔数	贷方笔数
1001	库存现金		200.00		借	21,635.00	1	
1002	银行存款			20,000.00	借	1,162,657.00		1
100201	工行存款			20,000.00	借	475,157.00		1
100202	中行存款				借	687,500.00		
		美元			借	110,000.00		
合计			200.00	20,000.00	借	1,184,292.00	1	1
		美元			借	110,000.00		

图2-50 资金日报表

2.5 总账查询

1. 余额表

余额表可以反映总括的数据情况,在实际工作中十分有用。查看方法如下,选择"财务会计"|"总账"|"账表"|"科目账"|"余额表",显示出"条件设置"窗口,此处不选择"本期无发生无余额,累计有发生显示",其他按照默认设置。单击"确定"按钮后显示的余额表如图2-51所示。双击某科目可以直接进入该明细账。

发生额及余额表

月份: 2013.04-2013.04

科目编码	科目名称	期初余额		本期发生		期末余额	
		借方	贷方	借方	贷方	借方	贷方
1001	库存现金	6,785.00		15,200.00	350.00	21,635.00	
1002	银行存款	1,136,057.00		115,100.00	88,500.00	1,162,657.00	
1122	应收账款	157,600.00			52,600.00	105,000.00	
1221	其他应收款	3,800.00			2,000.00	1,800.00	
1231	坏账准备		10,000.00				10,000.00
1403	原材料	1,004,000.00				1,004,000.00	
1405	库存商品	3,569,000.00		10,000.00		3,579,000.00	
1601	固定资产	3,690,860.00				3,690,860.00	
1602	累计折旧		108,995.00				108,995.00
1701	无形资产	58,500.00				58,500.00	
资产小计		9,626,602.00	118,995.00	140,300.00	143,450.00	9,623,452.00	118,995.00
2001	短期借款		200,000.00				200,000.00
2202	应付账款		276,850.00		11,700.00		288,550.00
2211	应付职工薪酬		8,200.00				8,200.00
2221	应交税费	16,800.00			1,700.00	18,500.00	
2241	其他应付款		2,100.00				2,100.00
负债小计		16,800.00	487,150.00	1,700.00	11,700.00	18,500.00	498,850.00
4001	实收资本		7,695,444.00		62,500.00		7,757,944.00
4103	本年利润		1,478,000.00				1,478,000.00
4104	利润分配	119,022.00				119,022.00	
权益小计		119,022.00	9,173,444.00		62,500.00	119,022.00	9,235,944.00
5001	生产成本	17,165.00		50,000.00		67,165.00	
5101	制造费用			20,000.00	20,000.00		
成本小计		17,165.00		70,000.00	20,000.00	87,165.00	
6602	管理费用			3,650.00		3,650.00	
6603	财务费用			2,000.00		2,000.00	
损益小计				5,650.00		5,650.00	
合计		9,779,589.00	9,779,589.00	217,650.00	217,650.00	9,853,789.00	9,853,789.00

图2-51 发生额及余额表

2. 明细账

选择"财务会计"|"总账"|"账表"|"科目账"|"明细账",显示出"条件设置"窗口。按照科目范围进行查询,科目设置为1122,应收账款的明细账如图2-52所示。双击任一分录可以显示其凭证。

科目	1122 应收账款					
2013年 月 日	凭证号数	摘要	借方	贷方	方向	余额
		期初余额			借	157,600.00
04 02	收-0002	收到货款_大华_Z		3,000.00	借	154,600.00
04 12	收-0003	收货款_嘉陵_ZZR		49,600.00	借	105,000.00
04		当前合计		52,600.00	借	105,000.00
04		当前累计	60,000.00	252,600.00	借	105,000.00
		结转下年			借	105,000.00

图2-52 明细账

3. 多栏账

选择"财务会计"|"总账"|"账表"|"科目账"|"多栏账",进入后单击"增加"按钮,然后弹出"多栏账定义"窗口,这里核算科目选择"6602管理费用",然后单击"自动编制"按钮,如图2-53所示。

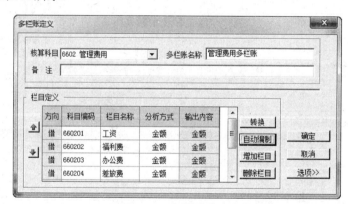

图2-53 多栏账定义

再单击"确定"按钮,这时便定义好了一个多栏账,如图2-54所示。

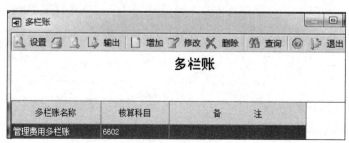

图2-54 多栏账目录

双击"管理费用多栏账",再选择会计期间,单击"确定"按钮后显示具体的多栏账,如图2-55所示。

多栏账

多栏 管理费用多栏账　　　　　　　　　　　　　　　　　　　　　　　　　　　　月

2013年		凭证号数	摘要	借方	贷方	方向	余额	借方					
月	日							工资	福利费	办公费	差旅费	招待费	折旧费	其他
04	02	付-0001	购买办公用品	350.00		借	350.00			350.00				
04	12	付-0005	业务招待费	1,500.00		借	1,850.00					1,500.00		
04	20	收-0004	报销差旅费	1,800.00		借	3,650.00				1,800.00			
04			当前合计	3,650.00		借	3,650.00			350.00	1,800.00	1,500.00		
04			当前累计	26,200.00	2,550.00	借	3,650.00	8,000.00	1,100.00	950.00	7,400.00	6,100.00	2,600.00	50.00

图2-55　多栏账

第3章 采购与应付业务处理

3.1 供应链管理

3.1.1 供应链管理与其他系统的关系

从总账的角度看,采购、销售、库存是发生业务数据的入口,所有的数据进入系统后,除了进行相关的业务处理,同时还要传递到总账子系统进行账务处理,其与总账的关系如图3-1所示。

采购、销售、库存与总账一体化处理的流程如图3-2所示。

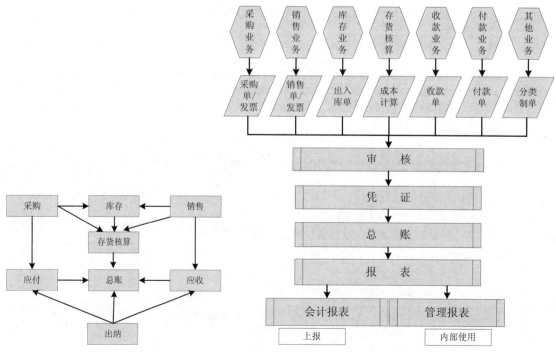

图3-1 采购、销售、库存与总账的关系图　　图3-2 采购、销售、库存与总账的数据流程图

3.1.2 设置基础信息

实验资料

(1) 计量单位

计量单位的有关信息如表3-1所示。

表3-1 计量单位

计量单位组名称	计量单位代码	计量单位名称	换算方式	换算率	是否默认
01：自然单位组，无换算率	01	其他	无换算率		
	0101	吨	无换算率		
	0102	台	无换算率		
	0103	块	无换算率		
	0104	箱	无换算率		
	0105	盒	无换算率		
	0106	个	无换算率		
	0107	千米	无换算率		
02：鼠标组，固定换算率	02	只	固定换算率	1	是
	0201	箱	固定换算率	12	
03：硬盘组，固定换算率	03	盒	固定换算率	1	是
	0301	箱	固定换算率	10	

(2) 存货分类

存货分类如表3-2所示。

表3-2 存货分类

类别编码	类别名称	类别编码	类别名称
1	原材料	201	税控Ⅱ号
101	主机	3	配套用品
10101	处理器	301	配套材料
10102	硬盘	302	配套硬件
10103	加密卡	30201	打印机
102	显示器	30202	传真机
103	键盘	30203	服务器
104	鼠标	303	配套软件
2	产成品	8	应税劳务

(3) 存货档案

存货档案如表3-3所示。

表3-3 存货档案

编码	名称	类别	计量单位组	单位	属性
001	CN处理器	10101	自然单位组	盒	内销、外购、生产耗用
002	2T硬盘	10102	硬盘组	盒	内销、外购、生产耗用
003	液晶显示器	102	自然单位组	台	内销、外购、生产耗用

(续表)

编码	名称	类别	计量单位组	单位	属性
004	键盘	103	自然单位组	个	内销、外购、生产耗用
005	鼠标	104	鼠标组	只	内销、外购、生产耗用
006	税控Ⅱ号A	201	自然单位组	台	内销、自制
007	HP打印机	30201	自然单位组	台	内销、外购、生产耗用
008	联想服务器	30203	自然单位组	台	内销、外购、生产耗用
009	A型加密卡	10103	自然单位组	块	内销、外购、生产耗用
010	专用发票纸	301	自然单位组	箱	内销、自制
011	普通发票纸	301	自然单位组	箱	内销、自制
900	运费	8	自然单位组	千米	外购、外销、应税劳务

运费的计价方法为个别计价法，其他的按照库房计价。除900运费的税率为7%外，其他的税率均为17%。

(4) 仓库档案

仓库档案如表3-4所示。

表3-4 仓库档案

仓库编码	仓库名称	计价方式
1	原料库	移动平均法
2	成品库	全月平均法
3	配套用品库	全月平均法

存货核算方式为按照仓库核算。

(5) 收发类别

收发类别如表3-5所示。

表3-5 收发类别

编码	名称	标志	编码	名称	标志
1	正常入库	收	3	正常出库	发
101	采购入库	收	301	销售出库	发
102	产成品入库	收	302	领料出库	发
103	调拨入库	收	303	调拨出库	发
2	非正常入库	收	4	非正常出库	发
201	盘盈入库	收	401	盘亏出库	发
202	其他入库	收	402	其他出库	发

(6) 采购类型

编码：1；名称：普通采购；入库类别：采购入库；是默认值。

(7) 销售类型

编码：1；名称：经销；出库类别：销售出库；是默认值。

编码：2；名称：代销；出库类别：销售出库；非默认值。

(8) 开户银行

编码：01；名称：工商银行重庆分行两江支行；账号：7879 7879 7879。

编码：02；名称：中国银行重庆分行两江支行；账号：1121 1121 1121；机构号：10465；联行号：86455。

(9) 单据设置

将单据的编号设置改为"手工改动，重号时自动重取"，将流水依据的长度改为3位。在实验中，可以手工输入，也可以使用自动获取方式。在实际工作中，发票一般需要输入实际的发票号，以便对账。

实验过程

1. 设置计量单位组和计量单位

(1) 设置计量单位组

以账套主管身份登录U8企业应用平台。选择"基础设置"|"基础档案"|"存货"|"计量单位"命令，然后单击"分组"(即增加分组)按钮，进入"计量单位组"窗口后单击"增加"按钮，输入计量单位组信息，然后单击"保存"按钮完成计量单位组的创建。可继续增加其他计量单位组，设置完成后如图3-3所示。

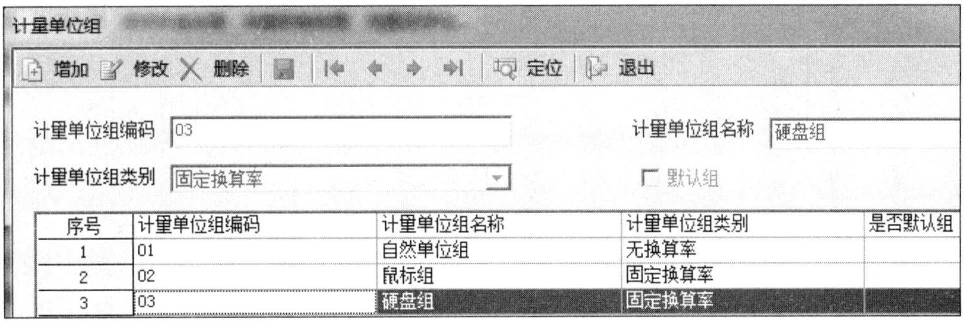

图3-3 计量单位组

计量单位组类别有以下两种。

① 无换算率计量单位组：在该组下的所有计量单位都以单独形式存在，各计量单位之间不需要输入换算率，系统默认为主计量单位。

② 固定换算率计量单位组：包括多个计量单位，一个主计量单位、多个辅计量单位。

(2) 设置计量单位

选择"基础设置"|"基础档案"|"存货"|"计量单位"，打开如图3-4所示的窗口。先从左边选择计量单位组，然后单击工具栏的"单位"按钮，进入"计量单位"窗口后单击"增加"按钮，输入计量单位信息，如图3-5所示。

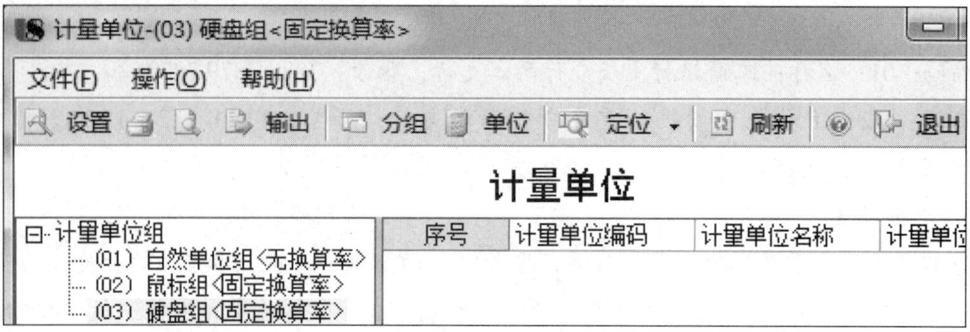

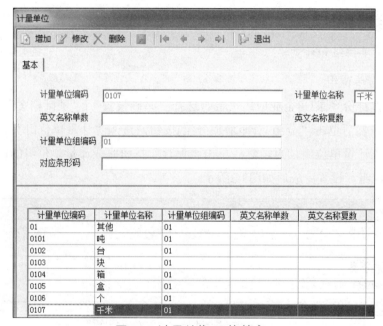

图3-4 计量单位

图3-5 计量单位(无换算率)

实验提示

① 主计量单位标志：打勾选择，不可修改。

② 无换算率计量单位组下的计量单位全部缺省为主计量单位，不可修改。

③ 固定、浮动计量单位组：对应每一个计量单位组必须且只能设置一个主计量单位，默认值为该组下增加的第一个计量单位。

④ 每个辅计量单位都是和主计量单位进行换算。

设置完成一个计量单位组的计量单位后，然后再设置另外一个计量单位组。对于是固定换算率的计量单位设置如图3-6所示。

设置完成后，计量单位信息如图3-7所示。

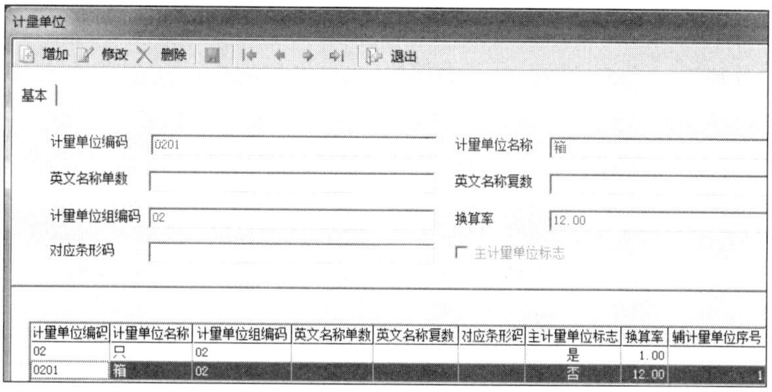

图3-6 计量单位(固定换算率)

序号	计量单位编码	计量单位名称	计量单位组编码	计量单位组名称	计量单位组类别	主计量单位标志	换算率
1	01	其他	01	自然单位组	无换算率		
2	0101	吨	01	自然单位组	无换算率		
3	0102	台	01	自然单位组	无换算率		
4	0103	块	01	自然单位组	无换算率		
5	0104	箱	01	自然单位组	无换算率		
6	0105	盒	01	自然单位组	无换算率		
7	0106	个	01	自然单位组	无换算率		
8	0107	千米	01	自然单位组	无换算率		
9	02	只	02	鼠标组	固定换算率	是	1.00
10	0201	箱	02	鼠标组	固定换算率	否	12.00
11	03	盒	03	硬盘组	固定换算率	是	1.00
12	0301	箱	03	硬盘组	固定换算率	否	10.00

图3-7 计量单位

2. 设置存货分类

选择"基础设置"|"基础档案"|"存货"|"存货分类", 单击"增加"按钮, 在窗口右边栏中, 输入存货类别编码与存货类别名称。设置完成后如图3-8所示。

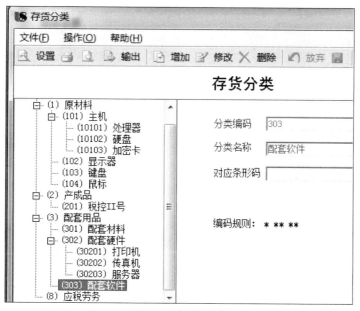

图3-8 存货分类

3. 存货档案设置

选择"基础设置"|"基础档案"|"存货"|"存货档案",然后单击工具栏的"增加"按钮,输入存货档案,如图3-9所示。输入完毕,单击"保存"按钮完成。

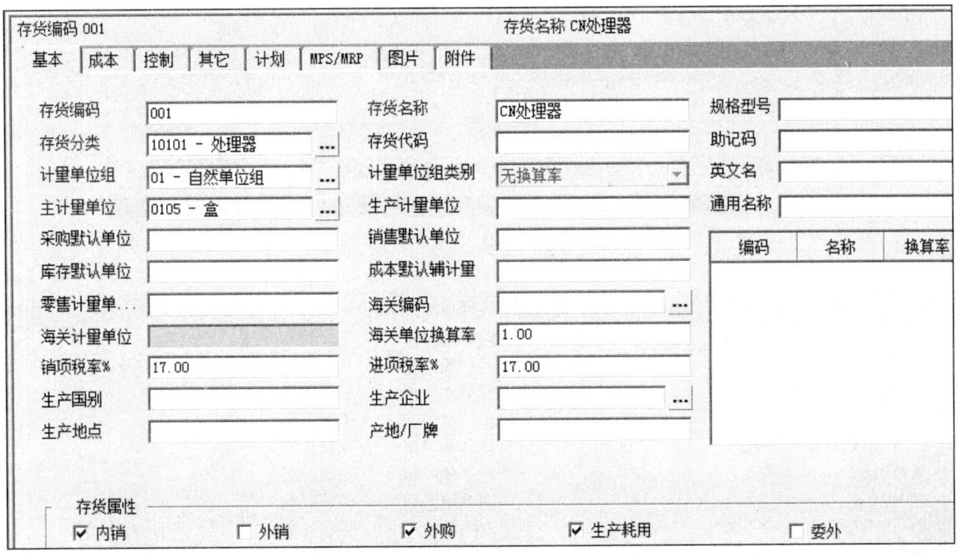

图3-9 存货档案输入(基本)

在"存货档案-存货分类"窗口中选择存货档案左边的"存货分类",能够显示录入的存货档案信息。选择"操作"|"栏目设置",可以根据需要调整显示的项目和顺序。

设置完成的存货档案如图3-10所示。

序号	选择	存货编码	存货名称	存货大类编码	存货大类名称	计量单位组名称	主计量单位名称
1		001	CN处理器	10101	处理器	自然单位组	盒
2		002	2T硬盘	10102	硬盘	硬盘组	盒
3		003	液晶显示器	102	显示器	自然单位组	台
4		004	键盘	103	键盘	自然单位组	个
5		005	鼠标	104	鼠标	鼠标组	只
6		006	税控II号A	201	税控II号	自然单位组	台
7		007	HP打印机	30201	打印机	自然单位组	台
8		008	联想服务器	30203	服务器	自然单位组	台
9		009	A型加密卡	10103	加密卡	自然单位组	块
10		010	专用发票纸	301	配套材料	自然单位组	箱
11		011	普通发票纸	301	配套材料	自然单位组	箱
12		900	运费	8	应税劳务	自然单位组	千米

图3-10 存货档案

4. 仓库档案设置

(1) 存货档案设置

选择"基础设置"|"基础档案"|"业务"|"仓库档案",单击"增加"按钮,弹出"增加仓库档案"窗口,然后根据实验资料录入仓库编码、仓库名称、计价方式等信息,如图3-11所示。

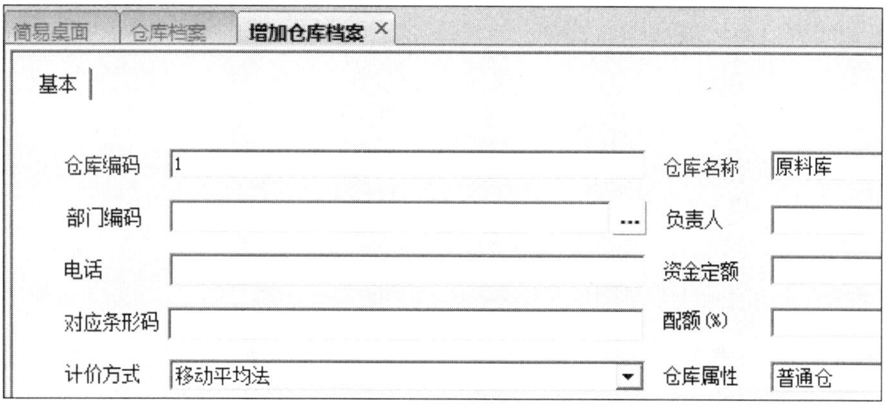

图3-11　增加仓库档案

单击“保存”按钮，系统将当前录入的仓库信息保存，并新增一张空白卡片，以录入新的仓库资料。设置完成，仓库档案如图3-12所示。

☑ 打印序号(N)

仓库档案

序号	仓库编码	仓库名称	部门名称	仓库地址	电话	负责人	计价方式	是否货位管理
1	1	原料库					移动平均法	否
2	2	成品库					全月平均法	否
3	3	配套用品库					全月平均法	否

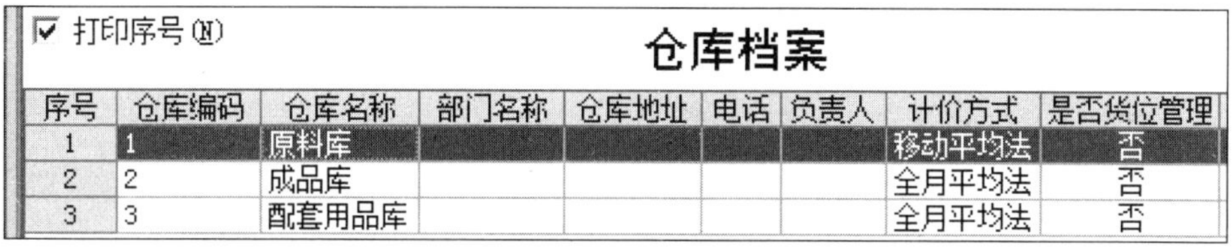

图3-12　仓库档案

(2) 存货核算方式设置

用友U8存货计价方式一是在存货档案里设置，根据每一种的要求设置计价方法；二是在仓库档案里按照仓库进行设置，也就是这个仓库的所有物料都采用这种计价方法。

存货核算方式的设置，选择“基础设置”|“业务参数”|“供应链”|“存货核算”，选择“核算方式”，可以选择按仓库核算、按部门核算、按存货核算。这里设置为“按仓库核算”，如图3-13所示。

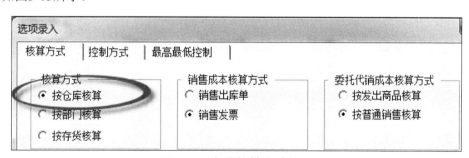

图3-13　存货核算方式设置

5. 收发类别设置

选择“基础设置”|“基础档案”|“业务”|“收发类别”，进入后单击“增加”按钮，根据实验资料录入收发类别的相关信息，如图3-14所示。

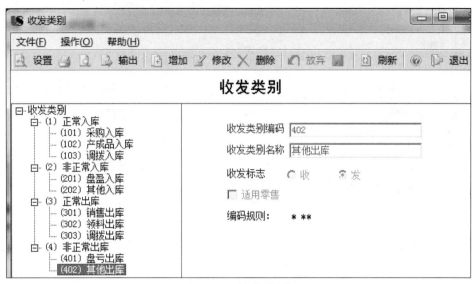

图3-14　收发类别

6. 采购类型设置

选择"基础设置"|"基础档案"|"业务"|"采购类型",单击"增加"按钮,根据实验资料录入采购类型的相关信息,如图3-15所示。

图3-15　采购类型

7. 销售类型设置

选择"基础设置"|"基础档案"|"业务"|"销售类型",进入后单击"增加"按钮,根据实验资料录入销售类型的相关信息,如图3-16所示。

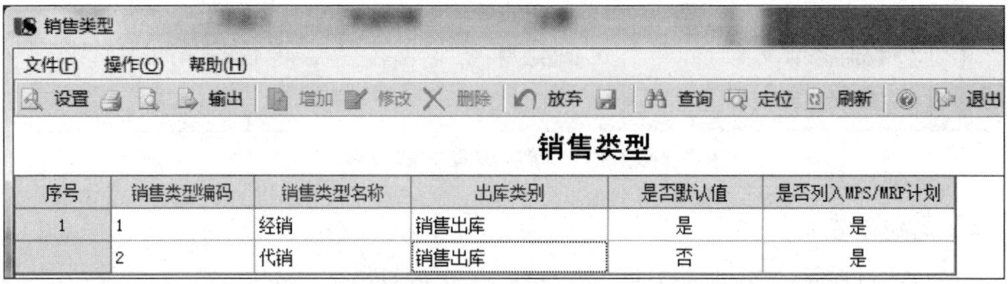

图3-16　销售类型

8. 开户银行设置

选择"基础设置"|"基础档案"|"收付结算"|"本单位开户银行",进入"本单位开户银行"窗口。单击"增加"按钮,根据实验资料录入开户银行信息,如图3-17所示。

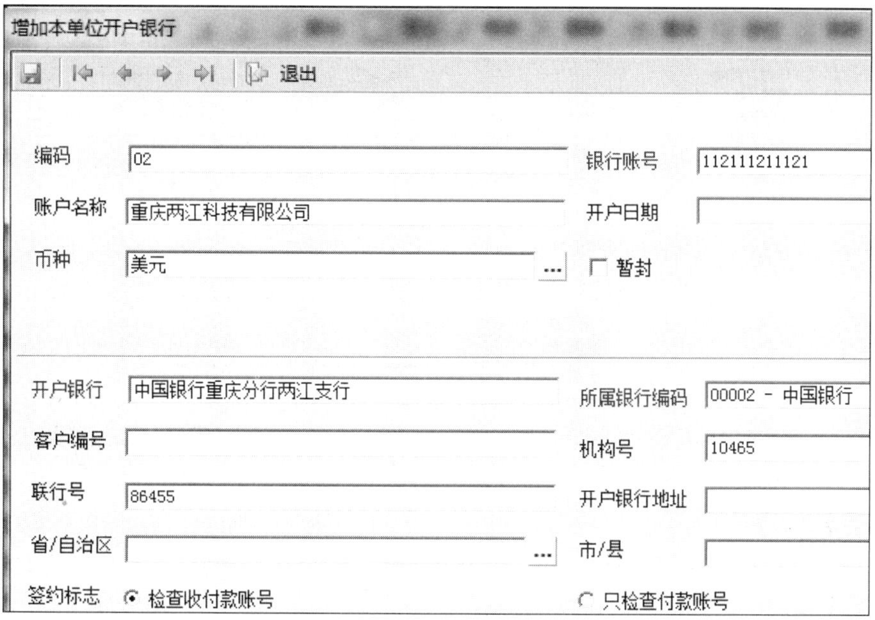

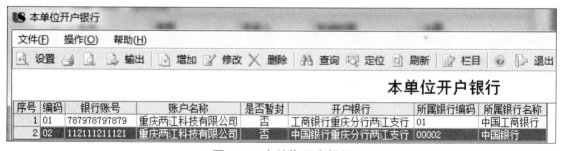

图3-17 本单位开户行

设置完成后如图3-18所示。

图3-18 本单位开户银行

9. 单据编号设置

采购发票本身有发票号,实际工作中一般使用真实的发票号,这样也便于后续查询和核对。

选择"基础设置"|"单据设置"|"单据编号设置",再选择编号设置中的"应收款管理"|"其他应收单",然后单击"修改"按钮,并选择"手工改动,重号时自动重取"复选框,将流水号长度改为3,如图3-19所示。单击"保存"按钮完成。

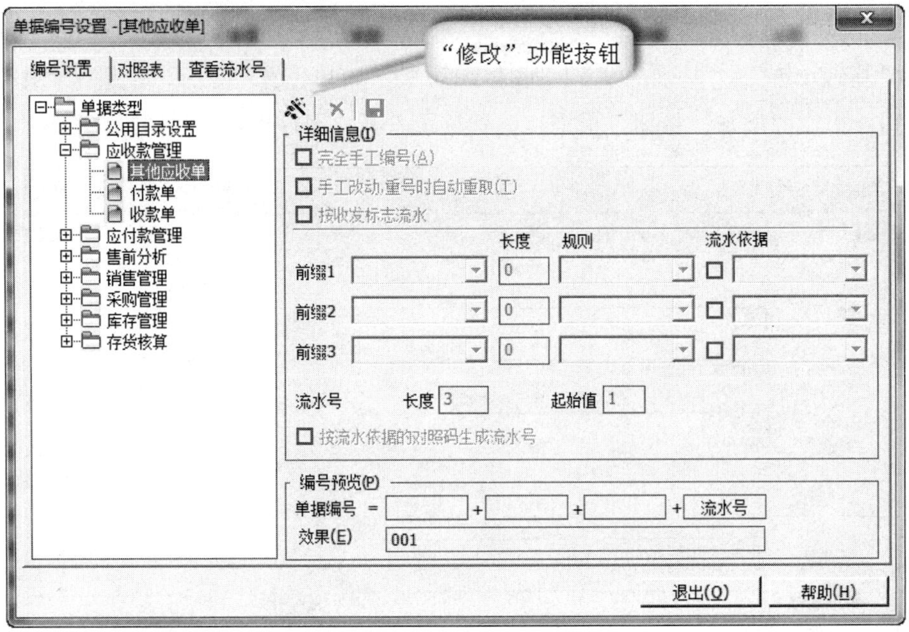

图3-19 单据编号设置

其他单据的单据号设定方法相同，逐一设定。

3.1.3 设置基础科目

实验资料

(1) 存货核算

① 存货科目设置

原料库：生产用原材料(140301)；成品库：库存商品(1405)；配套用品库：库存商品(1405)。

② 对方科目

根据收发类别设置对方科目。

③ 对方科目设置

采购入库：材料采购(1401)；产成品入库：生产成本/直接材料(500101)；盘盈入库：待处理流动资产损益(190101)；销售出库：主营业务成本(6401)；领料出库：生产成本/直接材料(500101)。

(2) 应收款管理

① 坏账处理方式

应收余额百分比法；应收款核销方式：按单据；其他参数为系统默认。

② 基本科目设置

应收科目：1122；预收科目：2203；销售收入科目：6001；税金科目：22210105；其他可暂时不设置。

③ 控制科目设置

所有客户的控制科目均相同；应收科目：1122；预收科目：2203。

④ 结算方式科目设置

现金结算对应科目：1001；转账支票(人民币)对应科目：100201；转账支票(美元)对应科目：100202；现金支票对应科目：100201。

⑤ 坏账准备设置

提取比例0.5%，期初余额10 000元，科目1231，对方科目660299。

⑥ 账期内账龄区间及逾期账龄区间的总天数项目设置

01：30天；02：60天；03：90天；04：120天。

报警级别设置如表3-6所示。

表3-6 报警级别

序号	起止比率/(%)	总比率/(%)	级别名称
1	0以上	10	A
2	10～30	30	B
3	30～50	50	C
4	50～100	100	D
5	100以上		E

(3) 应付款管理

① 应付款核销方式

按单据，其他参数为系统默认。

② 基本科目设置

应付科目：2202；预付科目：1123；采购科目：1401；税金科目：22210101；其他可暂时不设置。

③ 结算方式科目设置

现金结算对应科目：1001；转账支票(人民币)对应科目：100201；转账支票(美元)对应科目：100202；现金支票对应科目：100201。

账期内账龄区间与逾期账龄区间设置同应收款管理。

实验过程

1. 设置存货科目

选择"业务工作"|"供应链"|"存货核算"|"初始设置"|"科目设置"|"存货科目"，进入后单击"增加"按钮，根据实验资料录入信息，如图3-20所示。

存货科目

仓库编码	仓库名称	存货科目编码	存货科目名称	差异科目编码	差异科目名称
1	原料库	140301	生产用原材料		
2	成品库	1405	库存商品		
3	配套用品库	1405	库存商品		

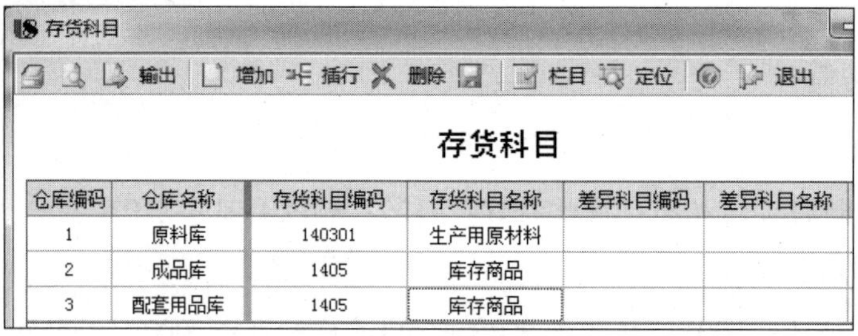

图3-20　存货科目

2. 设置对方科目

选择“业务工作”|“供应链”|“存货核算”|“初始设置”|“科目设置”|“对方科目”，进入后单击“增加”按钮，根据实验资料录入信息，如图3-21所示。

对方科目

收发类别编码	收发类别名称	对方科目编码	对方科目名称	暂估科目编码
101	采购入库	1401	材料采购	
102	产成品入库	500101	直接材料	
201	盘盈入库	190101	待处理流动资产损益	
301	销售出库	6401	主营业务成本	
302	领料出库	500101	直接材料	

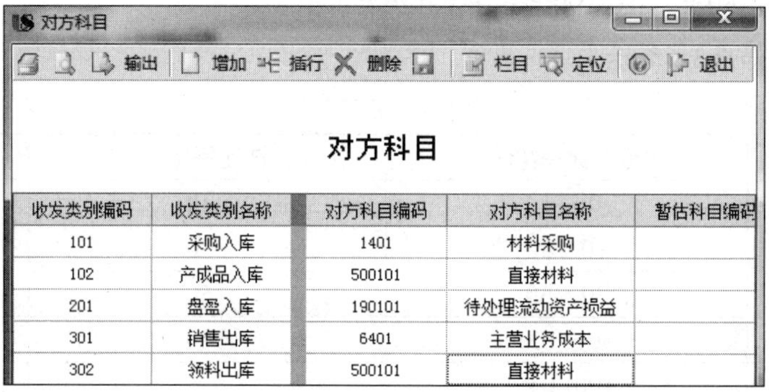

图3-21　对方科目

3. 应收账款管理设置

(1) 设置账套参数

选择“业务工作”|“财务会计”|“应收款管理”|“设置”|“选项”，弹出“账套参数设置”窗口。单击“编辑”按钮，根据案例设置相关参数，如图3-22所示。

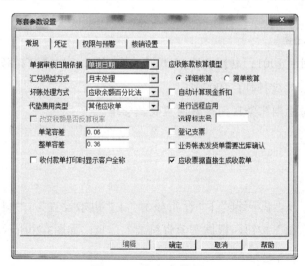

图3-22　账套参数设置

(2) 基本科目设置

选择“业务工作”|“财务会计”|“应收款管理”|“设置”|“初始设置”，再选择窗口左侧的“基本科目设置”选项，然后单击“增加”按钮。根据案例资料逐一设置，如图3-23所示。

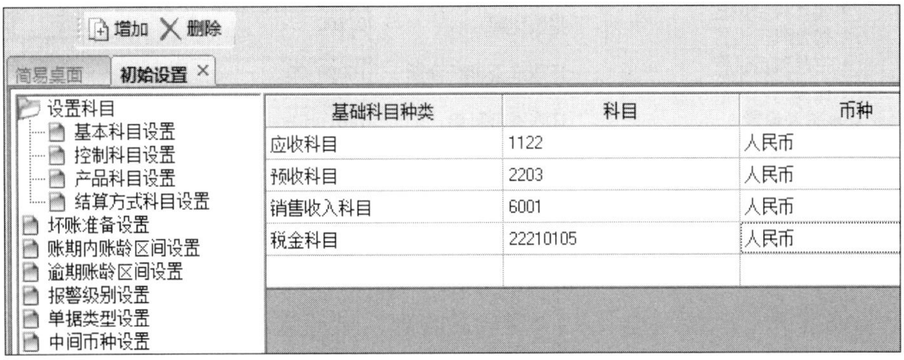
增加
删除
简易桌面
初始设置
设置科目
基本科目设置
控制科目设置
产品科目设置
结算方式科目设置
坏账准备设置
账期内账龄区间设置
逾期账龄区间设置
报警级别设置
单据类型设置
中间币种设置
基础科目种类
科目
币种
应收科目
1122
人民币
预收科目
2203
人民币
销售收入科目
6001
人民币
税金科目
22210105
人民币

图3-23　基本科目设置

(3) 控制科目设置

选择“业务工作”|“财务会计”|“应收款管理”|“设置”|“初始设置”，再选择窗口左侧的“控制科目设置”选项，然后根据案例资料设置科目，如图3-24所示。

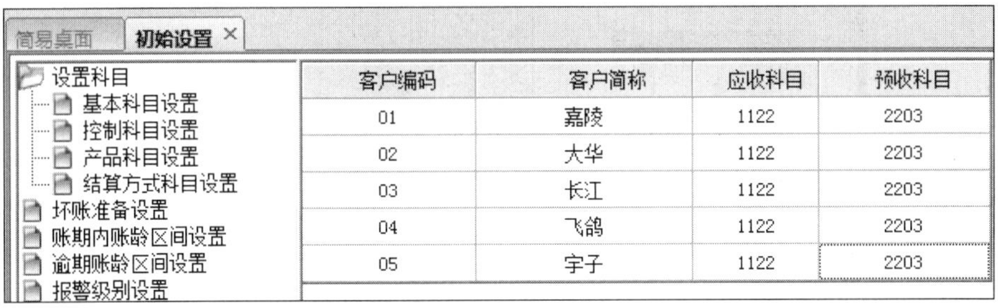
简易桌面
初始设置
设置科目
基本科目设置
控制科目设置
产品科目设置
结算方式科目设置
坏账准备设置
账期内账龄区间设置
逾期账龄区间设置
报警级别设置
客户编码
客户简称
应收科目
预收科目
01
嘉陵
1122
2203
02
大华
1122
2203
03
长江
1122
2203
04
飞鸽
1122
2203
05
宇子
1122
2203

图3-24　控制科目设置

(4) 结算方式科目设置

选择“业务工作”|“财务会计”|“应收款管理”|“设置”|“初始设置”，再选择窗口左侧的“结算方式科目设置”选项，然后单击“增加”按钮，根据案例资料设置科目，如图3-25所示。

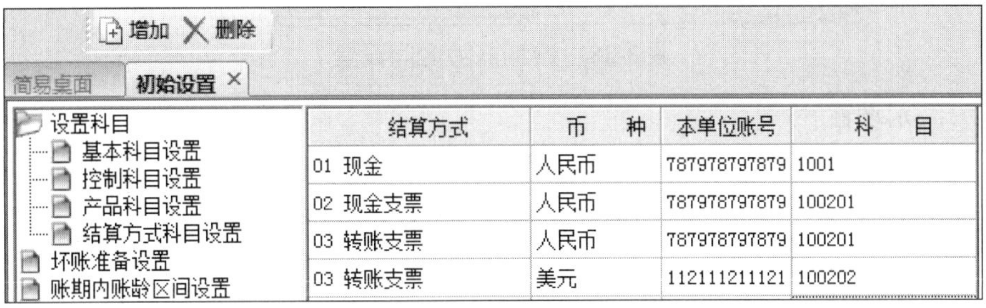
增加
删除
简易桌面
初始设置
设置科目
基本科目设置
控制科目设置
产品科目设置
结算方式科目设置
坏账准备设置
账期内账龄区间设置
结算方式
币　种
本单位账号
科　目
01 现金
人民币
787978797879
1001
02 现金支票
人民币
787978797879
100201
03 转账支票
人民币
787978797879
100201
03 转账支票
美元
112111211121
100202

图3-25　结算方式科目设置

(5) 坏账准备设置

选择"业务工作"|"财务会计"|"应收款管理"|"设置"|"初始设置",再选择窗口左侧的"坏账准备设置"选项,然后根据案例资料进行相关设置,如图3-26所示。

图3-26 坏账准备设置

(6) 账期内账龄区间设置

选择"业务工作"|"财务会计"|"应收款管理"|"设置"|"初始设置",再选择窗口左侧的"账期内账龄区间设置"选项,然后根据案例资料进行相关设置,如图3-27所示。

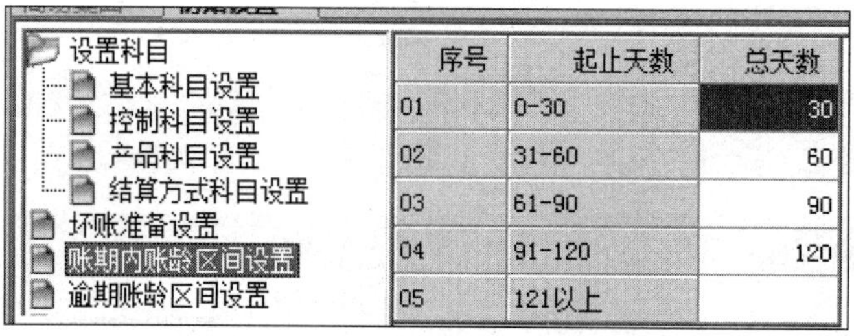

图3-27 账期内账龄区间设置

(7) 逾期账龄区间设置

选择"业务工作"|"财务会计"|"应收款管理"|"设置"|"初始设置",再选择窗口左侧的"逾期账龄区间设置"选项,然后根据案例资料进行相关设置,如图3-28所示。

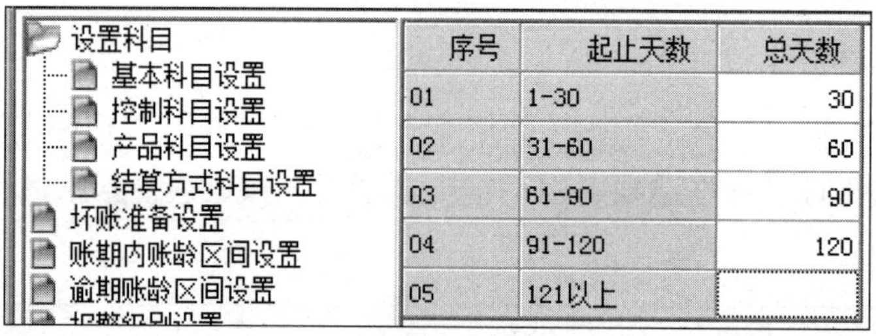

图3-28 逾期账龄区间设置

(8) 报警级别设置

选择"业务工作"|"财务会计"|"应收款管理"|"设置"|"初始设置",再选择窗口左侧的"报警级别设置"选项,然后根据案例资料进行相关设置,如图3-29所示。

序号	起止比率	总比率(%)	级别名称
01	0-10%	10	A
02	10%-30%	30	B
03	30%-50%	50	C
04	50%-100%	100	D
05	100%以上		E

图3-29 报警级别设置

4. 应付款管理设置

(1) 设置账套参数

选择"业务工作"|"财务会计"|"应付款管理"|"设置"|"选项",弹出"账套参数设置"窗口。单击"编辑"按钮,根据案例资料设置相关参数,如图3-30所示。

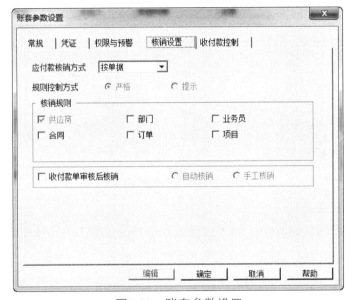

图3-30 账套参数设置

(2) 基本科目设置

选择"业务工作"|"财务会计"|"应付款管理"|"设置"|"初始设置",再选择窗口左侧的"基本科目设置"选项,然后单击"增加"按钮,根据案例资料设置科目,如图3-31所示。

基础科目种类	科目	币种
应付科目	2202	人民币
预付科目	1123	人民币
采购科目	1401	人民币
税金科目	22210101	人民币

图3-31 基本科目设置

(3) 结算方式科目设置

选择"业务工作"|"财务会计"|"应付款管理"|"设置"|"初始设置",再选择窗口左侧的"结算方式科目设置"选项,然后单击"增加"按钮,根据案例资料设置科目,如图3-32所示。

结算方式	币种	本单位账号	科目
01 现金	人民币	787978797879	1001
02 现金支票	人民币	787978797879	100201
03 转账支票	人民币	787978797879	100201
03 转账支票	美元	112111211121	100202

图3-32 结算方式科目设置

(4) 账期内账龄区间设置

选择"业务工作"|"财务会计"|"应付款管理"|"设置"|"初始设置",再选择窗口左侧的"账期内账龄区间设置"选项,根据案例资料进行相关设置,如图3-33所示。

序号	起止天数	总天数
01	0-30	30
02	31-60	60
03	61-90	90
04	91-120	120
05	121以上	

图3-33 账期内账龄区间设置

(5) 逾期账龄区间设置

选择"业务工作"|"财务会计"|"应付款管理"|"设置"|"初始设置",再选择窗口左侧的"逾期账龄区间设置"选项,根据案例资料进行相关设置,如图3-34所示。

序号	起止天数	总天数
01	1-30	30
02	31-60	60
03	61-90	90
04	91-120	120
05	121以上	

图3-34 逾期账龄区间设置

3.1.4 期初余额

实验资料

(1) 采购管理期初数据

3月25日,收到重庆大江公司提供的2TB硬盘100盒,暂估单价为800元,商品已验收入原料仓库，至今尚未收到发票。

(2) 销售管理期初数据

3月28日，销售部向天津大华公司出售税控Ⅱ号A10台，报价(无税单价)为6500元，由成品仓库发货。该发货单尚未开票。

(3) 库存和存货核算期初数据

3月底，对各个仓库进行了盘点，结果如表3-7所示。

表3-7 库存盘点表

仓库名称	物料名称	单位	数量	结存单价	结存金额
原料库	CN处理器		700	1200	840 000
	2TB硬盘		200	820	164 000
成品库	税控Ⅱ号A		380	4800	1 824 000
	专用发票纸		300	40	12 000
	普通发票纸		300	30	9 000
配套用品库	HP打印机		400	1800	720 000
合计					3 569 000

(4) 应收款管理系统期初数据

应收款以应收单形式录入，如表3-8所示。

表3-8 应收账款期初

日期	客户	方向	金额	业务员
2013-02-25	重庆嘉陵公司	借	99 600	刘一江
2013-03-10	天津大华公司	借	58 000	刘一江
	合计	借	157 600	

(5) 应付款管理系统期初数据

应付账款以应付单形式录入，如表3-9所示。

表3-9 应付账款期初

日期	供应商	方向	金额	业务员
2013-01-20	重庆大江公司	贷	276 850	杨真

实验过程

1. 采购管理期初数据

选择"业务工作"|"供应链"|"采购管理"|"采购入库"|"采购入库单"，进入"期初采购入库单"窗口，单击"增加"按钮。按照案例输入，本案例属于货到票未到情况，如图3-35所示。

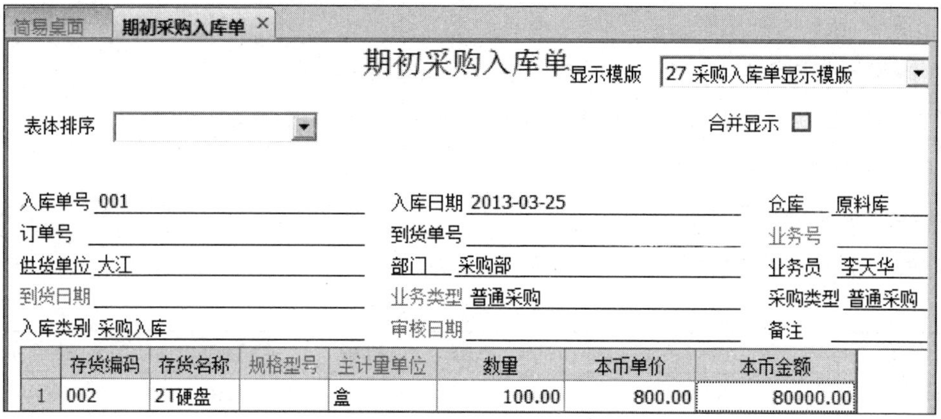

简易桌面 期初采购入库单

期初采购入库单 显示模版 27 采购入库单显示模版

表体排序　　合并显示

入库单号 001　入库日期 2013-03-25　仓库 原料库
订单号　到货单号　业务号
供货单位 大江　部门 采购部　业务员 李天华
到货日期　业务类型 普通采购　采购类型 普通采购
入库类别 采购入库　审核日期　备注

	存货编码	存货名称	规格型号	主计量单位	数量	本币单价	本币金额
1	002	2T硬盘		盒	100.00	800.00	80000.00

图3-35　期初采购入库单

输入完成后，单击工具栏的“保存”按钮，然后退出。

选择“业务工作”|“供应链”|“采购管理”|“设置”|“采购期初记账”，然后单击“记账”按钮完成期初记账工作。记账后再选择本功能，则可以取消期初记账。

2. 销售管理期初数据

选择“业务工作”|“供应链”|“销售管理”|“设置”|“期初录入”|“期初发货单”，进入“期初发货单”窗口，单击工具栏上的“增加”按钮。按照案例输入，如图3-36所示。

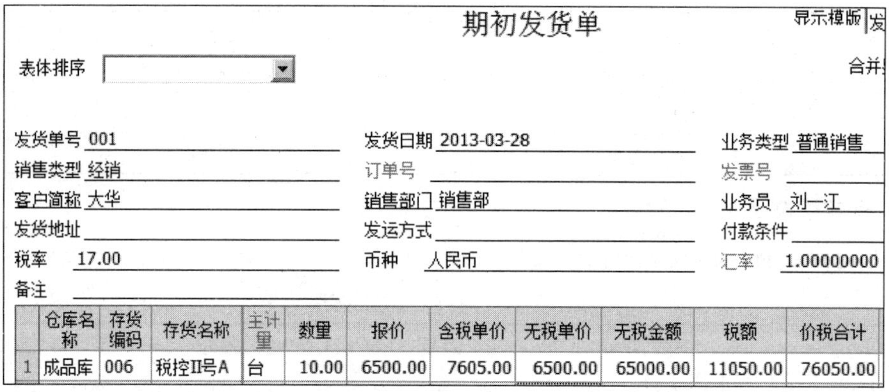

期初发货单 显示模版

表体排序　　合并

发货单号 001　发货日期 2013-03-28　业务类型 普通销售
销售类型 经销　订单号　发票号
客户简称 大华　销售部门 销售部　业务员 刘一江
发货地址　发运方式　付款条件
税率 17.00　币种 人民币　汇率 1.00000000
备注

	仓库名称	存货编码	存货名称	主计量	数量	报价	含税单价	无税单价	无税金额	税额	价税合计
1	成品库	006	税控II号A	台	10.00	6500.00	7605.00	6500.00	65000.00	11050.00	76050.00

图3-36　期初发货单

单击工具栏上的“保存”按钮，再单击“审核”按钮完成审核工作，然后退出。

3. 库存和存货期初数据

(1) 录入存货期初数据

选择“业务工作”|“供应链”|“存货核算”|“初始设置”|“期初数据”|“期初余额”，先选择“原料库”，再单击“增加”按钮。按照案例输入，如图3-37所示。

图3-37　期初余额(原料库)

成品库期初余额输入如图3-38所示。

图3-38　期初余额(成品库)

配套用品库期初余额输入如图3-39所示。

图3-39　期初余额(配套用品库)

(2) 录入库存期初数据

选择"业务工作"|"供应链"|"库存管理"|"初始设置"|"期初结存"，进入"库存期初数据录入"窗口，先选择"原料库"，再单击"修改"按钮。可以按照案例输入，还可以直接单击"取数"按钮从存货期初数据中取来，如图3-40所示。

图3-40　库存期初数据(原料库)

单击"保存"按钮后,再输入"成品库"的期初数据,如图3-41所示。

	仓库	仓库编码	存货编码	存货名称	主计量单位	数量	单价	金额
1	成品库	2	006	税控II号A	台	380.00	4800.00	1824000.00
2	成品库	2	010	专用发票纸	箱	300.00	40.00	12000.00
3	成品库	2	011	普通发票纸	箱	300.00	30.00	9000.00

图3-41 库存期初数据(成品库)

单击"保存"按钮后,再输入"配套用品库"的期初数据,如图3-42所示。保存后,单击工具栏的"批审"按钮,分别对各仓库的期初数据进行审核。

	仓库	仓库编码	存货编码	存货名称	主计量单位	数量	单价	金额
1	配套用品库	3	007	HP打印机	台	400.00	1800.00	720000.00

图3-42 库存期初数据(配套用品库)

单击"对账"按钮,按照仓库进行对账,会显示"对账成功"。

4. 应收款管理期初数据

选择"业务工作"|"财务会计"|"应收款管理"|"设置"|"期初余额",进入"期初余额—查询",单击"确定"按钮,进入"期初余额明细表",单击"增加"按钮,显示出单据类别,选择应收单,如图3-43所示。

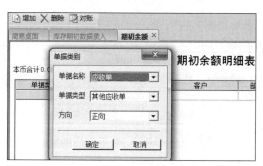

图3-43 选择单据

进入"应收单"后,单击"增加"按钮,按照案例输入,如图3-44所示。

单据编号 001			单据日期 2013-03-25			客户 嘉陵		
科目 1122			币种 人民币			汇率 1.000		
金额 99600.00			本币金额 99,600.00			数量		
部门 销售部			业务员 刘一江			项目		
付款条件			摘要					
	方向	科目	币种	汇率	金额	本币金额	部门	业务员	项
1									

图3-44 应收单

输入完成,单击"保存"按钮。然后再单击"增加"按钮继续输入,全部单据输入完毕后,返回"期初余额明细表"。单击"刷新"按钮,可以查看输入的期初单据,如图3-45所示。

期初余额明细表

本币合计：借 157,600.00

单据类型	单据编号	单据日期	客户	科目	方向	原币金额
其他应收单	001	2013-03-25	重庆嘉陵公司	1122	借	99,600.00
其他应收单	002	2013-03-10	天津大华公司	1122	借	58,000.00

图3-45　期初余额明细表

单击工具栏的"对账"按钮，实现与总账相关数据的对账，显示对账结果，若对账差额为零，则说明对账正确。

5. 应付款管理期初数据

选择"业务工作"|"财务会计"|"应付款管理"|"设置"|"期初余额"，进入"期初余额—查询"，单击"确定"按钮进入"期初余额明细表"，单击"增加"按钮，显示出单据类别，选择应付单，单击"确定"按钮进入"应付单"后，再单击"增加"按钮，按照案例输入，如图3-46所示。

应付单

表体排序					
单据编号 001		单据日期 2013-01-20		供应商	大江
科目 2202		币种 人民币		汇率	1
金额 276850.00		本币金额 276850.00		数量	0.00
部门 采购部		业务员 杨真		项目	
付款条件		摘要			

方向	科目	币种	汇率	金额	本币金额	部门	业务员	项目

图3-46　应付单

输入完成，单击"保存"按钮，然后退出。

单击工具栏的"对账"功能，实现与总账相关数据的对账，对账结果如差额为零，说明对账正确。

3.2　采购管理

3.2.1　采购管理功能概述

采购管理是U8软件供应链管理中的一个重要部分，通过对采购订单、采购入库单、采购发票的处理，根据采购发票确认采购入库成本，并掌握采购业务的付款情况；与"库存管理"联合使用可以随时掌握存货的现存量信息，从而减少盲目采购，避免库存积压；与"存货核算"一起使用可以为核算提供采购入库成本，便于财务部门及时掌握存货采购成本。

首次使用采购管理模块时，应建立系统账套参数等基础数据，然后输入在使用本系统前未执行完的采购订单、采购入库单(暂估入库)和采购发票(在途数据)，并进行期初记账处理；期初记账后，期初数据不能增加、修改，除非取消期初记账。如果没有期初数据，也必须进行期初记账，以便输入日常采购单据。

第二年以及以后各年再使用本模块，应首先完成上年度各项工作，做好数据备份，再建立新年度的账套，如果需要调整基础数据和基本参数，可以进行调整，之后利用结转上年功能将上年未执行完成的采购订单、未结算的采购入库单、发票和采购台账余额数据转入新一年的账套中。

1. 采购订货

采购订货主要是填制采购订单。采购订单反映业务部门与供应商签订的采购和受托代销合同，它是统计采购合同执行情况的依据。经供货单位审核确认后的订单，可以生成入库单和采购发票。

采购订单执行完毕，也就是说某采购订单已入库、取得采购发票并且已付款后，该订单将会自动关闭。对于确实不能执行的某些采购订单，经采购主管批准后，也可以人工关闭该订单。关闭的订单如果需要继续执行，也可以手工打开订单。

2. 采购业务

采购业务的关键步骤和内容如下。

(1) 采购入库

可以根据采购订单和实际到货数量填制入库单，也可以根据采购发票填制入库单。可以暂估入库，支持退货负入库和冲单负入库，并可处理采购退货。

(2) 采购发票

采购发票能对取得供货单位开具的发票进行处理。采购发票分为增值税专用发票、普通发票、运费发票、其他票据等。发票可以根据入库单产生，可以处理负数发票，也可以进行现付款结算。

(3) 采购结算

采购结算是针对采购业务的入库单，根据发票确认其采购入库成本。采购结算可以由计算机自动结算也可以由人工进行结算，并且，系统对于采购费用提供灵活的分摊计算功能。

3. 采购账表

提供采购功能中的有关报表，主要包括采购明细表、采购统计表、入库明细表、入库统计表、结算明细表、结算统计表、采购订货统计表等。

4. 采购业务处理流程

采购业务涉及众多单据，最后要生成凭证，其处理流程如图3-47所示。

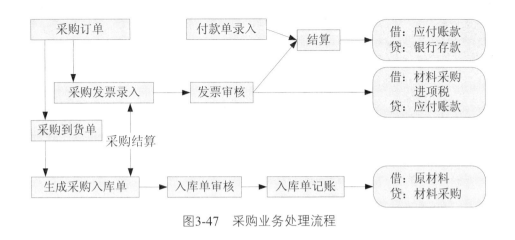

图3-47 采购业务处理流程

3.2.2 常规采购业务

实验资料

(1) 4月1日,业务员李天华向成都大成公司询问键盘的价格(不含税95元/只),经过评估后确认价格合理,随即向主管领导提出请购要求,请购数量为300只。领导同意向成都大成公司订购键盘300只,单价为95元,要求到货日期为4月3日。

(2) 4月3日,收到所订购的键盘300只。填制到货单。

将所收到的货物验收入原料库。填制采购入库单。

当天收到该笔货物的专用发票一张。

业务部门将采购发票交给财务部门,财务部门确定此业务所涉及的应付账款及采购成本。

(3) 4月4日,财务部门开出工行转账支票一张,支票号ZZ123,付清采购货款。

实验过程

1. 填制并审核请购单

选择"业务工作"|"供应链"|"采购管理"|"请购"|"请购单",进入"采购请购单"窗口,单击"增加"按钮,按照案例输入,如图3-48所示。

图3-48 采购请购单

输入完毕,单击"保存"按钮完成,然后单击"审核"按钮对请购单进行审核。

实验提示

① 请购单录入后，需要进行审核，只有经过审核的采购请购单，在输入采购订单时才能将采购请购单的数据导入。

② 在实际工作中，业务单据的填制人与审核人一般是不同的，作为练习，除必须控制的外，可以由同一人完成审核或复核，以减少频繁的操作人员登录。

③ 如果在操作中删除了单据，因为单据的编号会自动向后编，就会出现断号，这时可以手工输入编号来填补空缺的号。

2. 填制并审核采购订单

选择"业务工作"|"供应链"|"采购管理"|"采购订货"|"采购订单"，进入"采购订单"窗口，单击"增加"按钮，进入输入状态，输入供应商等信息，如图3-49所示。

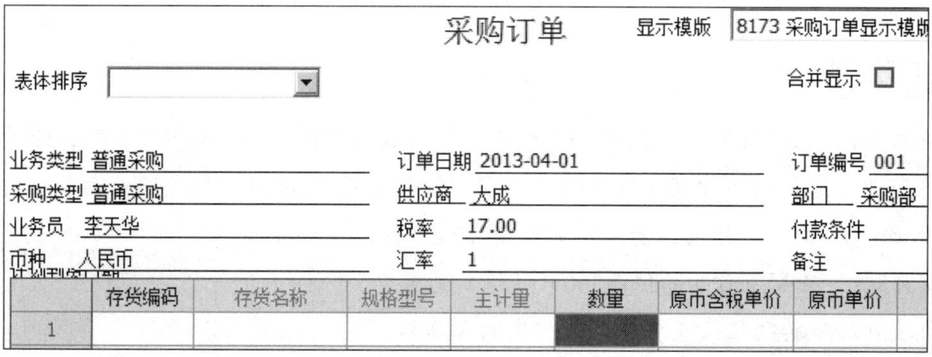

图3-49 采购订单

在前面已经录入了采购请购单，因此可以通过关联方式从已经录入的采购请购单中转入数据。

选择"生单"|"请购单"，可以根据需要设置条件，单击"确定"按钮完成设置，如图3-50所示。

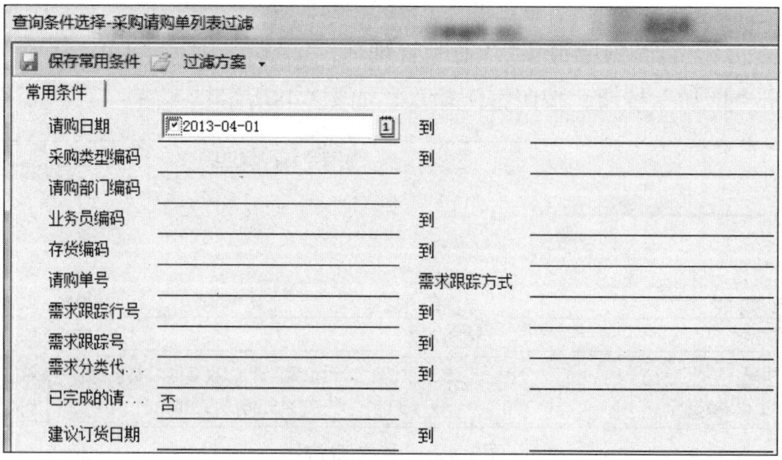

图3-50 查询条件

在订单拷贝请购单表头列表的"选择"列上，对需要拷贝(转入)的记录进行双击，选择后会在订单拷贝请购单表体列表中显示相关信息，如图3-51所示。

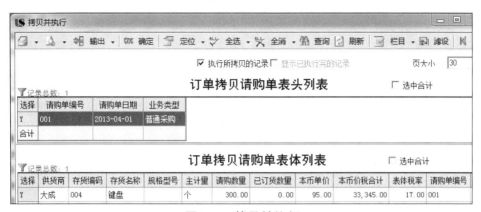

图3-51　拷贝并执行

单击"确定"按钮返回，并将选择的采购请购单数据拷贝到采购订单中。补充相关信息，也可以修改相关数据，采购订单内容如图3-52所示。

图3-52　采购订单

单击"保存"按钮，然后单击"审核"按钮完成。

3. 填制并审核到货单

选择"业务工作"|"供应链"|"采购管理"|"采购到货"|"到货单"，进入"到货单"窗口，单击"增加"按钮，选择"生单"|"采购订单"，可以选择"供应商编码"为条件，单位选择"成都大成公司"，进入采购订单选择状态，如图3-53所示。

图3-53　拷贝并执行

选择后，单击工具栏的"确定"按钮，采购订单的数据就拷贝到到货单中，可以修改相关信息，如图3-54所示。

```
                                到货单        显示模版  8169 到货单显示模版
表体排序  [              ▼]                              合并显示  □

业务类型  普通采购           单据号 001              日期 2013-04-03
采购类型  普通采购           供应商 大成             部门 采购部
业务员    李天华             币种   人民币           汇率 1
运输方式                     税率   17.00           备注

   存货编码  存货名称 主计量  数量    原币含税单价 原币单价 原币金额   原币税额   原币价税合计
1  004      键盘     个      300.00  111.15       95.00    28500.00   4845.00    33345.00
```

图3-54　到货单

单击"保存"按钮，然后审核。

4. 填制并审核采购入库单

选择"业务工作"|"供应链"|"库存管理"|"入库业务"|"采购入库单"，进入"采购入库单"，选择"生单"|"采购到货单(蓝字)"(注意：不能先单击"增加"按钮，单击"增加"按钮表示手工输入)，可以选择供应商为条件，单位选择"成都大成公司"，进入采购到货单选择状态，如图3-55所示。

```
                            到货单生单表头
记录总数：1
选择  单据号  单据日期      供应商  部门     业务员   制单人
Y     001    2013-04-03   大成    采购部   李天华   何沙
合计

                            到货单生单表体
记录总数：1
选择  仓库编码  仓库  存货编码  存货名称  主计量单位  库存单位  应入库数量   应入
Y              004      键盘      个                          300.00
```

图3-55　到货单拷贝

选择后单击"确定"按钮返回，补充库房等信息，如图3-56所示。

```
                          采购入库单                采购入库单显示模版
表体排序  [            ▼]          ● 蓝字           合并显示  □
                                    ○ 红字

入库单号 002             入库日期 2013-04-03         仓库     原料库
订单号   001             到货单号 001                业务号
供货单位 大成            部门     采购部             业务员   李天华
到货日期 2013-04-03      业务类型 普通采购           采购类型 普通采购
入库类别 采购入库        审核日期                    备注

   存货编码   存货名称   主计量单位   数量      本币单价    本币金额
1  004        键盘       个          300.00    95.00       28500.00
```

图3-56　采购入库单

单击"保存"按钮，然后进行审核。

> **实验提示**
>
> 采购管理中也有采购入库单，但只是提供查询用，不能输入。在期初的时候可以输入期初的采购入库单。

5. 填制并审核采购发票

选择"业务工作"|"供应链"|"采购管理"|"采购发票"|"专用采购发票"，进入"专用发票"窗口后单击"增加"按钮，进入输入状态。选择"生单"|"入库单"，可以选择"供应商代码"为条件，单位选择"成都大成公司"，进入入库单选择状态，选择后单击"确定"按钮返回，补充发票日期等信息，单击"保存"按钮完成，如图3-57所示。

图3-57 专用采购发票

6. 执行采购结算

(1) 采购结算的内容

采购结算也称采购报账，是指采购核算人员根据采购发票、采购入库单核算采购入库成本；采购结算的结果是采购结算单，它是记载采购入库单与采购发票对应关系的结算对照表。

采购结算从操作处理上分为自动结算、手工结算两种方式，另外运费发票可以单独进行结算。

自动结算和手工结算时，可以选择发票和运费同时与入库单进行结算，将运费发票的费用按数量或按金额分摊到入库单中。此时将发票和运费分摊的费用写入采购入库单的成本中。

如果运费发票开具时，对应的入库单已经与发票结算，在这种情况下，运费发票可以通过费用折扣结算将运费分摊到入库单中，此时运费发票分摊的费用不再记入入库单中，需要到"存货核算"系统中进行结算成本的暂估处理，系统会将运费金额分摊到成本中。

(2) 手工采购结算的操作流程

选择"业务工作"|"供应链"|"采购管理"|"采购结算"|"手工结算"，进入"手工结算"窗口，如图3-58所示。

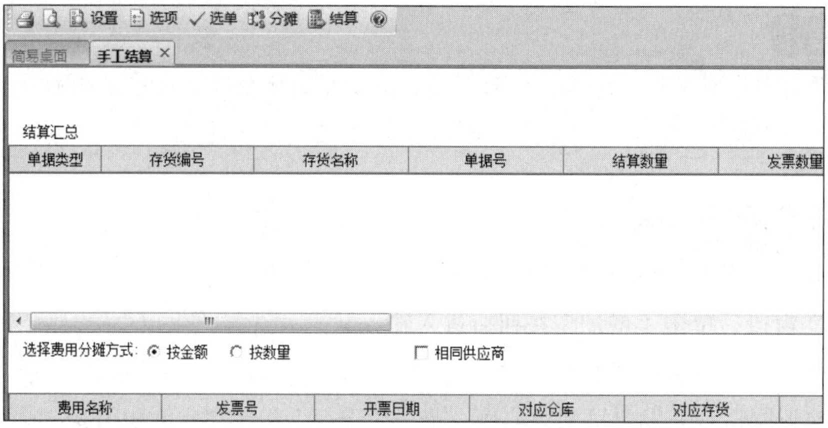

图3-58 所示。

图3-58 手工结算

单击工具栏的"选单",进入"结算选单"窗口。再单击工具栏的"查询"按钮,进入"查询条件选择-采购手工结算",设置合适的条件筛选要手工结算的发票和入库单,这里设置供应商为"成都大成公司",单击"确定"按钮,系统进行筛选,并显示在结算选单中,如图3-59所示。

图3-59 结算选单

在"结算选发票列表"和"结算选入库单列表"分别进行选择,具体在选择栏对应的行进行双击。也可以先选择一个,然后选择"匹配"功能进行自动匹配。

选择完成后,单击"确定"按钮,返回"手工结算"窗口,这时候会显示已经结算的单据,如图3-60所示。

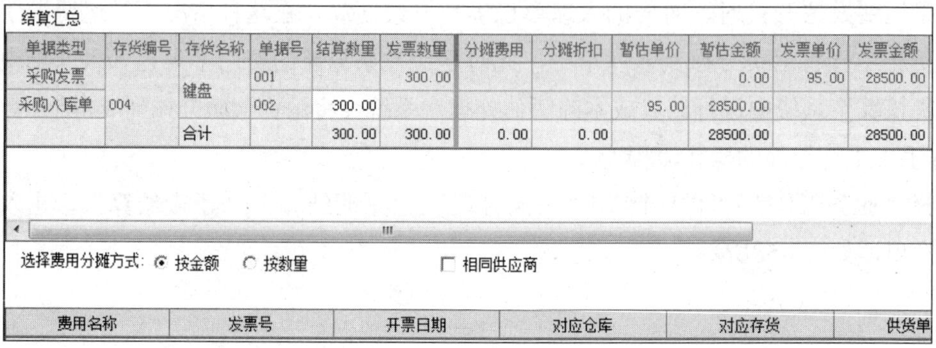

图3-60 手工结算

单击工具栏的"结算"按钮,系统显示"完成结算",然后退出结算工作。结算完成后,在"手工结算"窗口将看不到已结算的入库单和发票。结算结果可以在"供应链"|"采购管理"|"采购结算"|"结算单列表"中查询,如图3-61所示。

选择	结算单号	结算日期	供应商	入库单号…	发票号	存货编码	存货名称	主计量	结算数量	结算单价	结算金额
	000000000000001	2013-04-03	大成	002	001	004	键盘	个	300.00	95.00	28,500.00

图3-61 结算单列表

如果选择"供应链"|"采购管理"|"采购结算"|"自动结算",系统会自动结算,单击"确定"按钮后,本案例系统显示"结算模式 [入库单和发票],状态:全部成功,共处理了[1]条记录"。

实验提示

因为某种原因需要修改或删除入库单、采购发票时,需要先取消采购结算。

7. 生成应付凭证

(1) 应付单据审核

选择"业务工作"|"财务会计"|"应付款管理"|"应付单据处理"|"应付单据审核",进入"应付单查询条件",供应商选择"成都大成公司",单击"确定"按钮进入"应付单据列表",如图3-62所示。

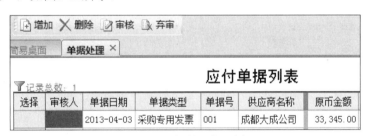

图3-62 应付单据列表

首先在"选择"栏目下需要选择的单据上进行双击以选择单据,然后单击工具栏的"审核"按钮,系统会显示审核成功提示信息。

(2) 生成凭证

制单后生成凭证,并将凭证传递至总账,后续再进行审核和记账。系统对不同的单据类型或不同的业务处理提供制单(生成凭证)的功能;除此之外,系统提供了一个统一制单的平台,可以在此快速、成批生成凭证,并可依据规则进行合并制单等处理。

选择"业务工作"|"财务会计"|"应付款管理"|"制单处理",出现"制单查询"窗口,选择"发票制单",然后选择供应商"成都大成公司",如图3-63所示。

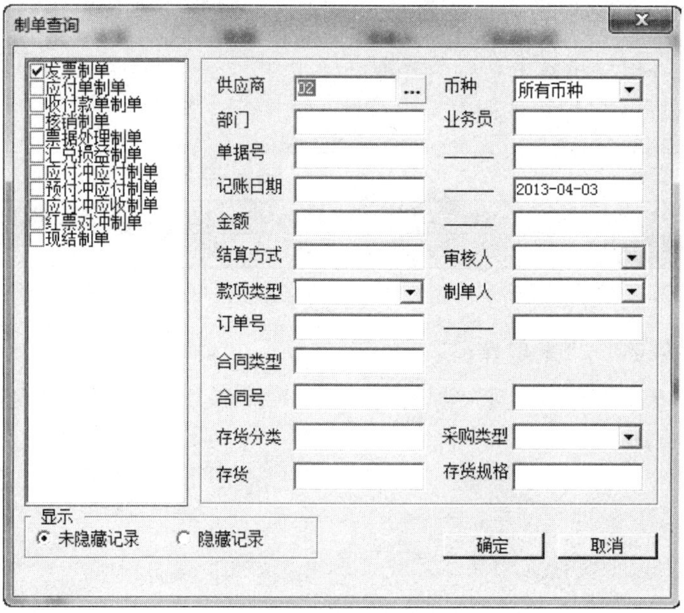

图3-63　制单查询

单击"确定"按钮，进入"采购发票制单"，凭证类别选择"转账凭证"，填入制单日期，单击"全选"按钮(选择要进行制单的单据)，或在"选择标志"一栏进行双击，系统会在双击的栏目上给出一个序号，表明要将该单据制单。系统所给出的序号可以修改，例如，系统给出的序号为1，也可以改为2。相同序号的记录会制成一张凭证，如图3-64所示。

图3-64　采购发票制单

单击"制单"按钮(制单日期只能大于等于单据日期)，稍待片刻将显示拟生成的凭证，如图3-65所示。

凭证生成后，可以对凭证进行调整，如补充相关信息。例如，先选择"应付账款"科目，双击"票号"后面的位置(会显示笔尖图形的标识)，补充输入发票号等。单击"保存"按钮完成凭证生成。

生成的凭证可以选择"业务工作"|"财务会计"|"应付款管理"|"单据查询"|"凭证查询"进行查看。还可以在"业务工作"|"财务会计"|"总账"|"凭证"|"查询凭证"中查看。

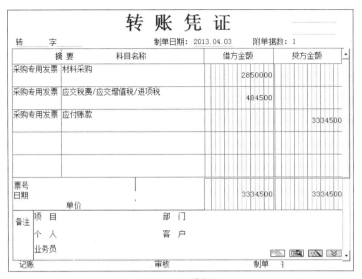

图3-65 凭证

8. 生成入库凭证

选择“业务工作”|“供应链”|“存货核算”|“初始设置”|“期初数据”|“期初余额”，进入后先选择仓库，如图3-66所示。

存货编码	存货名称	计量单位	数量	单价	金额	存货科目编码	存货科目
001	CN处理器	盒	700.00	1,200.00	840,000.00	140301	生产用原材料
002	2T硬盘	盒	200.00	820.00	164,000.00	140301	生产用原材料
合计：			900.00		1,004,000.00		

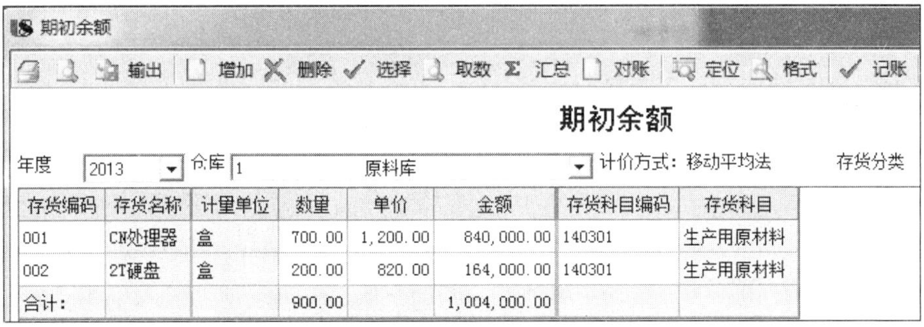

图3-66 期初记账

单击“记账”按钮，完成期初记账工作。如果已经记账，则工具栏不会显示“记账”功能。

选择“业务工作”|“供应链”|“存货核算”|“业务核算”|“正常单据记账”，进入“过滤条件选择”，可以按照仓库选择，或者选择单据类型(采购入库单)，单击“确定”按钮后进入“正常单据记账列表”，如图3-67所示。

选择	日期	单据号	存货编码	存货名称	单据类型	仓库名称	收发类别	数量	单价	金额
	2013-04-03	002	004	键盘	采购入库单	原料库	采购入库	300.00	95.00	28,500.00

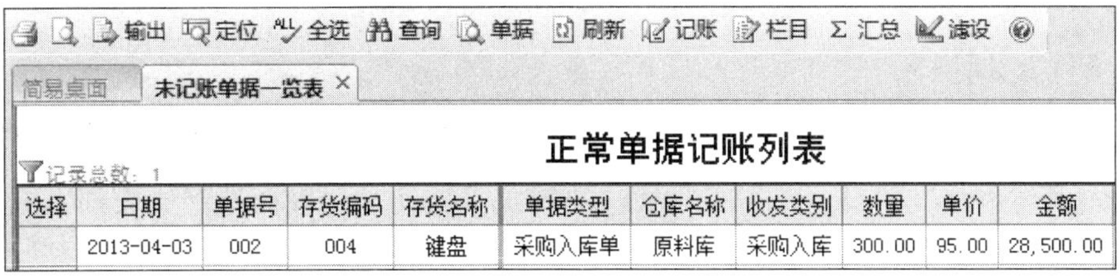

图3-67 正常单据记账列表

先双击"选择"的记录,单击"记账"按钮完成记账工作。

选择"业务工作"|"供应链"|"存货核算"|"财务核算"|"生成凭证",进入后单击工具栏上的"选择"按钮,在查询条件中选择"(01)采购入库单(报销记账)",单击"确定"按钮,进入"未生成凭证单据一览表",如图3-68所示。

图3-68 未生成凭证单据一览表

在"选择"栏选择要记账的记录,单击"确定"按钮,系统返回"生成凭证"窗口。选择凭证类别为"转账凭证",如图3-69所示。

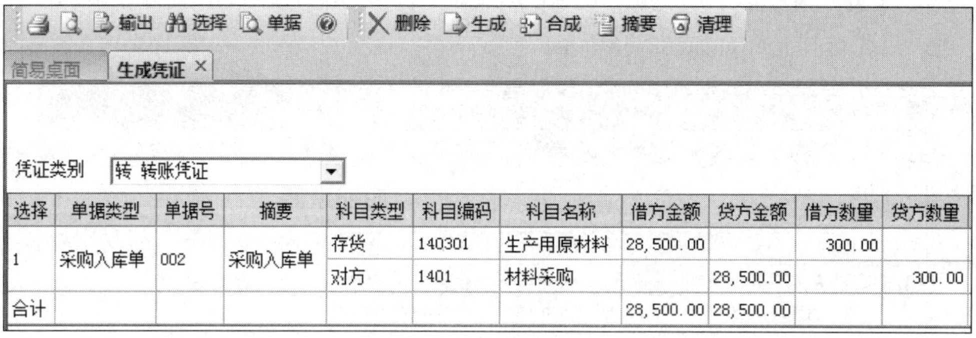

图3-69 生成凭证

单击工具栏的"生成"按钮,进入"填制凭证"窗口,单击"保存"按钮,凭证左上角出现"已生成"标志,表示凭证已经传递到总账。

实验提示

可以选择"基础设置"|"业务参数"|"财务会计"|"总账",在凭证页下可以取消"制单序时控制",否则要求生成凭证的日期是从小到大的。

9. 生成付款凭证

选择"业务工作"|"财务会计"|"应付款管理"|"付款单据处理"|"付款单据录入",进入"付款单"窗口,单击工具栏的"增加"按钮,供应商选择"成都大成公司",结算方式选择"转账支票",金额为33 345元,如图3-70所示。

付款单

	款项类型	供应商	科目	金额	本币金额	部门	业务员	项目
1	应付款	大成	2202	33345.00	33345.00	采购部	李天华	

单据编号 001　日期 2013-04-04　供应商 大成
结算方式 转账支票　结算科目 100201　币种 人民币
汇率 1.00000000　金额 33345.00　本币金额 33345.00
供应商银行 中行　供应商账号 3293　票据号 ZZ123
部门 采购部　业务员 李天华　项目

图3-70　付款单

单击"保存"按钮，然后单击"审核"按钮，系统提示"是否立即制单？"，选择"是"，进入"填制凭证"窗口。选择凭证类型为"付款凭证"，补充输入发票号和支票号等信息，生成的凭证分录如下：

借：应付账款(2202)/大成　　　33 345
　　贷：银行存款/工行存款(100201)　　33 345

单击"保存"按钮，在凭证左上角显示"已生成"标志，这时凭证已经传递到总账系统中。

3.2.3　采购现结业务

实验资料

4月4日，向成都大成公司购买鼠标30箱，单价为600元/箱(无税单价)，直接验收入原料仓库。同时收到专用发票一张，立即以工行转账支票(支票号ZZ011)支付其货款。确定采购成本，进行付款处理。

实验过程

1. 填制采购入库单并审核

选择"业务工作"|"供应链"|"库存管理"|"入库业务"|"采购入库单"，单击"增加"按钮，输入案例信息，如图3-71所示。

入库单号 003　入库日期 2013-04-04　仓库 原料库
订单号　　　　到货单号　　　　业务号
供货单位 大成　部门 采购部　业务员 李天华
到货日期　　　业务类型 普通采购　采购类型 普通采购
入库类别 采购入库　审核日期　　　备注

	存货编码	存货名称	规格型号	主计量单位	数量	本币单价	本币金额
1	005	鼠标		只	360.00	50.00	18000.00

图3-71　采购入库单

单击"保存"按钮，再单击"审核"按钮，然后退出。

2. 录入采购专用发票并进行现结处理和采购结算

选择"业务工作"|"供应链"|"采购管理"|"采购发票"|"专用采购发票",单击"增加"按钮,选择"生单"|"入库单",单据来源类型为"入库单",单击"确定"按钮,进入"发票拷贝入库单列表"中,选择要传入数据的入库单,单击"确定"按钮转入数据。发票如图3-72所示。

业务类型	普通采购			发票类型	专用发票			发票号	002
开票日期	2013-04-04			供应商	大成			代垫单位	大成
采购类型	普通采购			税率	17.00			部门名称	采购部
业务员	李天华			币种	人民币			汇率	1
发票日期	2013-04-04			付款条件				备注	

	存货编码	存货名称	主计量	数量	原币单价	原币金额	原币税额	原币价税合计	税率
1	005	鼠标	只	360.00	50.00	18000.00	3060.00	21060.00	17.00

图3-72 采购发票

单击工具栏的"现付"功能,输入付款金额,如图3-73所示。

采购现付

供货单位:	大成	币种:	人民币	汇率:	1
应付金额:	21060.00				
结算金额:	21060.00				
部门:	采购部		业务员:	李天华	

结算方式	原币金额	票据号	银行账号	项目大类编码	项目大类名称	项目编码	项
03-转账支票	21060.00	ZZ011	3293				

图3-73 采购现付

单击"确定"按钮,执行现付后发票上显示"已现付"标记。单击工具栏的"结算"按钮,系统自动实现结算,即票据的自动配对勾销,在发票上显示"已结算"标记。

3. 审核应付单据进行现结制单

选择"业务工作"|"财务会计"|"应付款管理"|"应付单据处理"|"应付单据审核",进入应付单条件设置界面,供应商选择"成都大成公司",勾选"包含已现结发票",单击"确定"按钮进入"应付单据列表",如图3-74所示。

应付单据列表

记录总数:1

选择	审核人	单据日期	单据类型	单据号	供应商名称	原币金额
		2013-04-04	采购专用发票	002	成都大成公司	21,060.00

图3-74 单据处理

选择要审核的单据,单击"审核"按钮,系统会显示审核成功提示信息,然后返回。

选择"业务工作"|"财务会计"|"应付款管理"|"制单处理",在制单查询中,选择

"现结制单",单击"确定"按钮,进入"现结制单"中,选择凭证类型为"付款凭证",再选择要制单的行,如图3-75所示。

图3-75 现结制单

单击"制单"按钮,系统显示生成的凭证,其凭证分录如下:

借:材料采购　　　　　　　　　　　　18 000
　　应交税费/应交增值税/进项税　　　3060
　　贷:银行存款/工行存款　　　　　　　　21 060

单击"保存"按钮,凭证自动生成,在"填制凭证"窗口显示"已生成"标记,表示凭证已经生成完成并传递到总账系统中。

4. 生成入库凭证

选择"业务工作"|"供应链"|"存货核算"|"业务核算"|"正常单据记账",进入"过滤条件选择",可以按照仓库选择,或者选择单据类型(采购入库单),单击"过滤"按钮后进入"正常单据记账列表",如图3-76所示。

记录总数:1									
选择	日期	单据号	存货编码	存货名称	单据类型	仓库名称	收发类别	数量	单价	金额
	2013-04-04	003	005	鼠标	采购入库单	原料库	采购入库	360.00	50.00	18,000.00
小计								360.00		18,000.00

图3-76 正常单据记账列表

先选择单据,单击"记账"按钮,显示"记账成功"表示完成记账。

选择"业务工作"|"供应链"|"存货核算"|"财务核算"|"生成凭证",进入后单击工具栏的"选择"按钮,在查询条件中选择"(01)采购入库单(报销记账)",单击"确定"按钮,进入"未生成凭证单据一览表"。

在"选择"栏选择要制单的记录,单击"确定"按钮,系统返回"生成凭证"窗口,选择凭证类别为"转账凭证",如图3-77所示。

凭证类别	转账凭证							
选择	单据类型	单据号	摘要	科目类型	科目编码	科目名称	借方金额	贷方金额
1	采购入库单	003	采购入库单	存货	140301	生产用原材料	18,000.00	
				对方	1401	材料采购		18,000.00
合计							18,000.00	18,000.00

图3-77 生成凭证

单击"生成"按钮,进入"填制凭证"窗口,系统待生成凭证,其分录如下:

借:原材料/生产用原材料(140301)　　18 000
　　贷:材料采购(1401)　　　　　　　　　　18 000

单击"保存"按钮,凭证左上角出现"已生成"标志,表示凭证已经传递到总账。

3.2.4　采购运费处理

实验资料

4月6日,向成都大成公司购买2TB硬盘200盒,单价为800元/盒,验收入原料库。同时还购买鼠标5箱,单价为600元/箱,验收入原料库。

当天收到专用发票一张。

另外,在采购的过程中,还发生了一笔运输费600元,税率为7%,收到相应的运费发票一张,费用按照金额分配。确定采购成本及应付账款,货款未付。

实验过程

1. 填制并审核采购入库单

选择"业务工作"|"供应链"|"库存管理"|"入库业务"|"采购入库单",单击"增加"按钮,输入案例信息,如图3-78所示。

入库单号	004		入库日期	2013-04-06		仓库	原料库
订单号			到货单号			业务号	
供货单位	大成		部门	采购部		业务员	李天华
到货日期			业务类型	普通采购		采购类型	普通采购
入库类别	采购入库		审核日期			备注	

	存货编码	存货名称	主计量单位	数量	本币单价	本币金额
1	002	2T硬盘	盒	200.00	800.00	160000.00
2	005	鼠标	只	60.00	50.00	3000.00

图3-78　采购入库单

单击"保存"按钮,再单击"审核"按钮,然后退出。

2. 填制采购专用发票

选择"业务工作"|"供应链"|"采购管理"|"采购发票"|"专用采购发票",单击"增加"按钮,选择"生单"|"入库单",单位为"成都大成公司",单据来源类型为"采购入库单",单击"确定"按钮,进入"发票拷贝入库单列表"中,选择要传入数据的入库单(2TB硬盘和鼠标)。

单击"确定"按钮,数据自动传到按发票中,如图3-79所示。

	业务类型 普通采购	发票类型 专用发票	发票号 003
	开票日期 2013-04-06	供应商 大成	代垫单位 大成
	采购类型 普通采购	税率 17.00	部门名称 采购部
	业务员 李天华	币种 人民币	汇率 1
	发票日期 2013-04-06	付款条件	备注

	存货编码	存货名称	主计量	数量	原币单价	原币金额	原币税额	原币价税合计
1	002	2T硬盘	盒	200.00	800.00	160000.00	27200.00	187200.00
2	005	鼠标	只	60.00	50.00	3000.00	510.00	3510.00

图3-79　专用发票

单击"保存"按钮，然后退出。

3. 填制运费发票并进行采购结算

选择"业务工作"|"供应链"|"采购管理"|"采购发票"|"运费发票"，单击"增加"按钮输入运费的相关信息，如图3-80所示。

运费发票　　显示模版 8167 运费发票显示模

表体排序　　　　　　　　　　　　　　　　　　合并显示 □

	业务类型 普通采购	发票类型 运费发票	发票号 001
	开票日期 2013-04-06	供应商 大成	代垫单位 大成
	采购类型 普通采购	税率 7	部门名称 采购部
	业务员 李天华	币种 人民币	汇率 1
	发票日期 2013-04-06	付款条件	备注

	存货编码	存货名称	主计量	数量	原币金额	原币税额	税率
1	900	运费	千米		600.00	42.00	7.00

图3-80　运费发票

单击"保存"按钮完成。

选择"业务工作"|"供应链"|"采购管理"|"采购结算"|"手工结算"，进入"手工结算"窗口，单击"选单"按钮进入"结算选单"窗口，单击工具栏的"查询"按钮，在条件设置中选择"成都大成公司"，单击"确定"按钮完成条件设置，未结算的单据便会显示出来，选择要结算的发票和对应的入库单，如图3-81所示。

结算选发票列表　☑ 扣税类别不同时给出提示

记录总数：3

选择	存货名称	制单人	发票号	供应商名称	开票日期	存货编码	数量	计量单位	单价	金额	项目名称
Y	2T硬盘	何沙	003	成都大成公司	2013-04-06	002	200.00	盒	800.00	160,000.00	
Y	鼠标	何沙	003	成都大成公司	2013-04-06	005	60.00	只	50.00	3,000.00	
Y	运费	何沙	001	成都大成公司	2013-04-06	900		千米	0.00	558.00	
合计											

结算选入库单列表

记录总数：2

选择	存货名称	仓库名称	入库号	供应商名称	入库日期	入库数量	计量单位	件数	单价	金额	暂估金额
Y	2T硬盘	原料库	004	成都大成公司	2013-04-06	200.00	盒	20.00	800.00	160,000.00	160,000.00
Y	鼠标	原料库	004	成都大成公司	2013-04-06	60.00	只	5.00	50.00	3,000.00	3,000.00

图3-81　结算选单

单击"确定"按钮,系统提示"所选单据和扣税类别不同,是否继续?",选择"是"完成。在"手工结算"窗口,选择费用分摊方式选择"按金额",如图3-82所示。

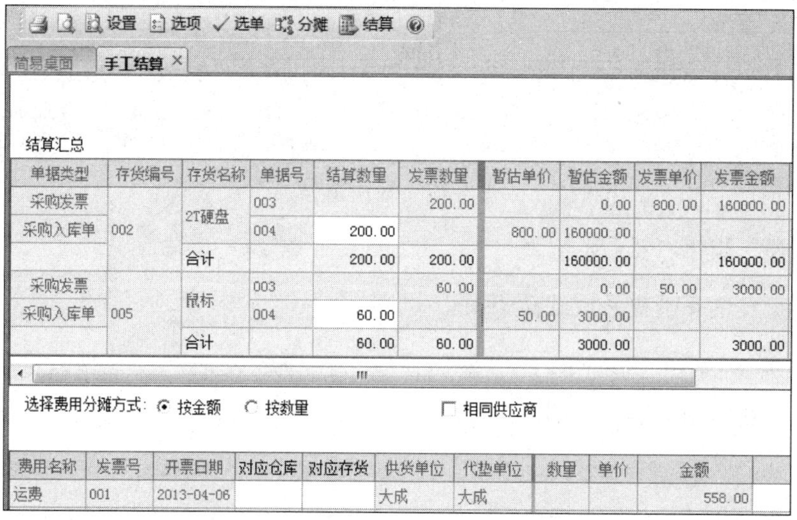

图3-82 手工结算

单击"分摊"按钮,系统提示"选择按金额分摊,是否开始计算?",选择"是"进行计算。计算完成后,结算汇总表上会显示出分摊结果,如图3-83所示,分摊费用栏就是分摊的运费。单击"结算"按钮,完成结算工作。

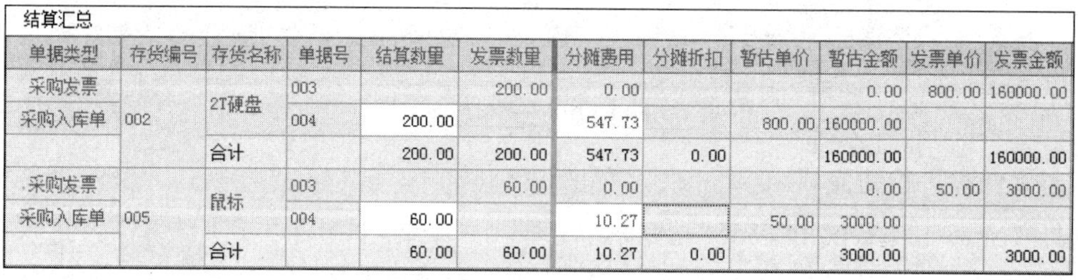

图3-83 分摊运费的结果

实验提示

不管采购入库单上有无单价,采购结算后,其单价都被自动修改为发票上的存货单价。

4. 审核发票并合并制单

选择"业务工作"|"财务会计"|"应付款管理"|"应付单据处理"|"应付单据审核",进入应付单查询条件设置,供应商选择"成都大成公司",完成设置后选择"确定"按钮,如图3-84示。

应付单据列表

选择	审核人	单据日期	单据类型	单据号	供应商名称	原币金额
		2013-04-06	采购专用发票	003	成都大成公司	190,710.00
		2013-04-06	运费发票	001	成都大成公司	600.00
合计						191,310.00

记录总数：2

图3-84　应付单据列表

选择要审核的单据，单击"审核"按钮，系统会显示审核成功提示信息，然后返回。

选择"业务工作"|"财务会计"|"应付款管理"|"制单处理"，进入制单查询条件设置，选择"发票制单"，单击"确定"按钮，进入"采购发票制单"，凭证类别选择"转账凭证"，如图3-85所示。

采购发票制单

凭证类别 转账凭证　　　制单日期 2013-04-06

选择标志	凭证类别	单据类型	单据号	日期	供应商编码	供应商名称	金额
	转账凭证	采购专用发票	003	2013-04-06	02	成都大成公司	190,710.00
	转账凭证	运费发票	001	2013-04-06	02	成都大成公司	600.00

图3-85　采购发票制单

选择要生成凭证的发票，单击"合并"按钮(合并制作一张凭证)，然后单击"制单"按钮，进入"填制凭证"窗口，生成的凭证分录如下。

　　借：材料采购(1401)　　　　　　　　　　　163 558
　　　　应交税费/应交增值税/进项税额(22210101)　27 752
　　　　贷：应付账款(2202)/大成　　　　　　　　　191 310

补充票号等信息后单击"保存"按钮完成。

5. 生成入库凭证

选择"业务工作"|"供应链"|"存货核算"|"业务核算"|"正常单据记账"，进入查询条件选择，可以按照仓库选择，或者选择单据类型(采购入库单)，单击"确定"按钮后进入"正常单据记账列表"，如图3-86所示。

正常单据记账列表

选择	日期	单据号	存货编码	存货名称	单据类型	仓库名称	收发类别	数量	单价	金额
	2013-04-06	004	002	2T硬盘	采购入库单	原料库	采购入库	200.00	802.74	160,547.73
	2013-04-06	004	005	鼠标	采购入库单	原料库	采购入库	60.00	50.17	3,010.27
小计								260.00		163,558.00

记录总数：2

图3-86　正常单据记账列表

选择要记账的行,单击"记账"按钮,显示"记账成功"表示完成记账。

选择"业务工作"|"供应链"|"存货核算"|"财务核算"|"生成凭证",进入后单击工具栏的"选择"按钮,在查询条件中选择"(01)采购入库单(报销记账)",单击"确定"按钮,进入"未生成凭证单据一览表"。

"选择"栏选择要记账的记录,单击"确定"按钮,系统返回"生成凭证"窗口,选择凭证类别为"转账凭证",如图3-87所示。

凭证类别	转 转账凭证								
选择	单据类型	单据号	摘要	科目类型	科目编码	科目名称	借方金额	贷方金额	存货名称
1	采购入库单	004	采购入库单	存货	140301	生产用原材料	160,547.73		2T硬盘
				对方	1401	材料采购		160,547.73	2T硬盘
				存货	140301	生产用原材料	3,010.27		鼠标
				对方	1401	材料采购		3,010.27	鼠标
合计							163,558.00	163,558.00	

图3-87 生成凭证

单击"合成"按钮,进入"填制凭证"窗口,系统生成凭证,其分录如下:

借:原材料/生产用原材料(140301)　　　163 558
　　贷:材料采购(1401)　　　　　　　　163 558

单击"保存"按钮,凭证左上角出现"已生成"标志,表示凭证已经传递到总账。

3.2.5 请购比价业务

实验资料

4月6日,李天华申请购买5箱鼠标(使用部门:一车间),经审核同意分别向重庆大江公司和成都大成公司提出询价,报价截止日期为4月7日。

4月7日,供应商的报价分别为420元/箱、444元/箱。通过比价,决定向重庆大江公司订购,要求到货日期为4月9日。

4月9日,未收到上述所订货物,向供应商发出催货函。

实验过程

1.定义供应商存货对照表

本功能用于反映某一供应商可以提供哪些存货或某一存货由哪些供应商提供,以及该存货在各供应商间的配额分配和价格水平。

选择"基础设置"|"基础档案"|"对照表"|"供应商存货对照表",进入后单击

"增加"按钮,在"增加"窗口中,选择"01重庆大江公司",存货编码"005鼠标",如图3-88所示。

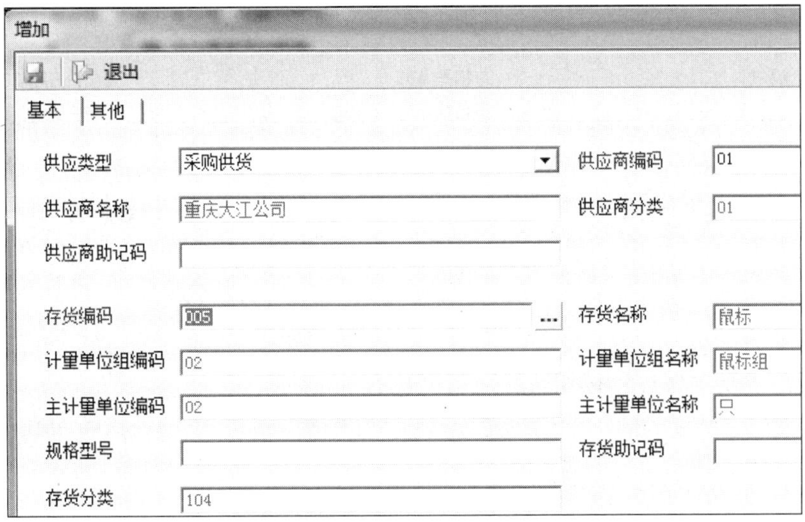

图3-88 供货单位及商品信息

单击"其他"选项卡,输入最高进价35元。然后保存。采用相同的方法输入成都大成公司的比价资料,选择"其他"选项卡,最高进价输入37元。再返回"供应商存货对照表",如图3-89所示。

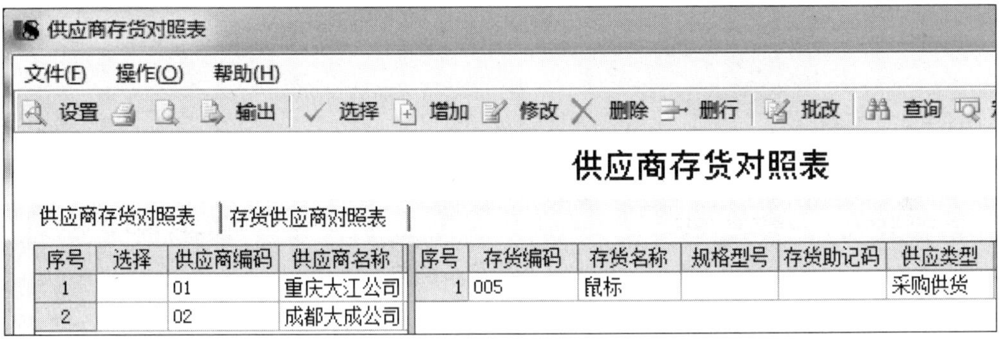

图3-89 供应商存货对照表

先选择左边的供应商,然后双击右边的存货目录,就可以查看相关的信息。如果选择"存货供应商对照表",则转为存货与供应商的对照关系。

2. 录入供应商存货调价单

选择"业务工作"|"供应链"|"采购管理"|"供应商管理"|"供应商供货信息"|"供应商存货调价单",单击"增加"按钮,录入供应商报价信息,如图3-90所示。

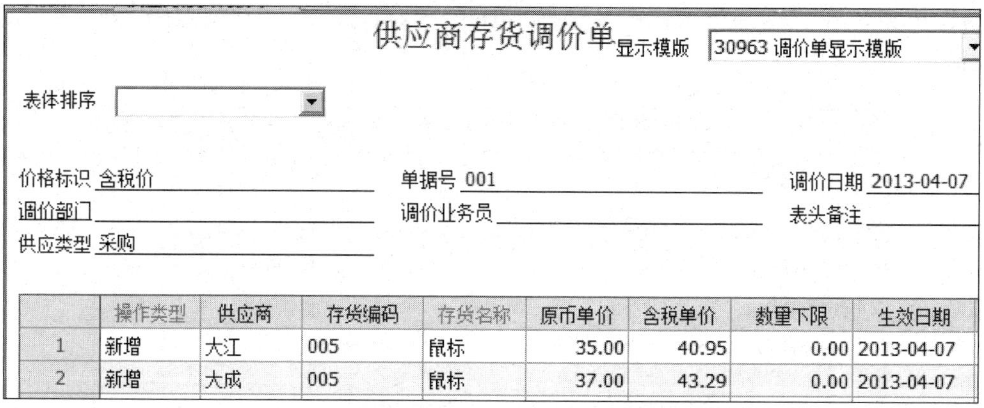
供应商存货调价单　显示模版 30963 调价单显示模版

表体排序

价格标识 含税价　单据号 001　调价日期 2013-04-07
调价部门　调价业务员　表头备注
供应类型 采购

	操作类型	供应商	存货编码	存货名称	原币单价	含税单价	数量下限	生效日期
1	新增	大江	005	鼠标	35.00	40.95	0.00	2013-04-07
2	新增	大成	005	鼠标	37.00	43.29	0.00	2013-04-07

图3-90　供应商存货调价单

输入完毕，单击“保存”按钮，再进行审核。

选择“业务工作”|“供应链”|“采购管理”|“供应商管理”|“供应商供货信息”|“供应商存货价格表”，可以查看到刚才录入的价格资料。

3. 填制并审核请购单

选择“业务工作”|“供应链”|“采购管理”|“请购”|“请购单”，进入“采购请购单”后单击“增加”按钮，按案例输入，如图3-91所示。

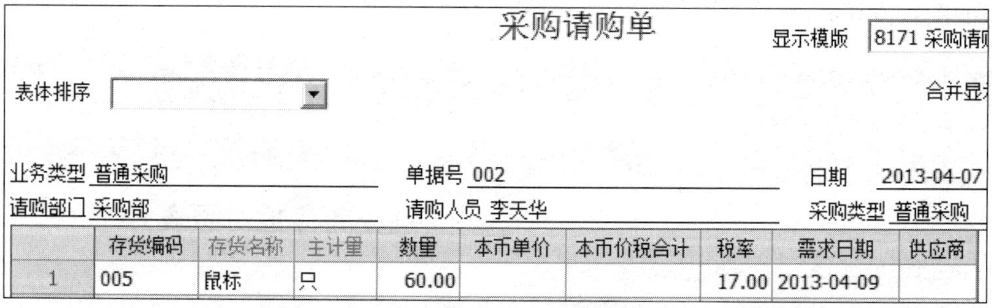
采购请购单　显示模版 8171 采购请

表体排序　合并显

业务类型 普通采购　单据号 002　日期 2013-04-07
请购部门 采购部　请购人员 李天华　采购类型 普通采购

	存货编码	存货名称	主计量	数量	本币单价	本币价税合计	税率	需求日期	供应商
1	005	鼠标	只	60.00			17.00	2013-04-09	

图3-91　采购请购单

输入后单击“保存”按钮完成，然后审核。

实验提示

采购请购不需要填写单价、供应商等信息。

4. 请购比价生成采购订单

选择“基础设置”|“业务参数”|“供应链”|“采购管理”进行最高进价口令设置，具体在“业务及权限控制”中进行设置或更改，密码自行设置，如图3-92所示。

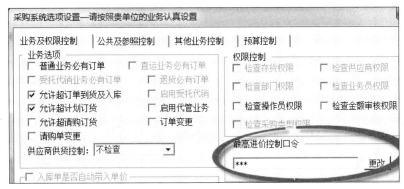

图3-92　最高进价控制口令设置

选择“业务工作”|“供应链”|“采购管理”|“采购订货”|“请购比价生单”，进入“查询条件选择-比价生单列表过滤”，单击“确定”按钮，进入“请购比价生单列表”，如图3-93所示。

输出　全选　全消　比价　生单　查询　栏目　清空

简易桌面　请购比价生单列表

请购比价生单列表

选择	请购单编号	请购日期	供应商	请购部门	请购员	存货编码	存货名称	主计量	数量	含税单价	无税单价
	002	2013-04-07		采购部	李天华	005	鼠标	只	60.00	0.00	0.00

图3-93　请购比价生单

单击“全选”按钮，再单击“比价”按钮，系统将供应商存货对照表中该存货价格最低的供应商挑选到当前单据中，如图3-94所示。

请购比价生单列表

选...	请购单编号	请购日期	供应商	存货编码	存货名称	规格型号	主计量	数量	含税单价	无税单价
Y	002	2013-04-07	大江	005	鼠标		只	60.00	40.95	35.00

图3-94　请购比价生单列表

单击“生单”按钮，系统提示输入最高进价口令，如图3-95所示。输入密码后系统自动生成采购订单。

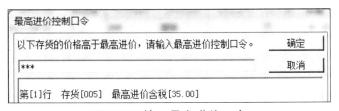

图3-95　输入最高进价口令

选择“业务工作”|“供应链”|“采购管理”|“采购订货”|“采购订单列表”，进入后选择刚生成的采购订单，单击“审核”按钮，完成后退出。

5. 供应商催货及查询

选择"业务工作"|"供应链"|"采购管理"|"供应商管理"|"供应商催货函",进入"查询条件选择-供应商催货函",输入相关信息,进入"供应商催货函",如图3-96所示。

								供应商催货函				
供应… 01							日期:	2013-04-09				
订单号	供应商简称	存货编号	存货名称	规格型号	主计量	辅计量	换算率	未到货数量	未到货件数	未入库数量	未入库件数	延迟天数	计划到货日期
002	大江	005	鼠标		只	箱	12.00	60.00	5.00	60.00	5.00		2013-04-09
总计								60.00	5.00	60.00	5.00		

图3-96 供应商催货函

单击"保存"按钮,可以打印或保存为其他文件格式,发送给供应商。

3.2.6 暂估入库报销处理

实验资料

4月9日,收到重庆大江公司提供的上月已验收入库的100盒2T硬盘的专用发票一张,发票单价为790元。进行暂估报销处理,确定采购成本及应付账款。

实验过程

1. 录入采购发票

选择"业务工作"|"供应链"|"采购管理"|"采购发票"|"专用采购发票",进入"专用发票"后单击"增加"按钮,进入输入状态。选择"生单"|"入库单",进入过滤条件设置,供应商选择"重庆大江公司",单击"确定"按钮进入"拷贝并执行"窗口,本业务是3月25日的暂估业务,如图3-97所示。

						发票拷贝入库单表头列表	
记录总数:1							
选择	入库单号	入库日期	供货商	币种	到货单号	单据名称	
Y	001	2013-03-25	大江	人民币		采购入库单	
合计							

						发票拷贝入库单表体列表			
记录总数:1									
选择	存货编号	存货名称	主计量	数量	已结算数量	原币含税单价	原币单价	原币金额	原币税额	原币价税合计
Y	002	2T硬盘	盒	100.00	0.00	936.00	800.00	80,000.00	13,600.00	93,600.00

图3-97 发票拷贝入库单

单击"确定"按钮返回,输入发票日期等,将单价从800元改为790元,如图3-98所示。单击"保存"按钮完成。

业务类型	普通采购			发票类型	专用发票		发票号	004
开票日期	2013-04-09			供应商	大江		代垫单位	大江
采购类型	普通采购			税率	17.00		部门名称	采购部
业务员	李天华			币种	人民币		汇率	1
发票日期	2013-04-09			付款条件			备注	

	存货编码	存货名称	主计量	数量	原币单价	原币金额	原币税额	原币价税合计
1	002	2T硬盘	盒	100.00	790.00	79000.00	13430.00	92430.00

图3-98　专用采购发票

2. 手工结算

选择"业务工作"|"供应链"|"采购管理"|"采购结算"|"手工结算",进入"手工结算"窗口,单击"选单"按钮,进入"结算选单"窗口,单击"查询"按钮进行条件设置,可选择供应商"重庆大江公司",单击"确定"按钮后结算选单如图3-99所示。

结算选发票列表 ☑扣税类别不同时给出提示

记录总数: 1									
选择	存货名称	发票号	供应商名称	开票日期	存货编码	币种	数量	计量单位	单价	金额
	2T硬盘	004	重庆大江公司	2013-04-09	002	人民币	100.00	盒	790.00	79,000.00
合计										

结算选入库单列表

记录总数: 1												
选择	存货名称	仓库名称	入库单号	供货编码	供应商名称	入库日期	入库数量	计量单位	件数	单价	金额	暂估金额	本币价税合计
	2T硬盘	原料库	001	01	重庆大江公司	2013-03-25	100.00	盒	10.00	800.00	80,000.00	80,000.00	93,600.00

图3-99　结算选单

在发票与入库单之间进行匹配选择,单击"确定"按钮,返回"手工结算"窗口,如图3-100所示。单击"结算"按钮,完成结算工作。

结算汇总

单据类型	存货编码	存货名称	单据号	结算数量	发票数量	暂估单价	暂估金额	发票单价	发票金额
采购发票	002	2T硬盘	004		100.00		0.00	790.00	79000.00
采购入库单			001	100.00		800.00	80000.00		
			合计	100.00	100.00		80000.00		79000.00

图3-100　手工结算

3. 结算成本处理并生成凭证

选择"业务工作"|"供应链"|"存货核算"|"业务核算"|"结算成本处理",进入"暂估处理查询"条件设置,选择原料库,单击"确定"按钮,进入"结算成本处理",如图3-101所示。

结算成本处理

选择	结算单号	仓库名称	入库单号	入库日期	存货名称	计量单位	数量	暂估单价	暂估金额	结算数量	结算单价	结算金额
	000000000000004	原料库	001	2013-03-25	2T硬盘	盒	100.00	800.00	80,000.00	100.00	790.00	79,000.00
合计							100.00		80,000.00	100.00		79,000.00

图3-101　结算成本处理

选择需要暂估结算的单据，单击工具栏的“暂估”按钮，系统会提示暂估处理完成。

选择“业务工作”|“供应链”|“存货核算”|“财务核算”|“生成凭证”，进入“生成凭证”窗口，在工具栏中单击“选择”按钮，进入查询条件设置，选择“蓝字回冲单(报销)”，单击“确定”按钮，进入“选择单据”窗口，如图3-102所示。

□ 单、发票、付款单)，非本月采购入库单按蓝字报销单制单

未生成凭证单据一览表

选择	记账日期	单据日期	单据类型	单据号	仓库	收发类别	业务类型	计价方式
	2013-04-09	2013-03-25	蓝字回冲单	001	原料库	采购入库	普通采购	移动平均法

图3-102　选择单据

单击“全选”按钮，再单击“确定”按钮，进入“生成凭证”窗口。选择凭证类别为转账凭证，如图3-103所示。

凭证类别　转 转账凭证

选择	单据类型	单据号	摘要	科目类型	科目编码	科目名称	借方金额	贷方金额	存货名称
1	蓝字回冲单	001	蓝字回冲单	存货	140301	生产用原材料	79,000.00		2T硬盘
				对方	1401	材料采购		79,000.00	2T硬盘
合计							79,000.00	79,000.00	

图3-103　生成凭证

单击“生成”按钮，进入“填制凭证”窗口。凭证分录如下：

借：原材料/生产用原材料　　79 000

　　贷：材料采购　　　　　　79 000

单击“保存”按钮，保存蓝字回冲单生成的凭证。

4. 审核发票并制单处理

选择“业务工作”|“财务会计”|“应付款管理”|“应付单据处理”|“应付单据审核”，条件设置“重庆大江公司”，进入后如图3-104所示。先选择应付单据，然后单击“审核”按钮，系统会提示审核成功。

应付单据列表

记录总数：1

选择	审核人	单据日期	单据类型	单据号	供应商名称	原币金额
		2013-04-09	采购专用发票	004	重庆大江公司	92,430.00
合计						92,430.00

图3-104　应付单据列表

选择“业务工作”|“财务会计”|“应付款管理”|“制单处理”，制单查询中选择“发票制单”，将凭证类别改为转账凭证，如图3-105所示。

采购发票制单

凭证类别　转账凭证　　　　制单日期　2013-04-09

选择标志	凭证类别	单据类型	单据号	日期	供应商编码	供应商名称	金额
	转账凭证	采购专用发票	004	2013-04-09	01	重庆大江公司	92,430.00

图3-105　采购发票制单

先选择采购发票，然后单击"制单"按钮，进入"填制凭证"窗口，生成的凭证分录如下：
借：材料采购　　　　　　　　　　　79 000
　　应交税费/应交增值税/进项税额　13 430
　　贷：应付账款　　　　　　　　　　92 430
补充输入票号等信息，单击"保存"按钮完成。

3.2.7 采购结算前退货

实验资料

4月9日，收到成都大成公司提供的液晶显示器，数量52台，单价为1200元。验收入原料库。

4月10日，仓库反映有2台显示器有质量问题，退回供应商并办理相关出库手续。

收到成都大成公司开具的50台液晶显示器的专用发票一张，单价1200元。编制应付账款凭证和入库凭证。

实验过程

1. 填制并审核采购入库单

选择"业务工作"|"供应链"|"库存管理"|"入库业务"|"采购入库单"，单击"增加"按钮，输入案例信息，如图3-106所示。

入库单号 005			入库日期 2013-04-09			仓库 原料库	
订单号			到货单号			业务号	
供货单位 大成			部门 采购部			业务员 李天华	
到货日期			业务类型 普通采购			采购类型 普通采购	
入库类别 采购入库			审核日期			备注	
	存货编码	存货名称	主计量单位	数量	本币单价	本币金额	
1	003	液晶显示器	台	52.00	1200.00	62400.00	

图3-106　采购入库单

单击"保存"按钮，再单击"审核"按钮，然后退出。

2. 填制红字采购入库单

选择"业务工作"|"供应链"|"库存管理"|"入库业务"|"采购入库单"，单击"增加"按钮，选择入库单右上角的"红字"，输入案例信息，退货数量填写-2，单价填写1200，如图3-107所示。

图3-107 采购入库单

单击"保存"按钮,再进行审核,然后退出。

3.根据采购入库单生成采购专用发票

选择"业务工作"|"供应链"|"采购管理"|"采购发票"|"专用采购发票",单击"增加"按钮,选择"生单"|"入库单",单据来源类型为"采购入库单",单击"确定"按钮,进入"发票拷贝入库单列表"中,选择要传入数据的入库单。单击"确定"按钮,数据自动传递到发票中。

将发票中的数量改为50,如图3-108所示。单击"保存"按钮完成。

图3-108 专用发票

4.采购结算

选择"业务工作"|"供应链"|"采购管理"|"采购结算"|"手工结算",进入"手工结算"窗口,单击"选单"按钮进入"结算选单"中,再单击"查询"按钮进入查询条件选择,供应商选择"成都大成公司",单击"确定"按钮,选择要结算的单据,如图3-109所示。

图3-109 结算选单

单击"确定"按钮,返回到"手工结算",如图3-110所示。单击"结算"按钮,完成单据之间的勾稽。

结算汇总									
单据类型	存货编号	存货名称	单据号	结算数量	发票数量	暂估单价	暂估金额	发票单价	发票金额
采购发票			005		50.00		0.00	1200.00	60000.00
采购入库单	003	液晶显示器	005	52.00		1200.00	62400.00		
采购入库单			006	-2.00		1200.00	-2400.00		
		合计		50.00	50.00		60000.00		60000.00

图3-110 手工结算

5. 生成应付凭证

选择"业务工作"|"财务会计"|"应付款管理"|"应付单据处理"|"应付单据审核",进入"应付单查询条件",供应商选择"成都大成公司",单击"确定"按钮进入"应付单据列表",如图3-111所示。

			应付单据列表			
▽记录总数: 1						
选择	审核人	单据日期	单据类型	单据号	供应商名称	原币金额
		2013-04-10	采购专用发票	005	成都大成公司	70,200.00

图3-111 应付单据列表

先选择单据,然后单击"审核"按钮,系统显示审核成功。

选择"业务工作"|"财务会计"|"应付款管理"|"制单处理",然后出现"制单查询"窗口,选择"发票制单",选择供应商"成都大成公司",单击"确定"按钮,进入"采购发票制单"窗口,凭证类别选择"转账凭证",如图3-112所示。

		采购发票制单				
凭证类别	转账凭证 ▼	日期 2013-04-10				共 1 条
选择标志	凭证类别	单据类型	单据号	日期	供应商名称	金额
	转账凭证	采购专用发票	005	2013-04-10	成都大成公司	70,200.00

图3-112 采购发票制单

先选择发票,单击"制单"按钮,显示生成的凭证,其凭证分录如下:

借:材料采购   60 000
　　应交税费/应交增值税/进项税额   10 200
　贷:应付账款/大成   70 200

补充输入发票号等后,单击"保存"按钮完成凭证生成。

6. 生成入库凭证

选择"业务工作"|"供应链"|"存货核算"|"业务核算"|"正常单据记账",进入"查询条件选择",可以按照仓库选择,或者选择单据类型(采购入库单),单击"过滤"按钮

后进入"正常单据记账列表",如图3-113所示。

正常单据记账列表

选择	日期	单据号	存货名称	单据类型	仓库名称	收发类别	数量	单价	金额
	2013-04-09	005	液晶显示器	采购入库单	原料库	采购入库	52.00	1,200.00	62,400.00
	2013-04-10	006	液晶显示器	采购入库单	原料库	采购入库	-2.00	1,200.00	-2,400.00
小计							50.00		60,000.00

图3-113　正常单据记账列表

先双击"选择"的记录(全选),单击"记账"按钮完成记账工作。

选择"业务工作"|"供应链"|"存货核算"|"财务核算"|"生成凭证",进入后单击工具栏上的"选择"按钮,在查询条件中选择"(01)采购入库单(报销记账)",单击"确定"按钮,进入"未生成凭证单据一览表",单击"全选"按钮,如图3-114所示。

选择	记账日期	单据日期	单据类型	单据号	仓库	收发类别	业务类型	计价方式	供应商
1	2013-04-10	2013-04-09	采购入库单	005	原料库	采购入库	普通采购	移动平均法	成都大成公司
1	2013-04-10	2013-04-10	采购入库单	006	原料库	采购入库	普通采购	移动平均法	成都大成公司

图3-114　未生成凭证单据一览表

单击"确定"按钮,系统返回"生成凭证"窗口。选择凭证类别为"转账凭证",如图3-115所示。

凭证类别	转 转账凭证								
选择	单据类型	单据号	摘要	科目类型	科目编码	科目名称	借方金额	贷方金额	借方数量
1	采购入库单	005	采购入库单	存货	140301	生产用原材料	62,400.00		52.00
				对方	1401	材料采购		62,400.00	
		006		存货	140301	生产用原材料	-2,400.00		-2.00
				对方	1401	材料采购		-2,400.00	
合计							60,000.00	60,000.00	

图3-115　生成凭证

单击工具栏的"合成"按钮,将两张入库单合成生成一张凭证,凭证分录如下:

借:原材料/生产用原材料　　60 000
　　贷:材料采购　　　　　　60 000

单击"保存"按钮,凭证左上角出现"已生成"标志,表示凭证已经传递到总账。

3.2.8　采购结算后退货

实验资料

4月15日,前期从成都大成公司购入的键盘质量有问题,从原料库退回4个给供货方,单价为95元,同时收到红字专用发票一张。对采购入库单和红字专用采购发票进行业务处理。

实验过程

1. 填制红字采购入库单并审核

选择"业务工作"|"供应链"|"库存管理"|"入库业务"|"采购入库单",单击"增加"按钮,选择右上角的"红字",输入案例信息,退货数量填写-4,单价填写95,如图3-116所示。

采购入库单			
表体排序		○蓝字 ●红字	合并显示 □
入库单号 007	入库日期 2013-04-15		仓库 原料库
订单号	到货单号		业务号
供货单位 大成	部门 采购部		业务员 李天华
到货日期	业务类型 普通采购		采购类型 普通采购
入库类别 采购入库	审核日期		备注

	存货编码	存货名称	主计量单位	数量	本币单价	本币金额
1	004	键盘	个	-4.00	95.00	-380.00

图3-116 采购入库单

单击"保存"按钮,再进行审核,然后退出。

2. 填制红字采购专用发票并执行采购结算

选择"业务工作"|"供应链"|"采购管理"|"采购发票"|"红字专用采购发票",进入后先单击"增加"按钮,选择"生单"|"入库单",进入查询条件设置,可设置供应商条件,单击"确定"按钮,进入后选择相应的入库单。

单击"确定"按钮返回发票中,数据已经传递过来,如图3-117所示。单击"保存"按钮保存,单击"结算"按钮完成自动结算,结算后发票上显示"已结算"标记。

专用发票		显示模版	8163 专用发票显示模版
表体排序			合并显示 □
业务类型 普通采购	发票类型 专用发票		发票号 006
开票日期 2013-04-15	供应商 大成		代垫单位 大成
采购类型 普通采购	税率 17.00		部门名称 采购部
业务员 李天华	币种 人民币		汇率 1
发票日期 2013-04-15	付款条件		备注

	存货编码	存货名称	主计量	数量	原币单价	原币金额	原币税额	原币价税合计	税率
1	004	键盘	个	-4.00	95.00	-380.00	-64.60	-444.60	17.00

图3-117 红字发票

3. 生成应付冲销凭证

选择"业务工作"|"财务会计"|"应付款管理"|"应付单据处理"|"应付单据审核",进入应付单查询条件,供应商选择"成都大成公司",单击"确定"按钮进入"应付单据列表",如图3-118所示。

应付单据列表

选择	审核人	单据日期	单据类型	单据号	供应商名称	原币金额
		2013-04-15	采购专用发票	006	成都大成公司	-444.60

记录总数：1

图3-118　应付单据列表

先选择单据，然后单击"审核"按钮，系统显示审核成功。

选择"业务工作"|"财务会计"|"应付款管理"|"制单处理"，然后进入"制单查询"窗口，选择"发票制单"，选择供应商"成都大成公司"，单击"确定"按钮，进入"采购发票制单"窗口，凭证类别选择"转账凭证"，如图3-119所示。

图3-119　采购发票制单

先选择发票，单击"制单"按钮，显示生成的凭证，其凭证分录如下：

借：材料采购　　　　　　　　　　　-380.00

　　应交税费/应交增值税/进项税额　-64.60

　贷：应付账款/大成　　　　　　　　-444.60

补充输入发票号等后，单击"保存"按钮完成凭证生成。

4. 生成入库凭证

选择"业务工作"|"供应链"|"存货核算"|"业务核算"|"正常单据记账"，进入"查询条件选择"，可以按照仓库选择，或者选择单据类型(采购入库单)，单击"确定"按钮后进入"正常单据记账列表"，如图3-120所示。

正常单据记账列表

选择	日期	单据号	存货编码	存货名称	单据类型	仓库名称	收发类别	数量	单价	金额
	2013-04-15	007	004	键盘	采购入库单	原料库	采购入库	-4.00	95.00	-380.00

记录总数：1

图3-120　正常单据记账列表

先双击所选择的记录，单击"记账"按钮完成记账工作。

选择"业务工作"|"供应链"|"存货核算"|"财务核算"|"生成凭证"，进入后单击工具栏上的"选择"按钮，在查询条件中选择"(01)采购入库单(报销记账)"，单击"确定"按钮，进入"未生成凭证单据一览表"。

选择单据，单击"确定"按钮，系统返回"生成凭证"窗口。选择凭证类别为"转账凭证"，如图3-121所示。

凭证类别	转 转账凭证								
选择	单据类型	单据号	摘要	科目类型	科目编码	科目名称	借方金额	贷方金额	借方数量
1	采购入库单	007	采购入库单	存货	140301	生产用原材料	-380.00		-4.00
				对方	1401	材料采购		-380.00	
合计							-380.00	-380.00	

图3-121 生成凭证

单击工具栏的"生成"按钮,生成的凭证分录如下:

借:原材料/生产用原材料(140301)　　-380
　　贷:材料采购(1401)　　　　　　　　380

单击"保存"按钮,凭证左上角出现"已生成"标志,表示凭证已经传递到总账。

3.2.9 暂估入库处理

实验资料

4月20日,收到上海大坤公司提供的HP打印机50台,入配套用品库。由于到了月底发票仍未收到,进行暂估记账处理,每台的暂估价为1500元。

实验过程

1. 填制并审核采购入库单

选择"业务工作"|"供应链"|"库存管理"|"入库业务"|"采购入库单",单击"增加"按钮,输入案例信息,采购单价不用填写,如图3-122所示。

入库单号 008		入库日期 2013-04-20		仓库　配套用品库		
订单号		到货单号		业务号		
供货单位 大坤		部门 采购部		业务员 杨真		
到货日期		业务类型 普通采购		采购类型 普通采购		
入库类别 采购入库		审核日期		备注		
	存货编码	存货名称	主计量单位	数量	本币单价	本币金额
1	007	HP打印机	台	50.00		

图3-122 采购入库单

单击"保存"按钮,再单击"审核"按钮,然后退出。

2. 月末录入暂估入库成本并生成凭证

选择"业务工作"|"供应链"|"存货核算"|"业务核算"|"暂估成本录入",进入查询条件选择,单击"确定"按钮,进入"暂估成本录入"窗口。可以更改暂估价,如图3-123所示。

					暂估成本录入						
单据日期	单据号	仓库	计量单位	存货名称	业务类型	采购类型	供应商	入库类别	数量	单价	金额
2013-04-20	008	配套用品库	台	HP打印机	普通采购	普通采购	上海大坤公司	采购入库	50.00	1,500.00	75,000.00
合计									50.00		75,000.00

图3-123 暂估成本录入

单击"保存"按钮,提示保存成功表明已经录入完成。

选择"业务工作"|"供应链"|"存货核算"|"业务核算"|"正常单据记账",进入查询条件选择,单击"过滤"按钮,进入"正常单据记账列表",如图3-124所示。

选择	日期	单据号	存货名称	单据类型	仓库名称	收发类别	数量	单价	金额
	2013-04-20	008	HP打印机	采购入库单	配套用品库	采购入库	50.00	1,500.00	75,000.00
小计							50.00		75,000.00

图3-124 正常单据记账列表

选择要记账的单据,单击"记账"按钮,提示记账成功,然后退出。选择"业务工作"|"供应链"|"存货核算"|"财务核算"|"生成凭证",进入"生成凭证"窗口中。单击工具栏的"选择"按钮,在查询条件中选择"采购入库单(暂估记账)",单击"确定"按钮,显示"未生成凭证单据一览表"。

选择要生成凭证的单据(采购入库单),单击"确定"按钮返回"生成凭证"窗口,将凭证类别改为转账凭证,补充应付暂估科目"材料采购(1401)",如图3-125所示。

凭证类别 转 转账凭证

选择	单据类型	单据号	摘要	科目类型	科目编码	科目名称	借方金额	贷方金额
1	采购入库单	008	采购入库单	存货	1405	库存商品	75,000.00	
				应付暂估	1401	材料采购		75,000.00
合计							75,000.00	75,000.00

图3-125 生成凭证

单击"生成"按钮,进入"填制凭证"窗口,生成的凭证分录如下:

借:库存商品(1405)　　　75 000
　　贷:材料采购(1401)　　　75 000

单击"保存"按钮完成生成凭证。

> **实验提示**
>
> 本案例采用的是月初冲回方式。月初,系统自动生成"红字回冲单",自动计入明细账,回冲上月的暂估业务。

3.2.10　采购业务月末结账

1. 结账处理

月末处理一般在本月报表编制完成后,确认当期业务完成,才进行相关的月末结账等处理,这里说明的是具体的方法。

该业务属于采购月结业务。

① 在采购管理月末结账之前,进行账套数据备份。

② 选择"业务工作"|"供应链"|"采购管理"|"月末结账",进入"月末结账"窗口,单击要结账的会计月份,单击"结账"按钮,系统提示结账完成。

> **实验提示**
>
> 未进行期初记账将不能进行月末结账。
>
> 月末结账后,该月的单据将不能修改、删除。该月未输入的单据只能视为下个月的单据处理。
>
> 采购管理月末处理后,才能进行库存管理、核算的月末处理。

2. 取消结账

只有取消库存、核算系统的月末结账,才能取消采购管理系统的月末结账。如果库存、核算的任何一个系统未取消月末结账,那么也不能取消采购管理系统的月末结账。

3.2.11 采购查询

1. 采购明细表

选择"业务工作"|"供应链"|"采购管理"|"报表"|"统计表"|"采购明细表",进入查询条件选择,设置好条件后单击"确定"按钮,如图3-126所示。

采购明细表

发票日期	发票号	供应商简	存货名称	主计量	辅计量	换算率	数量	本币单价	本币金额	本币税额	本币价税合计
2013-04-03	001	大成	键盘	个			300.00	95.00	28,500.00	4,845.00	33,345.00
2013-04-04	002	大成	鼠标	只	箱	12.00	360.00	50.00	18,000.00	3,060.00	21,060.00
2013-04-06	001	大成	运费	千米					558.00	42.00	600.00
2013-04-06	003	大成	2T硬盘	盒	箱	10.00	200.00	800.00	160,000.00	27,200.00	187,200.00
2013-04-06	003	大成	鼠标	只	箱	12.00	60.00	50.00	3,000.00	510.00	3,510.00
2013-04-09	004	大江	2T硬盘	盒	箱	10.00	100.00	790.00	79,000.00	13,430.00	92,430.00
2013-04-10	005	大成	液晶显…	台			50.00	1,200.00	60,000.00	10,200.00	70,200.00
2013-04-15	006	大成	键盘	个			-4.00	95.00	-380.00	-64.60	-444.60
总计							1,066.00		348,678.00	59,222.40	407,900.40

图3-126 采购明细表

表中显示的内容和格式,可以单击工具栏的"格式"按钮进行调整,如图3-127所示。

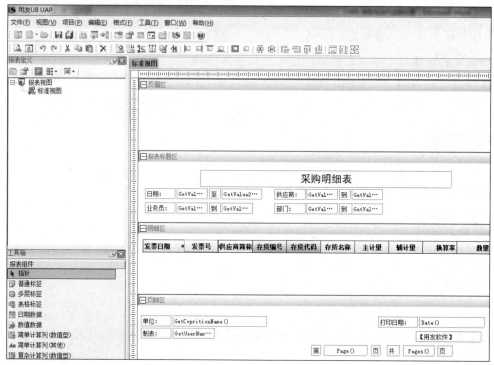

图3-127 报表格式设计

2. 入库明细表

选择"业务工作"|"供应链"|"采购管理"|"报表"|"统计表"|"入库明细表",进入查询条件选择,设置好条件后单击"确定"按钮,如图3-128所示。

入库日期	入库单号	仓库名称	供应商简	存货名称	主计量	入库数量	本币单价	本币金额
2013-04-03	002	原料库	大成	键盘	个	300.00	95.00	28,500.00
2013-04-04	003	原料库	大成	鼠标	只	360.00	50.00	18,000.00
2013-04-06	004	原料库	大成	2T硬盘	盒	200.00	802.74	160,547.73
2013-04-06	004	原料库	大成	鼠标	只	60.00	50.17	3,010.27
2013-04-09	005	原料库	大成	液晶显示器	台	52.00	1,200.00	62,400.00
2013-04-10	006	原料库	大成	液晶显示器	台	-2.00	1,200.00	-2,400.00
2013-04-15	007	原料库	大成	键盘	个	-4.00	95.00	-380.00
2013-04-20	008	配套用…	大坤	HP打印机	台	50.00	1,500.00	75,000.00
总计						1,016.00		344,678.00

图3-128 入库明细表

3. 采购发票列表

选择"业务工作"|"供应链"|"采购管理"|"采购发票"|"采购发票列表",进入查询条件选择,查询结果如图3-129所示。

采购发票列表

选择	发票号	开票日期	供应商	存货名称	主计量	数量	原币无税单价	原币金额	原币税额	原币价税合计
	001	2013-04-03	大成	键盘	个	300.00	95.00	28,500.00	4,845.00	33,345.00
	002	2013-04-04	大成	鼠标	只	360.00	50.00	18,000.00	3,060.00	21,060.00
	003	2013-04-06	大成	2T硬盘	盒	200.00	800.00	160,000.00	27,200.00	187,200.00
	003	2013-04-06	大成	鼠标	只	60.00	50.00	3,000.00	510.00	3,510.00
	001	2013-04-06	大成	运费	千米			558.00	42.00	600.00
	004	2013-04-09	大江	2T硬盘	盒	100.00	790.00	79,000.00	13,430.00	92,430.00
	005	2013-04-10	大成	液晶显示器	台	50.00	1,200.00	60,000.00	10,200.00	70,200.00
	006	2013-04-15	大成	键盘	个	-4.00	95.00	-380.00	-64.60	-444.60
合计						1,066.00		348,678.00	59,222.40	407,900.40

记录总数：8

图3-129　采购发票列表

4. 结算明细表

选择"业务工作"|"供应链"|"采购管理"|"报表"|"统计表"|"结算明细表"，进入查询条件选择，设置好条件后单击"确定"按钮，如图3-130所示。

结算日期	结算单号	供应商简称	存货名称	主计量	结算数量	结算单价	结算金额	费用	发票号	入库单号
2013-04-06	000000000000003	大成	2T硬盘	盒	200.00	802.74	160,547.73	547.73	003	004
2013-04-09	000000000000004	大江	2T硬盘	盒	100.00	790.00	79,000.00		004	001
2013-04-10	000000000000005	大成	液晶显…	台	50.00	1,200.00	60,000.00		005	006
2013-04-03	000000000000001	大成	键盘	个	300.00	95.00	28,500.00		001	002
2013-04-15	000000000000006	大成	键盘	个	-4.00	95.00	-380.00		006	007
2013-04-04	000000000000002	大成	鼠标	只	360.00	50.00	18,000.00		002	003
2013-04-06	000000000000003	大成	鼠标	只	60.00	50.17	3,010.27	10.27	003	004
总计					1,066.00		348,678.00	558.00		

图3-130　结算明细表

5. 未完成业务明细表

选择"业务工作"|"供应链"|"采购管理"|"报表"|"统计表"|"未完成业务明细表"，进入查询条件选择，设置好条件后单击"确定"按钮，如图3-131所示。

单据类型	单据号	日期	结算日期	供应商简称	存货名称	主计量	未结数量	暂估单价	未结金额
采购入库单	008	2013-04-20		大坤	HP打印机	台	50.00	1,500.00	75,000.00
总计							50.00		75,000.00

图3-131　未完成业务明细表

3.3　应付款管理

3.3.1　概述

应付款管理系统通过其他应付单、付款单等单据的录入和处理，对企业的往来账款进行综合管理，及时、准确地提供供应商的往来账款余额资料，提供各种分析报表，帮助企业合理地进行资金的调配，提高资金的利用率。

应付业务处理流程如图3-132所示。

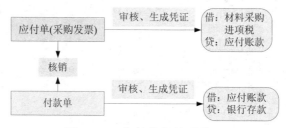

图3-132　应付业务处理流程

3.3.2　付款业务

实验资料

4月17日，财务部开出转账支票一张(支票号ZZ777)，金额为12 000元，支付重庆大江公司前欠部分货款。

实验过程

1. 填制付款单

选择"业务工作"|"财务会计"|"应付款管理"|"付款单据处理"|"付款单据录入"，单击"增加"按钮，输入付款资料信息，如图3-133所示。

单据编号	003		日期	2013-04-17		供应商	大江
结算方式	转账支票		结算科目	100201		币种	人民币
汇率	1.00000000		金额	12000.00		本币金额	12000.00
供应商银行	中行		供应商账号	3367		票据号	ZZ777
部门	采购部		业务员	李天华		项目	
摘要	支付货款						

	款项类型	供应商	科目	金额	本币金额	部门	业务员	项目
1	应付款	大江	2202	12000.00	12000.00	采购部	李天华	

图3-133　付款单

单击"保存"按钮，再单击"审核"按钮，系统提示"是否立即制单"，回答"是"，生成的凭证分录如下：

　　借：应付账款/大江　　　　12 000
　　　　贷：银行存款/工行存款　　12 000

补充票号等信息后，单击"保存"按钮完成凭证生成。

2. 查询业务明细账

选择"业务工作"|"财务会计"|"应付款管理"|"账表管理"|"业务报表"|"业务明细账"，选择"重庆大江公司"，如图3-134所示。

年	月	日	凭证号	摘要	单据类型	单据号	本期应付 本币	本期付款 本币	余额 本币
				期初余额					276,850.00
2013	4	9	转-0008	采购专用发票	采购专用发票	004	92,430.00		369,280.00
2013	4	17	付-0009	支付货款	付款单	003		12,000.00	357,280.00
							92,430.00	12,000.00	357,280.00

图3-134 应付明细账(重庆大江公司)

3.3.3 查询

1. 应付款余额表

选择"业务工作"|"财务会计"|"应付款管理"|"账表管理"|"业务报表"|"业务余额表",如图3-135所示。

供应商编码	供应商名称	期初 本币	本期应付 本币	本期付款 本币	余额 本币
01	重庆大江公司	276,850.00	92,430.00	12,000.00	357,280.00
(小计)01		276,850.00	92,430.00	12,000.00	357,280.00
02	成都大成公司	0.00	294,410.40	33,345.00	261,065.40
(小计)02		0.00	294,410.40	33,345.00	261,065.40
总计		276,850.00	386,840.40	45,345.00	618,345.40

图3-135 应付余额表

2. 应付账龄分析

选择"业务工作"|"财务会计"|"应付款管理"|"账表管理"|"统计分析"|"应付账龄分析"进行查看,如图3-136所示。

供应商 编号	名称	本币余额	账期内 本币金额	%	1-30 本币金额	%	31-60 本币金额	%	61-90 本币金额	%
01	重庆大江公司	369,280.00			92,430.00	25.03			276,850.00	74.97
02	成都大成公司	294,410.40			294,410.40	100.00				
数量					2				1	
金额		663,690.40			386,840.40	58.29			276,850.00	41.71

图3-136 应付账龄分析

3.3.4 期末处理

期末处理是指进行的期末结账工作。如果当月业务已全部处理完毕,就需要执行月末结账功能,只有月末结账后,才可以开始下月工作。

第4章

销售与应收业务处理

4.1 销售管理

4.1.1 销售管理功能概述

销售管理是U8软件供应链管理系统中的一个子系统,它一般与采购、库存、存货核算、总账系统等一起使用,彼此之间共享数据,联系紧密,共同组成完整的业务处理系统。

与采购管理系统类似,在第一次使用销售管理系统处理日常销售业务之前,也要将日常业务中要使用的目录档案准备好。

这些目录档案有些在进行基础设置时已经完成,如存货分类、客户分类、存货档案、客户档案等;有些档案可以在启用销售管理系统后进行设置,如本企业开户银行、费用项目等。如果本企业开户银行档案没有数据,那么系统就不能完成专用发票的填制操作,也就是说,如果企业只填制普通发票,那么也可以不设置开户银行的信息。同样的道理,如果在销售过程中不产生其他的代垫费用,用户也可以不设置费用项目档案。

U8软件的销售管理系统,主要功能如下。

1. 设置

销售管理系统的初始设置主要是根据企业的需要建立销售业务应用环境,将U8软件的销售管理变成适合本单位实际需要的专用系统。其中包括定义存货分类、地区分类、客户分类、收发类别、部门、结算方式的编码方案,定义存货数量、存货单价和开票单价显示的小数位数,设置存货档案、客户档案、本企业开户银行、费用项目等内容。这些初始数据一般在基础设置中进行设置。在启用销售管理系统后,有新增的档案信息也可以继续在基础设置中进行添加。

其他的设置已经在前面内容中讲解,这里主要进行报价含税的设置。选择"业务工作"|"供应链"|"销售管理"|"设置"|"销售选项"后,选择"业务控制"选项卡,不选

择"报价含税",其他采用默认设置,如图4-1所示。

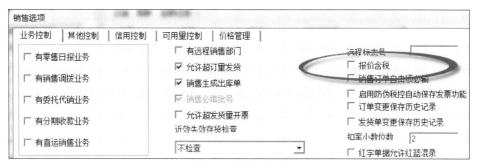

图4-1 销售选项

2. 销售订单

销售订单是反映由购销双方确认的客户购货需求的单据。对于销售业务规范化管理的企业而言,销售业务的进行须经历一个由客户询价、销售业务部门报价、双方签订购销合同(或达成口头购销协议)的过程。订单作为合同或协议的载体而存在,成为销售发货的日期、货物明细、价格、数量等事项的依据。企业根据销售订单组织货源或组织生产,并对订单的执行进行管理、控制和追踪。在先发货后开票业务模式下,发货单可以根据销售订单开具;在开票直接发货业务模式下,销售发票可以根据销售订单开具。

在销售管理系统中,销售订单并不是缺一不可的,也可以不录入销售订单,而直接录入发货单或销售发票。

3. 发货单

发货单是普通销售发货业务的执行载体。在先发货后开票业务模式下,发货单由销售部门根据销售订单产生;在开票直接发货业务模式下,发货单由销售部门根据销售发票产生,并作为货物发出的依据。而且在此情况下,发货单只能浏览,不能进行增删改等操作。

在先发货后开票业务模式下,发货单必须经过审核,数据才能记入相关的账表,同时生成与该单据有关联的其他单据,如销售发票。

4. 销售发票

销售发票是指给客户开具的增值税专用发票、普通发票及其所附清单等原始销售票据。销售发票可以由销售部门参照发货单生成,即先发货后开票业务模式;也可以参照销售订单生成或直接填制,即开票直接发货业务模式。

参照订单生成或直接填制的销售发票经复核后自动生成发货单,并根据参数设置生成销售出库单,或由库存系统参照已复核的销售发票生成销售出库单。一张订单或发货单可以拆分生成多张销售发票,也可以用多张订单或发货单汇总生成一张销售发票。销售发票经复核后登记应收账款。

5. 收款结算

收款结算功能主要处理销售过程中发生的各种款项的收入操作,冲销已登记的应收账款。

6. 查询

销售管理提供了多种账表查询,如销售订单列表、发票列表、发货单列表、销售明细表、销售统计表等。灵活运用这些报表,可以对销售订单、发货单、销售发票、销售收入明细账等进行查询,以提高信息的利用率和销售管理水平。

7. 销售业务处理流程

销售业务涉及销售、库存和生成凭证等环节,其主要业务处理流程如图4-2所示。

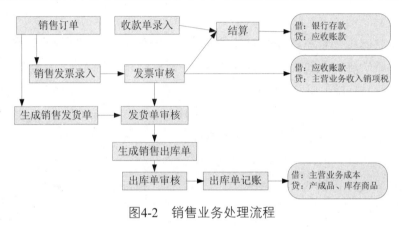

图4-2 销售业务处理流程

4.1.2 常规销售业务

实验资料

(1) 4月5日,天津大华公司欲购买10台税控Ⅱ号A,向销售部了解价格。销售部报价为6500元/台。客户确定购买,填制并审核报价单。

该客户进一步了解情况后,要求订购20台,要求发货日期为4月8日。填制并审核销售订单。销售部门向成品库发出发货通知。

(2) 4月8日,从成品仓库向天津大华公司发出其所订货物,并据此开具专用销售发票一张。业务部门将销售发票(留存联)交给财务部门,财务部门结转此业务的收入和成本。

(3) 4月12日,财务部收到天津大华公司转账支票一张,金额152 100元,支票号ZP1155,款项汇入工行账户。据此填制收款单并制单。

实验过程

1. 填制并审核报价单

选择"业务工作"|"供应链"|"销售管理"|"销售报价"|"销售报价单",单击"增

加"按钮，输入相关信息，如图4-3所示。

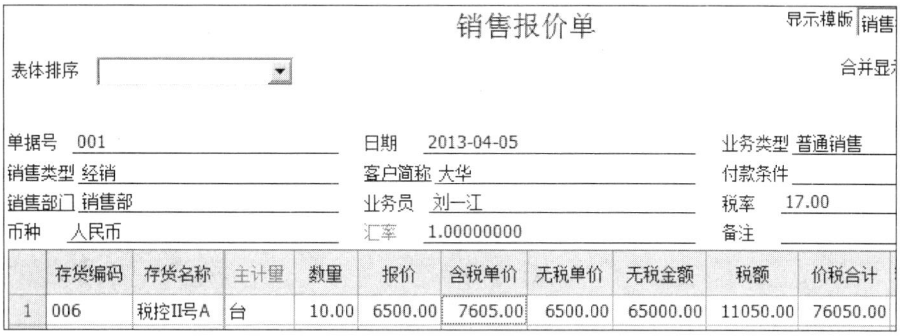

图4-3 销售报价单

单击"保存"按钮，再单击"审核"按钮进行审核。

2. 填制并审核销售订单

选择"业务工作"|"供应链"|"销售管理"|"销售订货"|"销售订单"，单击"增加"按钮，选择"生单"|"报价"，进入查询条件选择，输入查询条件，如设置客户编码，单击"确定"按钮，进入"参照生单"窗口，选择报价单，如图4-4所示。

图4-4 参照生单(订单参照报价单)

单击"确定"按钮，将数据复制到销售订单中，再修改发货日期、数量等相关信息，如图4-5所示。

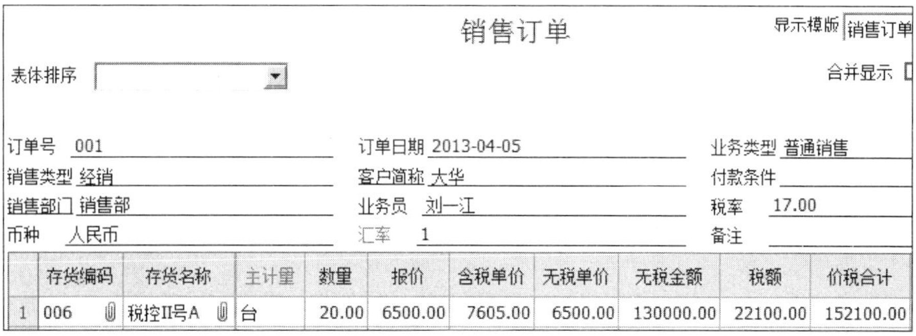

图4-5 销售订单

单击"保存"按钮，然后单击"审核"按钮完成。

3. 填制并审核销售发货单

选择"业务工作"|"供应链"|"销售管理"|"销售发货"|"发货单"，单击"增加"按钮，进入查询条件设置，单击"确定"按钮进入"参照生单"窗口，选择要参照的单据，如图4-6所示。

选择	业务类型	销售类型	订单号	订单日期	开票单位编码	开票单位名称	销售部门	业务员	税率(%)
Y	普通销售	经销	001	2013-04-05	02	大华	销售部	刘一江	17.00
合计									

发货单参照订单　☐ 选中合计

记录总数：1

选择	订单号	货物名称	预发货日期	可发货数量	含税单价	无税单价	可发货无税金额	可发货税额	可发货价税合计
Y	001	税控II号A	2013-04-08	20.00	7,605.00	6,500.00	130,000.00	22,100.00	152,100.00
合计				20.00			130,000.00	22,100.00	152,100.00

图4-6　参照生单(发货单参照订单)

单击"确定"按钮，返回"发货单"，输入发货日期等，如图4-7所示。

发货单　　显示模版｜发货单显

表体排序　[　　　▼]　　　　　　　　　　　　　　　　　合并显示

发货单号 002　　　　　　　发货日期 2013-04-08　　　　　业务类型 普通销售
销售类型 经销　　　　　　　订单号 001　　　　　　　　　发票号
客户简称 大华　　　　　　　销售部门 销售部　　　　　　　业务员 刘一江
发货地址　　　　　　　　　发运方式　　　　　　　　　　付款条件
税率 17.00　　　　　　　　币种 人民币　　　　　　　　　汇率 1
备注

	仓库名称	存货编码	存货名称	主计量	数量	报价	含税单价	无税金额	税额	价税合计
1	成品库	006	税控II号A	台	20.00	6500.00	7605.00	130000.00	22100.00	152100.00

图4-7　发货单

单击"保存"按钮，再单击"审核"按钮完成。也可以选择"业务工作"|"供应链"|"销售管理"|"销售发货"|"发货单列表"，对单据进行审核或取消审核。

4. 依据发货单填制并复核销售发票

选择"业务工作"|"供应链"|"销售管理"|"设置"|"销售选项"，选择"其他控制"，将新增发票默认改为"参照发货"。

实验提示

　　一些控制参数在实际运行中可以根据需要进行调整。

选择"业务工作"|"供应链"|"销售管理"|"销售开票"|"销售专用发票"，单击"增加"按钮，进入查询条件设置，单击"确定"按钮，进入"参照生单"窗口，选择要参

照的单据，如图4-8所示。

选择	税率(%)	业务类型	销售类型	发货单号	发货日期	币名	汇率	开票单位编码	客户简
	17.00	普通销售	经销	001	2013-03-28	人民币	1.00000000	02	大华
Y	17.00	普通销售	经销	002	2013-04-08	人民币	1.00000000	02	大华
合计									

发票参照发货单 □ 选中合计

记录总数:1

选择	订单号	仓库	货物编号	货物名称	未开票数量	数量	无税金额	税额	价税合计
Y	001	成品库	006	税控II号A	20.00	20.00	130,000.00	22,100.00	152,100.00
合计					20.00	20.00	130,000.00	22,100.00	152,100.00

图4-8　参照生单

单击"确定"按钮，从发货单拷贝数据到销售专用发票，如图4-9所示。

销售专用发票　显示模版

表体排序 _____

发票号 001　　开票日期 2013-04-08　　业务类型 普通销售
销售类型 经销　　订单号 001　　发货单号 002
客户简称 大华　　销售部门 销售部　　业务员 刘一江
付款条件 _____　　客户地址 天津市滨海区东风路8号　　联系电话 _____
开户银行 工行东风支行　　账号 5581　　税号 32310
币种 人民币　　汇率 1　　税率 17.00
备注 _____

仓库名称	存货名称	主计量	数量	报价	含税单价	无税金额	税额	价税合计
成品库	税控II号A	台	20.00	6500.00	7605.00	130000.00	22100.00	152100.00

图4-9　销售专用发票

单击"保存"按钮，再单击"复核"按钮完成复核工作。

实验提示

在票据处理的流程中，只有复核或审核了的票据才能进入下一业务流程的处理，没有复核或审核的票据，在下一处理步骤一般是不能查询或获取数据的。

5.审核销售专用发票并生成销售收入凭证

选择"业务工作"|"财务会计"|"应收款管理"|"应收单据处理"|"应收单据审核"，进入应收单查询条件设置，单据名称选择"销售发票"，单击"确定"按钮，进入"应收单据列表"窗口，在"选择"栏目下对要审核的行进行双击，然后单击"审核"按钮完成审核工作，如图4-10所示。

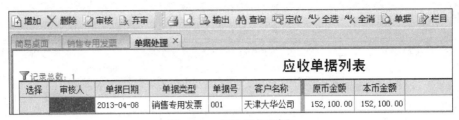

图4-10　应收单据列表

选择"业务工作"|"财务会计"|"应收款管理"|"制单处理",进入制单查询,选择发票制单,单击"确定"按钮,进入"发票制单",如图4-11所示。

图4-11　发票制单

将凭证类型改为"转账凭证",单击"全选"按钮,再单击"制单"按钮,然后进入"填制凭证"窗口,生成的凭证分录如下:

　　借:应收账款(1122)/大华　　　　　　　　　　152 100

　　　贷:主营业务收入(6001)　　　　　　　　　 130 000

　　　　 应交税费/应交增值税/销项税额(22210105)　22 100

补充票号等信息,单击"保存"按钮完成凭证制作,凭证自动传送到总账。

6. 审核销售出库单

可以查看"业务工作"|"供应链"|"销售管理"|"设置"|"销售选项"中的"业务控制"参数设置,默认是选择了"销售生成出库单",如果不是就需要改为本设置。

因此,销售出库单在填制销售发货单的时候就自动生成了销售出库单,只需要将销售出库单调出来进行审核即可。若未生成,就需要在库存管理中通过参照完成销售出库单的输入。

选择"供应链"|"库存管理"|"单据列表"|"销售出库单列表",进入查询条件选择,根据需要进行设置,然后进入"销售出库单列表",如图4-12所示。双击可打开销售出库单,先选要审核的出库单,单击"审核"按钮完成审核工作。

			销售出库单列表							
记录总数:1										
选择	记账人	仓库	出库日期	出库单号	出库类别	客户	存货名称	数量	单价	金额
		成品库	2013-04-08	001	销售出库	大华	税控Ⅱ号A	20.00		

图4-12　销售出库单列表

7. 销售出库单记账

选择"业务工作"|"供应链"|"存货核算"|"业务核算"|"正常单据记账",进入查询条件设置,可设置仓库为成品库,单击"确定"按钮,进入"正常单据记账列表",如图4-13所示。

选择	日期	单据号	存货编码	存货名称	存货代码	单据类型	仓库名称	收发类别	数量	单价	金额
	2013-04-08	001	006	税控II号A		专用发票	成品库	销售出库	20.00		
小计									20.00		

图4-13 正常单据记账列表

实验提示

正常单据记账有记账的日期控制,即新记账的日期只能在前面已经记账的日期之后。可以重新登录,满足记账的日期控制要求。记账后再登录,改为业务日期。

先选择要记账的单据,然后单击"记账"按钮,会显示记账成功信息。

成品库和配套用品库的物料计价采用的是全月平均法,因此成本需要在月末统一结转。

选择"业务工作"|"供应链"|"存货核算"|"账表"|"账簿"|"明细账",进入明细账查询条件设置。选择成品仓库,存货选择税控II号A,单击"确定"按钮,可以查看到单据记账后的情况,如图4-14所示。

记账日期	2013年 月	日	凭证号	摘要 凭证摘要	收发类别	收入 数量	单价	金额	发出 数量	单价	金额	结存 数量	单价	金额
				期初结存								380.00	4,800.00	824,000.00
2013-04-20	4	20			销售出库				20.00			360.00	5,066.67	824,000.00
				4月合计		0.00		0.00	20.00		0.00	360.00	5,066.67	824,000.00
				本年累计		0.00		0.00	20.00		0.00			

图4-14 明细账

8. 输入收款单并制单

选择"业务工作"|"财务会计"|"应收款管理"|"收款单据处理"|"收款单据录入",单击"增加"按钮,输入收款单中的有关项目,如图4-15所示。

单据编号 001		日期 2013-04-12		客户 大华	
结算方式 转账支票		结算科目 100201		币种 人民币	
汇率 1.00000000		金额 152100.00		本币金额 152100.00	
客户银行 工行东风支行		客户账号 5581		票据号 ZP1155	
部门 销售部		业务员 刘一江		项目	
摘要					
	款项类型	客户	部门	业务员	金额	本币金额	科目	项目
1	应收款	大华	销售部	刘一江	152100.00	152100.00	1122	

图4-15 收款单

单击"保存"按钮,再单击"审核"按钮,系统提示"是否立即制单",选择"是",

系统生成收款凭证，凭证分录为：

借：银行存款/工行存款(100201)　　　　152 100
　　贷：应收账款(1122)/大华　　　　　　152 100

补充票号等信息，单击"保存"按钮，生成的凭证传递到总账系统中。

4.1.3 商业折扣的处理

实验资料

4月12日，销售部向天津大华公司出售HP打印机10台，报价为2400元/台(不含税价，含税价为2808元)，通知库房发货，然后货物从配套用品库发出。

最后商定的成交价为报价的90%，根据上述发货单开具专用发票一张，编制应收账款凭证。

实验过程

1. 填制并审核发货单

选择"业务工作"|"供应链"|"销售管理"|"销售发货"|"发货单"，单击"增加"按钮，进入查询条件选择，单击"取消"按钮，输入案例数据，如图4-16所示。

发货单号	003		发货日期	2013-04-12		业务类型	普通销售
销售类型	经销		订单号			发票号	
客户简称	大华		销售部门	销售部		业务员	刘一江
发货地址			发运方式			付款条件	
税率	17.00		币种	人民币		汇率	1.00000000
备注							

	仓库名称	存货编码	存货名称	主计量	数量	报价	含税单价	无税金额	税额	价税合计
1	配套用品库	007	HP打印机	台	10.00	2400.00	2808.00	24000.00	4080.00	28080.00

图4-16　发货单

单击"保存"按钮，再单击"审核"按钮完成。

2. 填制并复核销售发票

选择"业务工作"|"供应链"|"销售管理"|"销售开票"|"销售专用发票"，单击"增加"按钮，进入查询条件选择，客户选择"天津大华公司"，进入"参照生单"窗口后，选择要参照的发货单。

单击"确定"按钮，返回"销售专用发票"，自动将发货单的数据拷贝了过来，按照90%的优惠更改报价(2160元)，如图4-17所示。

发票号	002		开票日期	2013-04-12		业务类型	普通销售
销售类型	经销		订单号			发货单号	003
客户简称	大华		销售部门	销售部		业务员	刘一江
付款条件			客户地址	天津市滨海区东风路8号		联系电话	
开户银行	工行东风支行		账号	5581		税号	32310
币种	人民币		汇率	1		税率	17.00
备注							

	仓库名称	存货编码	存货名称	主计量	数量	报价	含税单价	无税金额	税额	价税合计
1	配套用品库	007	HP打印机	台	10.00	2160.00	2527.20	21600.00	3672.00	25272.00

图4-17 销售专用发票

单击"保存"按钮,然后单击"复核"按钮完成填制工作。

3. 审核销售专用发票并生成销售收入凭证

选择"业务工作"|"财务会计"|"应收款管理"|"应收单据处理"|"应收单据审核",进入应收单查询条件设置。单据名称选择"销售发票",单击"确定"按钮,进入"应收单据列表"窗口,在"选择"栏目下要审核的行进行双击,然后单击"审核"按钮完成审核工作,如图4-18所示。

应收单据列表

记录总数: 1

选择	审核人	单据日期	单据类型	单据号	客户名称	原币金额
		2013-04-12	销售专用发票	002	天津大华公司	25,272.00

图4-18 应收单据列表

选择"业务工作"|"财务会计"|"应收款管理"|"制单处理",进入制单查询,选择发票制单,单击"确定"按钮,进入"销售发票制单"窗口,如图4-19所示。

销售发票制单

凭证类别 转账凭证   制单日期 2013-04-12   共 1

选择标志	凭证类别	单据类型	单据号	日期	客户编码	客户名称	金额
	转账凭证	销售专用发票	002	2013-04-12	02	天津大华公司	25,272.00

图4-19 发票制单

将凭证类型改为"转账凭证",单击"全选"按钮,再单击"制单"按钮,然后进入"填制凭证"窗口,生成的凭证分录如下:

借:应收账款(1122)/大华贸易   25 272
　　贷:主营业务收入(6001)   21 600
　　　　应交税费/应交增值税/销项税额(22210105)   3672

补充发票号等信息,单击"保存"按钮完成凭证制作,凭证自动传送到总账。

4. 销售出库单记账

选择"业务工作"|"供应链"|"存货核算"|"业务核算"|"正常单据记账",进入查

询条件设置，可设置仓库为配套用品库，单击"确定"按钮，进入"正常单据记账列表"，如图4-20所示。先选择要记账的单据，然后单击"记账"按钮，会显示记账成功。

选择	日期	单据号	存货编码	存货名称	单据类型	仓库名称	收发类别	数量
	2013-04-12	002	007	HP打印机	专用发票	配套用品库	销售出库	10.00

图4-20　正常单据记账列表

4.1.4　现结业务

实验资料

4月15日，向湖南宇子公司销售专用发票纸200箱，每箱180元(不含税价)；普通发票纸150箱，每箱150元(不含税价)。专用发票已开，商品已从成品库出库，款项转账支票已经收入工行户，支票号YZ6767。

实验过程

1. 填制并审核发货单

选择"业务工作"|"供应链"|"销售管理"|"销售发货"|"发货单"，单击"增加"按钮，进入查询条件选择，单击"取消"按钮，输入案例数据，如图4-21所示。输入后先保存然后进行审核。

发货单号　004　　　　　　　发货日期　2013-04-15　　　　业务类型　普通销售
销售类型　经销　　　　　　　订单号　　　　　　　　　　　发票号
客户简称　宇子　　　　　　　销售部门　销售部　　　　　　业务员　朱小明
发货地址　　　　　　　　　　发运方式　　　　　　　　　　付款条件
税率　　　17.00　　　　　　 币种　　　人民币　　　　　　汇率　　1.00000000
备注

	仓库名称	存货编码	存货名称	主计量	数量	报价	含税单价	无税金额	税额	价税合计
1	成品库	010	专用发票纸	箱	200.00	180.00	210.60	36000.00	6120.00	42120.00
2	成品库	011	普通发票纸	箱	150.00	150.00	175.50	22500.00	3825.00	26325.00

图4-21　发货单

2. 填制销售专用发票并执行现结

选择"业务工作"|"供应链"|"销售管理"|"销售开票"|"销售专用发票"，单击"增加"按钮，进入查询条件选择，客户选择"湖南宇子公司"，单击"确定"按钮进入"参照生单"窗口，选择要参照的发货单(专用发票纸和普通发票纸)。

单击"确定"按钮，返回"销售专用发票"，会自动将发货单的数据拷贝过来，如图4-22所示。单击"保存"按钮完成填制。

	发票号 003				开票日期 2013-04-15			业务类型 普通销售	
	销售类型 经销				订单号			发货单号 004	
	客户简称 宇子				销售部门 销售部			业务员 朱小明	
	付款条件				客户地址 长沙市路口路77号			联系电话	
	开户银行 中行路口支行				账号 1717			税号 01121	
	币种 人民币				汇率 1			税率 17.00	
	备注								

	仓库名称	存货编码	存货名称	主计量	数量	报价	含税单价	无税金额	税额	价税合计
1	成品库	010	专用发票纸	箱	200.00	180.00	210.60	36000.00	6120.00	42120.00
2	成品库	011	普通发票纸	箱	150.00	150.00	175.50	22500.00	3825.00	26325.00

图4-22　销售专用发票

单击"现结"按钮，进入"现结"窗口，输入现结资料，如图4-23所示。

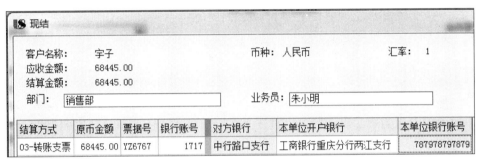

图4-23　现结

单击"确定"按钮，返回"销售专用发票"，这时候发票左上角显示"现结"标记。单击"复核"按钮，对现结发票进行复核。

实验提示

应在销售发票复核前进行现结处理。
销售发票复核后才能在应收款管理中进行现结制单。

3. 审核应收单据和现结制单

选择"业务工作"|"财务会计"|"应收款管理"|"应收单据处理"|"应收单据审核"，进入应收查询条件，勾选"包含已现结发票"，单击"确定"按钮，如图4-24所示。选择单据，再单击"审核"按钮。

应收单据列表

记录总数：1

选择	审核人	单据日期	单据类型	单据号	客户名称	原币金额
		2013-04-15	销售专用发票	003	湖南宇子公司	68,445.00

图4-24　应收单据列表

选择"业务工作"|"财务会计"|"应收款管理"|"制单处理"，进入制单查询，勾选"现结制单"，单击"确定"按钮，进入"现结制单"窗口，如图4-25所示。

				现结制单				
凭证类别		收款凭证		制单日期	2013-04-15			共 1 条
选择标志	凭证类别	单据类型	单据号	日期	客户编号	客户名称		金额
	收款凭证	现结	002	2013-04-15	05	湖南宇子公司		68,445.00

图4-25 现结制单

先单击"全选"按钮,再单击"制单"按钮,进入"填制凭证",生成的收款凭证分录如下:

借:银行存款/工行存款(100201)　　　　　　　68 445
　　贷:主营业务收入(6001)　　　　　　　　　　58 500
　　　　应交税费/应交增值税/销项税额(22210105)　　9945

单击"保存"按钮,生成的凭证将自动转到总账。

4. 销售出库单记账

选择"业务工作"|"供应链"|"存货核算"|"业务核算"|"正常单据记账",进入条件设置,可设置仓库为成品库,单击"过滤"按钮,进入"正常单据记账列表",如图4-26所示。

				正常单据记账列表					
记录总数:2									
选择	日期	单据号	存货编码	存货名称	单据类型	仓库名称	收发类别	数量	单价	金额
	2013-04-15	003	011	普通发票纸	专用发票	成品库	销售出库	150.00		
	2013-04-15	003	010	专用发票纸	专用发票	成品库	销售出库	200.00		
小计								350.00		

图4-26 正常单据记账列表

单击"全选"按钮,然后单击"记账"按钮,会显示记账成功。

4.1.5　补开上月发票业务

实验资料

原业务(期初数据):3月28日,销售部向天津大华公司出售税控Ⅱ号A10台,报价(无税单价)为6500元,由成品仓库发货。该发货单尚未开票。

4月15日,向天津大华公司开具销售专用发票,经商定无税单价6400元,款项转账支票已经收入工行户,支票号TJ1234。

实验过程

1. 填制销售专用发票并执行现结

选择"业务工作"|"供应链"|"销售管理"|"销售开票"|"销售专用发票",单击

"增加"按钮,进入查询条件选择,客户选择"天津大华公司",单击"确定"按钮进入"参照生单"窗口,选择要参照的发货单。

单击"确定"按钮,返回"销售专用发票",会自动将发货单的数据拷贝过来,然后修改单价,如图4-27所示。单击"保存"按钮完成填制。

发票号	004			开票日期	2013-04-15			业务类型	普通销售	
销售类型	经销			订单号				发货单号	001	
客户简称	大华			销售部门	销售部			业务员	刘一江	
付款条件				客户地址	天津市滨海区东风路8号			联系电话		
开户银行	工行东风支行			账号	5581			税号	32310	
币种	人民币			汇率	1			税率	17.00	
备注										
	仓库名称	存货编码	存货名称	主计量	数量	报价	含税单价	无税金额	税额	价税合计
1	成品库	006	税控II号A	台	10.00	6400.00	7488.00	64000.00	10880.00	74880.00

图4-27 销售专用发票

单击"现结"按钮,进入"现结"窗口,输入现结资料,如图4-28所示。

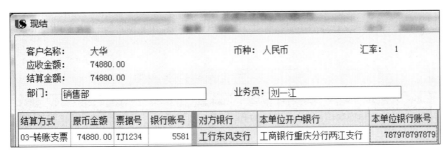

图4-28 现结

单击"确定"按钮,返回"销售专用发票",这时候发票左上角显示"现结"标记。单击"复核"按钮,对现结发票进行复核。

2. 审核应收单据和现结制单

选择"业务工作"|"财务会计"|"应收款管理"|"应收单据处理"|"应收单据审核",进入应收单查询条件,勾选"包含已现结发票",单击"确定"按钮,如图4-29所示。

应收单据列表

记录总数:1					
选择	审核人	单据日期	单据类型	单据号	客户名称	原币金额
		2013-04-15	销售专用发票	004	天津大华公司	74,880.00

图4-29 应收单据列表

选择单据,再单击"审核"按钮。

选择"业务工作"|"财务会计"|"应收款管理"|"制单处理",进入制单查询,勾选"现结制单",单击"确定"按钮,进入"现结制单",如图4-30所示。

图4-30 现结制单

先单击"全选"按钮,再单击"制单"按钮,进入"填制凭证",生成的收款凭证分录如下:

借:银行存款/工行存款(100201)　　　　　　74 880
　　贷:主营业务收入(6001)　　　　　　　　　64 000
　　　　应交税费/应交增值税/销项税额(22210105)　10 880

单击"保存"按钮,生成的凭证将自动转到总账。

3. 销售出库单记账

选择"业务工作"|"供应链"|"存货核算"|"业务核算"|"正常单据记账",进入查询条件设置,可设置仓库为成品库,单击"过滤"按钮,进入"正常单据记账列表",如图4-31所示。

图4-31 正常单据记账列表

单击"全选"按钮,然后单击"记账"按钮,会显示记账成功。

4.1.6 汇总开票业务

实验资料

4月15日,销售部向辽宁飞鸽公司出售税控Ⅱ号A50台,无税报价为6400元/台(含税价7488元),货物从成品仓库发出。

4月16日,销售部向辽宁飞鸽公司出售HP打印机50台,无税报价为2300元/台(含税价2691元),货物从配套用品库发出。

根据上述两张出库单开具专用发票一张,并制作凭证。

实验过程

1. 填制并审核发货单

选择"业务工作"|"供应链"|"销售管理"|"销售发货"|"发货单",单击"增加"按钮,直接进入"发货单录入"。输入相关资料信息,如图4-32所示。单击"保存"按钮,

再单击"审核"按钮完成。

```
发货单号 005                发货日期 2013-04-15           业务类型 普通销售
销售类型 经销                订单号                       发票号
客户简称 飞鸽                销售部门 销售部               业务员 朱小明
发货地址                    发运方式                      付款条件
税率   17.00                币种   人民币                 汇率   1.00000000
备注
```

	仓库名称	存货编码	存货名称	主计量	数量	报价	含税单价	无税金额	税额	价税合计
1	成品库	006	税控Ⅱ号A	台	50.00	6400.00	7488.00	320000.00	54400.00	374400.00

图4-32　发货单

选择"业务工作"|"供应链"|"销售管理"|"销售发货"|"发货单",单击"增加"按钮,直接进入"发货单录入"。输入相关资料信息,如图4-33所示。单击"保存"按钮,再单击"审核"按钮完成。

```
发货单号 006                发货日期 2013-04-16           业务类型 普通销售
销售类型 经销                订单号                       发票号
客户简称 飞鸽                销售部门 销售部               业务员 朱小明
发货地址                    发运方式                      付款条件
税率   17.00                币种   人民币                 汇率   1.00000000
备注
```

	仓库名称	存货编码	存货名称	主计量	数量	报价	含税单价	无税金额	税额	价税合计
1	配套用品库	007	HP打印机	台	50.00	2300.00	2691.00	115000.00	19550.00	134550.00

图4-33　发货单

2. 合并填制并复核销售发票

选择"业务工作"|"供应链"|"销售管理"|"销售开票"|"销售专用发票",单击"增加"按钮,进入查询条件选择,单位选择"辽宁飞鸽公司",然后进入"参照生单"窗口,选择要合并开发票的发货单,分别选择税控Ⅱ号A和HP打印机发货单。

单击"确定"按钮,发货单数据转入销售专用发票中,如图4-34所示。单击"保存"按钮,再单击"复核"按钮完成。

```
发票号  005                 开票日期 2013-04-16           业务类型 普通销售
销售类型 经销                订单号                       发货单号 005,006
客户简称 飞鸽                销售部门 销售部               业务员 朱小明
付款条件                    客户地址 沈阳和平区三好路88号  联系电话
开户银行 中行三好支行         账号   0548                  税号   03251
币种   人民币                汇率   1                     税率   17.00
备注
```

	仓库名称	存货编码	存货名称	主计量	数量	报价	含税单价	无税金额	税额	价税合计
1	成品库	006	税控Ⅱ号A	台	50.00	6400.00	7488.00	320000.00	54400.00	374400.00
2	配套用品库	007	HP打印机	台	50.00	2300.00	2691.00	115000.00	19550.00	134550.00

图4-34　销售发票

3. 审核销售专用发票并生成销售收入凭证

选择"业务工作"|"财务会计"|"应收款管理"|"应收单据处理"|"应收单据审核",进入应收单查询条件设置。单据名称选择"销售发票",单击"确定"按钮,进入"应收单据列表"窗口,在"选择"栏目下要审核的行进行双击,然后单击"审核"按钮完成审核工作,如图4-35所示。

应收单据列表

记录总数:1

选择	审核人	单据日期	单据类型	单据号	客户名称	原币金额
		2013-04-16	销售专用发票	005	辽宁飞鸽公司	508,950.00

图4-35 应收单据列表

选择"业务工作"|"财务会计"|"应收款管理"|"制单处理",进入"制单查询",选择发票制单,单击"确定"按钮,进入"销售发票制单",将凭证类型改为"转账凭证",如图4-36所示。

销售发票制单

凭证类别:转账凭证　　制单日期:2013-04-16　　共1条

选择标志	凭证类别	单据类型	单据号	日期	客户编码	客户名称	金额
	转账凭证	销售专用发票	005	2013-04-16	04	辽宁飞鸽公司	508,950.00

图4-36 发票制单

单击"全选"按钮,再单击"制单"按钮,然后进入"填制凭证"窗口,生成的凭证分录如下:

借:应收账款(1122)/飞鸽　　　　　　　　508 950
　　贷:主营业务收入(6001)　　　　　　　　　435 000
　　　　应交税费/应交增值税/销项税额(22210105)　73 950

补充发票号等信息,单击"保存"按钮完成凭证制作,凭证自动传送到总账。

4. 对销售出库单记账

选择"业务工作"|"供应链"|"存货核算"|"业务核算"|"正常单据记账",进入"条件设置"窗口,按照默认设置,直接进入"正常单据记账列表",如图4-37所示。

正常单据记账列表

记录总数:2

选择	日期	单据号	存货编码	存货名称	单据类型	仓库名称	收发类别	数量	单价	金额
	2013-04-16	005	006	税控Ⅱ号A	专用发票	成品库	销售出库	50.00		
	2013-04-16	005	007	HP打印机	专用发票	配套用品库	销售出库	50.00		
小计								100.00		

图4-37 正常单据记账列表

单击"全选"按钮,然后单击"记账"按钮,会显示记账成功。

4.1.7 分次开票业务

实验资料

4月16日,销售部向重庆嘉陵公司出售HP打印机60台,无税报价为2300元/台(含税价2691元),货物从配套用品库发出。

4月17日,应客户要求,对上述所发出的商品开具两张专用销售发票,第一张发票中所列示的数量为40台,第二张发票中所列示的数量为20台。

实验过程

1. 填制并审核发货单

选择"业务工作"|"供应链"|"销售管理"|"销售发货"|"发货单",单击"增加"按钮,直接进入"发货单录入"。输入相关资料信息,如图4-38所示。

发货单号	007	发货日期	2013-04-16	业务类型	普通销售
销售类型	经销	订单号		发票号	
客户简称	嘉陵	销售部门	销售部	业务员	刘一江
发货地址		发运方式		付款条件	
税率	17.00	币种	人民币	汇率	1.00000000
备注					

	仓库名称	存货编码	存货名称	主计量	数量	报价	含税单价	无税金额	税额	价税合计
1	配套用品库	007	HP打印机	台	60.00	2300.00	2691.00	138000.00	23460.00	161460.00

图4-38 发货单

单击"保存"按钮,再单击"审核"按钮完成。

2. 分两次填制销售发票

选择"业务工作"|"供应链"|"销售管理"|"销售开票"|"销售专用发票",单击"增加"按钮,进入查询条件选择,客户选择"重庆嘉陵公司",单击"确定"按钮进入"参照生单"窗口,选择要开发票的发货单。单击"确定"按钮,发货单数据转入销售专用发票中,将数量修改为40,如图4-39所示。

发票号	006	开票日期	2013-04-17	业务类型	普通销售
销售类型	经销	订单号		发货单号	007
客户简称	嘉陵	销售部门	销售部	业务员	刘一江
付款条件		客户地址	重庆市沙坪坝区双碑路9号	联系电话	
开户银行	工行双碑支行	账号	3654	税号	32788
币种	人民币	汇率	1	税率	17.00
备注					

	仓库名称	存货编码	存货名称	主计量	数量	报价	含税单价	无税金额	税额	价税合计
1	配套用品库	007	HP打印机	台	40.00	2300.00	2691.00	92000.00	15640.00	107640.00

图4-39 销售发票

单击"保存"按钮,再单击"复核"按钮完成。

选择"业务工作"|"供应链"|"销售管理"|"销售开票"|"销售专用发票",单击"增加"按钮,进入查询条件选择,客户选择"重庆嘉陵公司",单击"查询"按钮进入"参照生单"窗口,选择要开发票的发货单。

这时上面的未开票数量已经变为20,单击"确定"按钮,发货单数据转入销售专用发票中,如图4-40所示。

发票号 007			开票日期 2013-04-17				业务类型 普通销售		
销售类型 经销			订单号				发货单号 007		
客户简称 嘉陵			销售部门 销售部				业务员 刘一江		
付款条件			客户地址 重庆市沙坪坝区双碑路9号				联系电话		
开户银行 工行双碑支行			账号 3654				税号 32788		
币种 人民币			汇率 1				税率 17.00		
备注									
仓库名称	存货编码	存货名称	主计量	数量	报价	含税单价	无税金额	税额	价税合计
配套用品库	007	HP打印机	台	20.00	2300.00	2691.00	46000.00	7820.00	53820.00

图4-40 销售专用发票

单击"保存"按钮,再单击"复核"按钮完成。

3. 审核销售专用发票并生成销售收入凭证

选择"业务工作"|"财务会计"|"应收款管理"|"应收单据处理"|"应收单据审核",进入应收单查询条件设置,单据名称选择"销售发票",单击"确定"按钮,进入"应收单据列表"窗口,在"选择"栏目下要审核的行进行双击,然后单击"审核"按钮完成审核工作,如图4-41所示。

应收单据列表

记录总数: 2

选择	审核人	单据日期	单据类型	单据号	客户名称	原币金额
Y		2013-04-17	销售专用发票	006	重庆嘉陵公司	107,640.00
Y		2013-04-17	销售专用发票	007	重庆嘉陵公司	53,820.00
合计						161,460.00

图4-41 应收单据列表

选择"业务工作"|"财务会计"|"应收款管理"|"制单处理",进入制单查询,选择发票制单,单击"确定"按钮,进入"销售发票制单"窗口,将凭证类型改为"转账凭证",如图4-42所示。

销售发票制单

凭证类别 转账凭证 制单日期 2013-04-17 共 2 条

选择标志	凭证类别	单据类型	单据号	日期	客户编码	客户名称	金额
	转账凭证	销售专用发票	006	2013-04-17	01	重庆嘉陵公司	107,640.00
	转账凭证	销售专用发票	007	2013-04-17	01	重庆嘉陵公司	53,820.00

图4-42 发票制单

单击"全选"按钮,再单击"合并"按钮(两张发票制作一张凭证),然后单击"制单"按

钮,进入"填制凭证"窗口,生成的凭证分录如下:

借:应收账款(1122)/嘉陵　　　　　　　　　161 460
　　贷:主营业务收入(6001)　　　　　　　　138 000
　　　　应交税费/应交增值税/销项税额(22210105)　23 460

补充发票号等信息,单击"保存"按钮完成凭证制作,凭证自动传送到总账。

4. 对销售出库单记账

选择"业务工作"|"供应链"|"存货核算"|"业务核算"|"正常单据记账",进入查询条件设置,直接进入"正常单据记账列表",如图4-43所示。

选择	日期	单据号	存货编码	存货名称	单据类型	仓库名称	收发类别	数量	单价	金额
	2013-04-17	006	007	HP打印机	专用发票	配套用品库	销售出库	40.00		
	2013-04-17	007	007	HP打印机	专用发票	配套用品库	销售出库	20.00		
小计								60.00		

图4-43　正常单据记账列表

单击"全选"按钮,然后单击"记账"按钮,会显示记账成功。

4.1.8　开票直接发货

实验资料

4月17日,销售部向上海长江公司出售HP打印机50台,无税报价为2300元/台(含税价2691元),物品从配套用品库发出,并据此开具专用销售发票一张。

实验过程

1. 填制并复核销售专用发票

选择"业务工作"|"供应链"|"销售管理"|"销售开票"|"销售专用发票",单击"增加"按钮,进入查询条件选择,单击"取消"按钮直接进入"销售专用发票",输入案例资料,如图4-44所示。

发票号	008			开票日期	2013-04-17			业务类型	普通销售	
销售类型	经销			订单号				发货单号		
客户简称	长江			销售部门	销售部			业务员	朱小明	
付款条件				客户地址	上海市徐汇区海东路1号			联系电话		
开户银行	工行海东支行			账号	2234			税号	65432	
币种	人民币			汇率	1.00000000			税率	17.00	
备注										

	仓库名称	存货编码	存货名称	主计量	数量	报价	含税单价	无税金额	税额	价税合计
1	配套用品库	007	HP打印机	台	50.00	2300.00	2691.00	115000.00	19550.00	134550.00

图4-44　销售专用发票

单击"保存"按钮,再单击"复核"按钮完成。

2. 查询销售发货单

在先输入销售发票的情况下,系统将自动生成销售发货单。选择"业务工作"|"供应链"|"销售管理"|"销售发货"|"发货单列表",查询条件中选择"上海长江公司",如图4-45所示。

选择	发货单号	发货日期	业务类型	销售类型	客户简称	仓库	存货名称	数量	报价	含税单价	无税金额	税额	价税合计
	008	2013-04-17	普通销售	经销	长江	配套用品库	HP打印机	50.00	2,300.00	2,691.00	115,000.00	19,550.00	134,550.00

记录总数:1

图4-45 发货单列表

双击选择发票自动生成的发货单,可以显示为发货单格式。

3. 查询销售出库单

在先输入销售发票的情况下,系统将自动生成销售出库单。

选择"业务工作"|"供应链"|"库存管理"|"单据列表"|"销售出库单列表",进入查询条件设置,仓库选择"配套用品库",客户选择"上海长江公司",单击"确定"按钮进入"销售出库列表",如图4-46所示。

销售出库单列表

记录总数:1

选择	记账人	仓库	出库日期	出库单号	出库类别	客户	存货名称	数量	单价	金额
		配套用品库	2013-04-17	007	销售出库	长江	HP打印机	50.00		

图4-46 销售出库单列表

双击要查看的销售出库单,显示为出库单格式,进行审核。

4. 审核销售专用发票并生成销售收入凭证

选择"业务工作"|"财务会计"|"应收款管理"|"应收单据处理"|"应收单据审核",进入应收单查询条件设置。单据名称选择"销售发票",单击"确定"按钮,进入"应收单据列表"窗口,在"选择"栏目下要审核的行进行双击,然后单击"审核"按钮完成审核工作,如图4-47所示。

应收单据列表

记录总数:1

选择	审核人	单据日期	单据类型	单据号	客户名称	原币金额
Y		2013-04-17	销售专用发票	008	上海长江公司	134,550.00

图4-47 应收单据列表

选择"业务工作"|"财务会计"|"应收款管理"|"制单处理",进入制单查询,选择发票制单,单击"确定"按钮,进入"销售发票制单"窗口,将凭证类型改为"转账凭证",如图4-48所示。

图4-48 发票制单

单击"全选"按钮,再单击"制单"按钮,然后进入"填制凭证"窗口,生成的凭证分录如下:

借:应收账款(1122)/长江　　　　　　　　134 550
　　贷:主营业务收入(6001)　　　　　　　　115 000
　　　　应交税费/应交增值税/销项税额(22210105)　19 550

补充发票号等信息,单击"保存"按钮完成凭证制作,凭证自动传送到总账。

5. 对销售出库单记账

选择"业务工作"|"供应链"|"存货核算"|"业务核算"|"正常单据记账",进入查询条件设置,直接进入"正常单据记账列表",如图4-49所示。

图4-49 正常单据记账列表

单击"全选"按钮,然后单击"记账"按钮,会显示记账成功。

4.1.9 超发货单出库

实验资料

4月19日,销售部向湖南宇子公司出售CN处理器30盒,由原料库发货,不含税报价为1500元/盒(含税价1755元)。

开具发票时,客户要求再多买10盒,根据客户要求开具了40盒CN处理器的专用发票一张。

4月20日,客户从原料仓库领出CN处理器40盒。

实验过程

1. 设置参数

(1) 修改相关选项设置

选择"业务工作"|"供应链"|"库存管理"|"初始设置"|"选项",进入库存选项设置,选择专用设置页,勾选"允许超发货单出库",如图4-50所示。

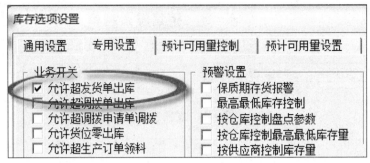

图4-50 库存选项设置(专用设置)

单击"应用"按钮,再单击"确定"按钮完成设置。

(2) 修改存货档案并设置超额出库上线

选择"基础设置"|"基础档案"|"存货"|"存货档案",进入"存货档案"窗口,选择"(10101)处理器"存货分类,再选择"001存货",如图4-51所示。

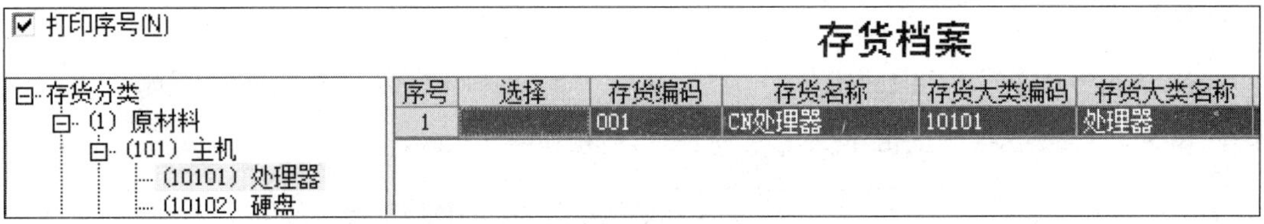

图4-51 存货档案

单击工具栏的"修改"按钮,进入"修改存货档案"窗口,打开"控制"页,出库超额上限输入0.4,如图4-52所示。单击"保存"按钮完成设置。

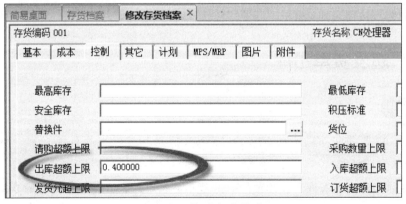

图4-52 修改存货档案

(3) 修改销售选项参数

选择"业务工作"|"供应链"|"销售管理"|"设置"|"销售选项",勾选业务控制中的"允许超发货量开票",取消"销售生成出库单",如图4-53所示。单击"确定"按钮完成设置。

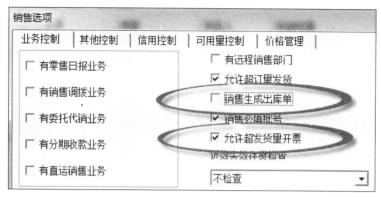

图4-53 销售选项(业务控制)

2.填制并审核发货单

选择"业务工作"|"供应链"|"销售管理"|"销售发货"|"发货单",单击"增加"按钮,进入查询条件选择,单击"取消"按钮,输入案例数据,如图4-54所示。

发货单号 009			发货日期 2013-04-19			业务类型 普通销售			
销售类型 经销			订单号			发票号			
客户简称 宇子			销售部门 销售部			业务员 朱小明			
发货地址			发运方式			付款条件			
税率 17.00			币种 人民币			汇率 1.00000000			
备注									
	仓库名称	存货编码	存货名称	主计量	数量	报价	含税单价	无税金额	税额	价税合计
1	原料库	001	CN处理器	盒	30.00	1500.00	1755.00	45000.00	7650.00	52650.00

图4-54 发货单

单击"保存"按钮,再单击"审核"按钮完成。

3.填制并复核销售专用发票

选择"业务工作"|"供应链"|"销售管理"|"销售开票"|"销售专用发票",单击"增加"按钮,进入查询条件选择,客户选择"湖南宇子公司",单击"确定"按钮进入"参照生单"窗口,选择要参照的发货单。

单击"确定"按钮,返回"销售专用发票",自动将发货单的数据拷贝了过来,将数量改为40,如图4-55所示。

发票号 009			开票日期 2013-04-19			业务类型 普通销售			
销售类型 经销			订单号			发货单号 009			
客户简称 宇子			销售部门 销售部			业务员 朱小明			
付款条件			客户地址 长沙市路口路77号			联系电话			
开户银行 中行路口支行			账号 1717			税号 01121			
币种 人民币			汇率 1			税率 17.00			
备注									
	仓库名称	存货编码	存货名称	主计量	数量	报价	含税单价	无税金额	税额	价税合计
1	原料库	001	CN处理器	盒	40.00	1500.00	1755.00	60000.00	10200.00	70200.00

图4-55 销售专用发票

单击“保存”按钮，如果系统提示“发票上货物累计开票数量已大于发货数量”提示，说明控制参数未设置好，需要先设置好后再开票。然后单击“复核”按钮完成填制工作。

4. 根据发货单生成销售出库单

选择“业务工作”|“供应链”|“库存管理”|“出库业务”|“销售出库单”，然后选择“生单”|“销售生单”，进入查询条件选择后，客户设置为“湖南宇子公司”。选择相应的发货单，勾选“根据累计出库数更新发货单”，如图4-56所示。

销售生单
输出 确定 定位 全选 全消 查询 刷新
销售出库单显示模版
根据累计出库数更新发货单 显示表体

销售发货单生单表头

记录总数：1

选择	发货单号	发票号	单据日期	业务类型	客户	部门	业务员	制单人	审核人
Y	009		2013-04-19	普通销售	宇子	销售部	朱小明	何沙	何沙
合计									

销售发货单生单表体

记录总数：1

选择	仓库编码	仓库	存货编码	存货名称	主计量单位	应出库数量	应出库件数	未出库数量
Y	1	原料库	001	CN处理器	盒	30.00		30.00

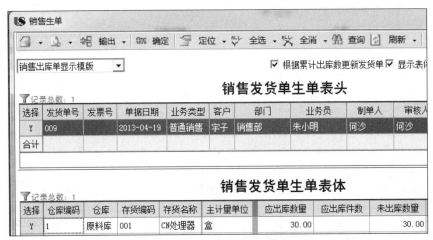

图4-56　销售出库单生单资料

单击“确定”按钮，然后将销售出库单中的数量设置为40，如图4-57所示。单击“保存”按钮，再单击“审核”按钮完成制作。

出库单号 008　出库日期 2013-04-20　仓库 原料库
出库类别 销售出库　业务类型 普通销售　业务号 009
销售部门 销售部　业务员 朱小明　客户 宇子
审核日期　备注

	存货编码	存货名称	主计量单位	数量	单价	金额
1	001	CN处理器	盒	40.00		

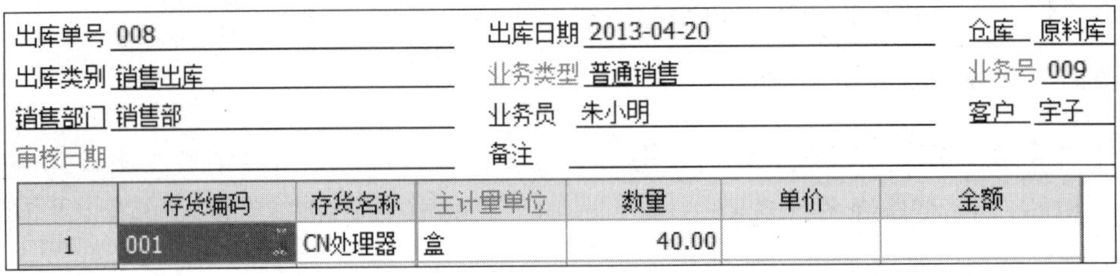

图4-57　销售出库单

如果在保存的时候，出现“单据保存失败，修改或稍后再试”的提示，则说明前面的超发货比例没有设置好，应先去检查，再重新设置。

选择“供应链”|“销售管理”|“销售发货”|“发货单列表”，这时查看该笔业务的发货单，数量已经由30变为新的数量40。

5. 审核销售专用发票并生成销售收入凭证

选择“业务工作”|“财务会计”|“应收款管理”|“应收单据处理”|“应收单据审核”，进入应收单查询条件设置，单据名称选择“销售发票”，单击“确定”按钮，进入“应收单据列表”窗口，在“选择”栏目下要审核的行进行双击，然后单击“审核”按钮完成审核工作，如图4-58所示。

应收单据列表

选择	审核人	单据日期	单据类型	单据号	客户名称	原币金额
Y		2013-04-19	销售专用发票	009	湖南宇子公司	70,200.00

记录总数：1

图4-58 应收单据列表

选择"业务工作"|"财务会计"|"应收款管理"|"制单处理"，进入制单查询，选择发票制单，单击"确定"按钮，进入"销售发票制单"窗口，将凭证类型改为"转账凭证"，如图4-59所示。

销售发票制单

凭证类别 转账凭证　　制单日期 2013-04-20　　共 1 条

选择标志	凭证类别	单据类型	单据号	日期	客户编码	客户名称	金额
	转账凭证	销售专用发票	009	2013-04-19	05	湖南宇子公司	70,200.00

图4-59 发票制单

单击"全选"按钮，再单击"制单"按钮，然后进入"填制凭证"窗口，生成的凭证分录如下：

借：应收账款(1122)/长江　　　　　　　　70 200
　　贷：主营业务收入(6001)　　　　　　　　60 000
　　　　应交税费/应交增值税/销项税额(22210105)　10 200

补充发票号等信息，单击"保存"按钮完成凭证制作，凭证自动传送到总账。

6. 对销售出库单记账并生成凭证

选择"业务工作"|"供应链"|"存货核算"|"业务核算"|"正常单据记账"，进入条件设置，直接进入"正常单据记账列表"，如图4-60所示。

正常单据记账列表

选择	日期	单据号	存货编码	存货名称	单据类型	仓库名称	收发类别	数量
	2013-04-19	009	001	CN处理器	专用发票	原料库	销售出库	40.00

记录总数：1

图4-60 正常单据记账列表

单击"全选"按钮，然后单击"记账"按钮，会显示记账成功。

选择"供应链"|"存货核算"|"财务核算"|"生成凭证"，单击工具栏的"选择"按钮，进入查询条件设置，选择"销售专用发票"，再设置客户，单击"确定"按钮，显示未生成凭证单据一览表。

单击要选择的发票，然后单击"确定"按钮，返回"生成凭证"窗口，将凭证类别改为"转账凭证"，如图4-61所示。

凭证类别	转 转账凭证								
选择	单据类型	单据号	摘要	科目类型	科目编码	科目名称	借方金额	贷方金额	借方数量
1	专用发票	009	专用发票	对方	6401	主营业务成本	48,000.00		40.00
				存货	140301	生产用原材料		48,000.00	
合计							48,000.00	48,000.00	

图4-61 生成凭证

单击"生成"按钮生成凭证，进入"填制凭证"窗口，生成的凭证分录为：

借：主营业务成本(6401)　　　　　　　48 000
　　贷：原材料/生产用原材料(140301)　　　　48 000

单击"保存"按钮完成凭证编制，凭证被传送到总账系统中。

4.1.10　分期收款发出商品

实验资料

4月20日，销售部向上海长江公司出售税控Ⅱ号A120台。由成品仓库发货，无税报价为6600元/台(含税价7722元)。由于金额较大，客户要求以分期付款形式购买该商品。经协商，客户分3次付款，并据此开具相应销售发票。

第一次开具的专用发票数量为40台，无税单价为6600元/台。

业务部门将该业务所涉及的出库单及销售发票交给财务部门，财务部据此制作凭证。

实验过程

1. 调整相关选项设置

选择"业务工作"|"供应链"|"销售管理"|"设置"|"销售选项"，勾选业务控制中的"有分期收款业务"和"销售生成出库单"，如图4-62所示。

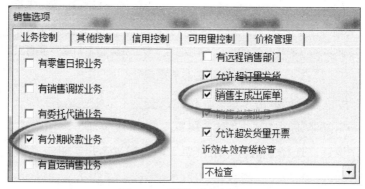

图4-62　销售选项设置

单击"确定"按钮，完成设置。

2. 设置分期收款业务相关科目

选择"业务工作"|"供应链"|"存货核算"|"初始设置"|"科目设置"|"存货科目",将各仓库的分期收款发出商品科目均设置为"1406发出商品"。

3. 填制并审核发货单

选择"业务工作"|"供应链"|"销售管理"|"销售发货"|"发货单",单击"增加"按钮,进入查询条件选择,单击"取消"按钮直接进入,输入案例数据,业务类型选择"分期收款",如图4-63所示。

图4-63 发货单

单击"保存"按钮,再单击"审核"按钮完成。

4. 发出商品记账

选择"业务工作"|"供应链"|"存货核算"|"业务核算"|"发出商品记账",进入查询条件选择,选择仓库为"成品库"、单据类型为"发货单"、业务类型为"分期收款",单击"确定"按钮进入"发出商品记账"窗口,如图4-64所示。选择单据,然后进行记账。

图4-64 发出商品记账

5. 根据发货单填制并复核销售发票

选择"业务工作"|"供应链"|"销售管理"|"销售开票"|"销售专用发票",单击"增加"按钮,进入查询条件选择。客户选择"上海长江公司",业务类型选择"分期收款",单击"确定"按钮进入"参照生单"窗口,选择要参照的发货单。

单击"确定"按钮,返回"销售专用发票",自动将发货单的数据拷贝了过来,将数量改为本次开票的数量40,如图4-65所示。

```
发票号 010                      开票日期 2013-04-20           业务类型 分期收款
销售类型 经销                    订单号                       发货单号 010
客户简称 长江                    销售部门 销售部               业务员 朱小明
付款条件                        客户地址 上海市徐汇区海东路1号  联系电话
开户银行 工行海东支行             账号 2234                    税号 65432
币种 人民币                      汇率 1                       税率 17.00
备注
```

仓库名称	存货编码	存货名称	主计量	数量	报价	含税单价	无税金额	税额	价税合计
1 成品库	006	税控Ⅱ号A	台	40.00	6600.00	7722.00	264000.00	44880.00	308880.00

图4-65 销售专用发票

单击"保存"按钮，然后单击"复核"按钮完成填制工作。

6. 审核销售发票及生成应收凭证

选择"业务工作"|"财务会计"|"应收款管理"|"应收单据处理"|"应收单据审核"，进入应收单据查询条件，客户选择"上海长江公司"，单击"确定"按钮，如图4-66所示。选择单据，再单击"审核"按钮。

应收单据列表

记录总数：1

选择	审核人	单据日期	单据类型	单据号	客户名称	原币金额
		2013-04-20	销售专用发票	010	上海长江公司	308,880.00

图4-66 应收单据列表

选择"业务工作"|"财务会计"|"应收款管理"|"制单处理"，进入制单查询，勾选"发票制单"，单击"确定"按钮，进入"发票制单"，将凭证类型选为"转账凭证"，如图4-67所示。

销售发票制单

凭证类别 转账凭证   制单日期 2013-04-20   共 1 条

选择标志	凭证类别	单据类型	单据号	日期	客户编码	客户名称	金额
	转账凭证	销售专用发票	010	2013-04-20	03	上海长江公司	308,880.00

图4-67 发票制单

选择凭证，然后单击"制单"按钮，进入"填制凭证"，生成的凭证分录如下：

借：应收账款(1122)/长江　　　　　　　　308 880
　　贷：主营业务收入(6001)　　　　　　　　264 000
　　　　应交税费/应交增值税/销项税额(22210105) 44 880

单击"保存"按钮，生成的凭证将自动转到总账。

7. 发出商品记账

选择"业务工作"|"供应链"|"存货核算"|"业务核算"|"发出商品记账"，进入查

询条件选择，单据类型选择"销售发票"，业务类型选择"分期收款"，单击"确定"按钮进入"发出商品记账"窗口，如图4-68所示。

选择	日期	单据号	仓库名称	收发类别	存货编码	存货名称	单据类型	计量单位	数量	单价	金额
	2013-04-20	010	成品库	销售出库	006	税控II号A	专用发票	台	40.00		

记录总数：1 　发出商品记账

图4-68　发出商品记账

先选择单据，然后记账，系统会提示记账成功。

8.查询分期收款相关账表

选择"业务工作"|"供应链"|"存货核算"|"账表"|"账簿"|"发出商品明细账"，输入查询条件，选择成品库，存货选择税控II号A。

单击"确定"按钮后，显示的发出商品明细账如图4-69所示。

记账日期	2013年		凭证号	摘要		收入			发出			结存		
	月	日		凭证摘要	收发类别	数量	单价	金额	数量	单价	金额	数量	单价	金额
				期初结存								380.00	4,800.00	824,000.00
2013-04-20	4	20			销售出库				20.00			360.00	5,066.67	824,000.00
2013-04-20	4	20			销售出库				10.00			350.00	5,211.43	824,000.00
2013-04-20	4	20			销售出库				50.00			300.00	6,080.00	824,000.00
2013-04-20	4	20			销售出库				120.00			180.00	10,133.33	824,000.00
				4月合计		0.00		0.00	200.00		0.00	180.00	10,133.33	824,000.00
				本年累计		0.00		0.00	200.00		0.00			

图4-69　发出商品明细账

4.1.11　委托代销业务

实验资料

4月19日，销售部委托辽宁飞鸽公司代为销售税控II号A30台，售价为6400元/台(含税价7488元)，货物从成品仓库发出。

4月20日，收到辽宁飞鸽公司的委托代销清单一张，结算税控II号A20台，售价为6400元/台。立即开具销售专用发票给辽宁飞鸽公司。

业务部门将该业务所涉及的出库单及销售发票交给财务部门，财务部门据此结转收入等业务。

实验过程

1.初始设置调整

选择"业务工作"|"供应链"|"存货核算"|"初始设置"|"选项"|"选项录入"，将委托代销成本核算方式改为"按发出商品核算"方式，如图4-70所示。

图4-70 存货核算初始设置

单击"确定"按钮完成设置。

选择"业务工作"|"供应链"|"销售管理"|"设置"|"销售选项",在业务控制页中,选择"有委托代销业务",如图4-71所示。

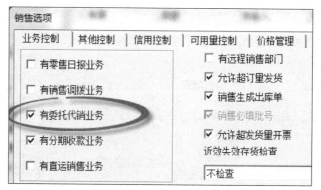

图4-71 销售选项设置

单击"确定"按钮完成设置。

2. 委托代销发货处理

选择"业务工作"|"供应链"|"销售管理"|"委托代销"|"委托代销发货单",单击"增加"按钮,查询条件选择"取消"直接进入委托代销发货单的录入,如图4-72所示。

发货单号 001			发货日期 2013-04-19				业务类型 委托代销		
销售类型 经销			订单号				税率 17.00		
客户简称 飞鸽			销售部门 销售部				业务员 朱小明		
发货地址			发运方式				付款条件		
币种 人民币			汇率 1				备注		
	仓库名称	存货编码	存货名称	主计量	数量	报价	含税单价	无税金额	税额	价税合计
1	成品库	006	税控I...	台	30.00	6400.00	7488.00	192000.00	32640.00	224640.00

图4-72 委托代销发货单

单击"保存"按钮,再单击"审核"按钮完成。

选择"业务工作"|"供应链"|"库存管理"|"单据列表"|"销售出库单列表",进入查询条件选择,业务类型选择"委托代销",单击"确定"按钮,进入"销售出库单列表",如图4-73所示。选择出库单,然后单击"审核"按钮。

	销售出库单列表								
记录总数：1									
选择	记账人	仓库	出库日期	出库单号	出库类别	客户	存货名称	数量	单价	金额
		成品库	2013-04-19	010	销售出库	飞鸽	税控II号A	30.00		

图4-73　销售出库单列表

选择"业务工作"|"供应链"|"存货核算"|"业务核算"|"发出商品记账"，进入查询条件选择后，选择业务类型为"委托代销"，单击"过滤"按钮进入"发出商品记账"窗口，如图4-74所示。选择记账单据，然后进行记账。

	发出商品记账									
记录总数：1										
选择	日期	单据号	仓库名称	收发类别	存货编码	存货名称	单据类型	计量单位	数量	单价	金额
	2013-04-19	001	成品库	销售出库	006	税控II号A	委托代销发货单	台	30.00		

图4-74　发出商品记账

3. 委托代销结算处理

选择"业务工作"|"供应链"|"销售管理"|"委托代销"|"委托代销结算单"，单击"增加"按钮，进入查询条件选择，业务类型选择"委托代销"，单击"确定"按钮，选择要参照的单据。

单击"确定"按钮，参照的数据传到委托代销结算单，将数量改为要结算的20，如图4-75所示。

结算单号 001　　　　　　结算日期 2013-04-20　　　　销售类型 经销
客户简称 飞鸽　　　　　　销售部门 销售部　　　　　　业务员 朱小明
付款条件　　　　　　　　币种　 人民币　　　　　　　汇率 1
税率　17.00　　　　　　　备注

	仓库名称	货物编码	存货名称	主计量	数量	报价	含税单价	无税金额	税额	价税合计
1	成品库	006	税控II号A	台	20.00	6400.00	7488.00	128000.00	21760.00	149760.00

图4-75　委托代销结算单

单击"保存"按钮，再单击"审核"按钮，提示选择发票类型，选择"专用发票"。选择"业务工作"|"供应链"|"销售管理"|"销售开票"|"销售发票列表"，进入查询条件选择，选择业务类型为"委托"，单击"确定"按钮，如图4-76所示。

	销售发票列表										
记录总数：1											
选择	业务类型	销售类型	发票号	开票日期	客户简称	仓库	存货名称	数量	含税单价	无税金额	税额	价税合计
	委托	经销	011	2013-04-20	飞鸽	成品库	税控II号A	20.00	7,488.00	128,000.00	21,760.00	149,760.00

图4-76　销售发票列表

双击该发票，然后进行复核。

实验提示

委托代销结算单审核后,系统将自动生成相应的销售发票。

系统可根据委托代销结算单按照需要生成普通发票或专用发票。

委托代销结算单审核后,系统自动生成相应的销售出库单,并传送到库存管理系统。

选择"业务工作"|"财务会计"|"应收款管理"|"应收单据处理"|"应收单据审核",进入应收单查询条件。选择单据名称为"销售发票",客户为"辽宁飞鸽公司",单击"确定"按钮,进入"单据处理"窗口,如图4-77所示。选择单据,然后单击"审核"按钮完成。

应收单据列表

选择	审核人	单据日期	单据类型	单据号	客户名称	原币金额
		2013-04-20	销售专用发票	011	辽宁飞鸽公司	149,760.00

图4-77 应收单据列表

选择"业务工作"|"财务会计"|"应收款管理"|"制单处理",进入制单查询,选择"发票制单",单击"确定"按钮,进入"销售发票制单"窗口,将凭证类别改为"转账凭证",如图4-78所示。选择发票,然后单击"制单"按钮,生成的凭证分录为:

销售发票制单

凭证类别:转账凭证 制单日期:2013-04-20 共1条

选择标志	凭证类别	单据类型	单据号	日期	客户编码	客户名称	金额
	转账凭证	销售专用发票	011	2013-04-20	04	辽宁飞鸽公司	149,760.00

图4-78 发票制单

借:应收账款(1122)/飞鸽　　　　　　　149 760
　　贷:主营业务收入(6001)　　　　　　　　128 000
　　　　应交税费/应交增值税/销项税额(22210105)　21 760

单击"保存"按钮完成凭证生成,凭证生成到总账系统。

选择"业务工作"|"供应链"|"存货核算"|"业务核算"|"发出商品记账",进入查询条件选择,仓库选择"成品库",单击"确定"按钮进入"发出商品记账",如图4-79所示。选择单据,然后单击"记账"按钮完成。

发出商品记账

选择	日期	单据号	仓库名称	收发类别	存货编码	存货名称	单据类型	计量单位	数量	单价	金额
	2013-04-20	011	成品库	销售出库	006	税控II号A	专用发票	台	20.00		
小计									20.00		

图4-79 发出商品记账

4.委托代销相关账表查询

选择"业务工作"|"供应链"|"销售管理"|"报表"|"统计表"|"委托代销统计

表",进入查询条件选择,单击"确定"按钮查询委托代销统计表。

选择"业务工作"|"供应链"|"库存管理"|"报表"|"库存账"|"委托代销备查簿",在查询条件中存货选择"税控II号A",显示结果如图4-80所示。

存货分类	税控II号		编码 006		名称 税控II号A		代码		规格	
单位 台			库存单位							
单据日期	单据号	摘 仓库	要 单据类型	档案换算率	发出件数	发出数量	结算件数	结算数量	未结算件数	未结算数量
			期初结存						0.00	0.00
2013-04-19	001	成品库	委托代销发		0.00	30.00			0.00	30.00
2013-04-20	001	成品库	委托代销结				0.00	20.00	0.00	10.00
			本月合计		0.00	30.00	0.00	20.00	0.00	10.00
			本年累计		0.00	30.00	0.00	20.00	0.00	10.00
			合计		0.00	30.00	0.00	20.00	0.00	10.00

图4-80 委托代销备查簿

4.1.12 开票前退货业务

实验资料

4月20日,销售部出售给湖南宇子公司税控II号A 12台,单价为6400元/台(含税价7488元),成品库发出。

4月21日,销售部出售给湖南宇子公司的税控II号A因质量问题,退回2台,单价6400元/台,收回成品库待修。

开具相应的专用发票一张,数量为10台。

实验过程

1. 填制并审核发货单

选择"业务工作"|"供应链"|"销售管理"|"销售发货"|"发货单",单击"增加"按钮,进入查询条件设置,单击"取消"按钮,直接进入"发货单录入",如图4-81所示。

发货单号 011				发货日期 2013-04-20				业务类型 普通销售		
销售类型 经销				订单号				发票号		
客户简称 宇子				销售部门 销售部				业务员 朱小明		
发货地址				发运方式				付款条件		
税率 17.00				币种 人民币				汇率 1.00000000		
备注										
	仓库名称	存货编码	存货名称	主计量	数量	报价	含税单价	无税金额	税额	价税合计
1	成品库	006	税控II号A	台	12.00	6400.00	7488.00	76800.00	13056.00	89856.00

图4-81 发货单

单击"保存"按钮,再进行审核。

2. 填制并审核退货单

选择"业务工作"|"供应链"|"销售管理"|"销售发货"|"退货单",单击"增加"按钮,进入查询条件设置,单击"取消"按钮直接进入输入状态。

选择"生单"|"参照发货单",客户选择"湖南宇子公司",存货选择"税控Ⅱ号A",单击"确定"按钮,进入"参照生单"窗口。选择相应的单据,单击"确定"按钮,数据拷贝到退货单中。将数量改为-2,录入仓库,如图4-82所示。

退货单号 012			退货日期 2013-04-21				业务类型 普通销售			
销售类型 经销			订单号				发票号			
客户简称 宇子			销售部门 销售部				业务员 朱小明			
发运方式			币种 人民币				汇率 1			
税率 17.00			备注							
	仓库名称	货物编码	存货名称	主计量	数量	报价	含税单价	无税金额	税额	价税合计
1	成品库	006	税控Ⅱ号A	台	-2.00	6400.00	7488.00	-12800.00	-2176.00	-14976.00

图4-82 退货单

单击"保存"按钮,再单击"审核"按钮完成制单。

3. 填制并复核销售发票

选择"业务工作"|"供应链"|"销售管理"|"销售开票"|"销售专用发票",单击"增加"按钮,进入查询条件选择,客户选择"湖南宇子公司",单击"确定"按钮进入"参照生单"窗口,选择要参照的发货单。

单击"确定"按钮,返回"销售专用发票",自动将发货单的数据拷贝了过来,数量为10,如图4-83所示。

发票号 012			开票日期 2013-04-21				业务类型 普通销售			
销售类型 经销			订单号				发货单号 011			
客户简称 宇子			销售部门 销售部				业务员 朱小明			
付款条件			客户地址 长沙市路口路77号				联系电话			
开户银行 中行路口支行			账号 1717				税号 01121			
币种 人民币			汇率 1				税率 17.00			
备注										
	仓库名称	存货编码	存货名称	主计量	数量	报价	含税单价	无税金额	税额	价税合计
1	成品库	006	税控Ⅱ号A	台	10.00	6400.00	7488.00	64000.00	10880.00	74880.00

图4-83 销售专用发票

单击"保存"按钮,然后进行复核。

4. 审核销售专用发票并生成销售收入凭证

选择"业务工作"|"财务会计"|"应收款管理"|"应收单据处理"|"应收单据审核",进入应收单查询条件设置,单据名称选择"销售发票",单击"确定"按钮,进入"应收单据列表"窗口,在"选择"栏目下要审核的行进行双击,然后单击"审核"按钮完成审核工作,如图4-84所示。

应收单据列表

选择	审核人	单据日期	单据类型	单据号	客户名称	原币金额
Y		2013-04-21	销售专用发票	012	湖南宇子公司	74,880.00

记录总数：1

图4-84　应收单据列表

选择"业务工作"|"财务会计"|"应收款管理"|"制单处理"，进入制单查询，选择发票制单，单击"确定"按钮，进入"销售发票制单"窗口，将凭证类型改为"转账凭证"，如图4-85所示。

销售发票制单

凭证类别　转账凭证　　　制单日期 2013-04-21

选择标志	凭证类别	单据类型	单据号	日期	客户编码	客户名称	金额
	转账凭证	销售专用发票	012	2013-04-21	05	湖南宇子公司	74,880.00

图4-85　发票制单

单击"全选"按钮，再单击"制单"按钮，然后进入"填制凭证"窗口，生成的凭证分录如下：

借：应收账款(1122)/宇子　　　　　　　　74 880
　　贷：主营业务收入(6001)　　　　　　　64 000
　　　　应交税费/应交增值税/销项税额(22210105)　10 880

补充发票号等信息，单击"保存"按钮完成凭证制作，凭证自动传送到总账。

5. 销售出库单记账

选择"业务工作"|"供应链"|"存货核算"|"业务核算"|"正常单据记账"，进入条件设置，按照默认条件，直接进入"正常单据记账列表"，如图4-86所示。

正常单据记账列表

记录总数：1

选择	日期	单据号	存货编码	存货名称	单据类型	仓库名称	收发类别	数量	单价	金额
	2013-04-21	012	006	税控II号A	专用发票	成品库	销售出库	10.00		

图4-86　正常单据记账列表

单击"全选"按钮，然后单击"记账"按钮，会显示记账成功。

4.1.13　委托代销退货业务

实验资料

4月21日，委托辽宁飞鸽公司销售的税控II号A退回3台，入成品仓库。由于已经开具发票，故开具红字专用发票一张，单价6400元(含税价7488元)。

实验过程

1. 参照委托代销发货单填制委托代销结算退回

选择"业务工作"|"供应链"|"销售管理"|"委托代销"|"委托代销结算退回",单击"增加"按钮,进入查询条件选择,客户选择"辽宁飞鸽公司",单击"确定"按钮进入"参照生单"窗口。

选择要参照的发货单,单击"确定"按钮,将数据拷贝到"委托代销结算退回"单据,数量改为-3,如图4-87所示。

委托代销结算退回

表体排序 _____

单据号	002	单据日期	2013-04-21	销售类型	经销
客户简称	飞鸽	销售部门	销售部	业务员	朱小明
币种	人民币	汇率	1	税率	17.00
发票号		备注			

	仓库名称	存货编码	存货名称	主计量	数量	报价	含税单价	金额	税额	价税合计
1	成品库	006	税控Ⅱ号A	台	-3.00	6400.00	7488.00	-19200.00	-3264.00	-22464.00

图4-87 委托代销结算退回

单击"保存"按钮,再单击"审核"按钮,发票类型选择"专用发票",自动生成发票。

2. 查看红字销售专用发票并复核

选择"业务工作"|"供应链"|"销售管理"|"销售开票"|"销售发票列表",进入查询条件选择,客户选择"辽宁飞鸽公司",业务类型为"委托",单击"确定"按钮进入"销售发票列表",如图4-88所示。

销售发票列表

记录总数:2

选择	业务类型	销售类型	发票号	开票日期	客户简称	仓库	存货名称	数量	含税单价	无税金额	税额	价税合计
	委托	经销	011	2013-04-20	飞鸽	成品库	税控Ⅱ号A	20.00	7,488.00	128,000.00	21,760.00	149,760.00
	委托	经销	013	2013-04-21	飞鸽	成品库	税控Ⅱ号A	-3.00	7,488.00	-19,200.00	-3,264.00	-22,464.00

图4-88 销售发票列表

双击退货的红字专用发票,进入发票查询后,再单击"复核"按钮完成复核。

3. 退回后的业务处理

选择"业务工作"|"财务会计"|"应收款管理"|"应收单据处理"|"应收单据审核",进入应收单查询条件,选择单据名称为"销售发票",客户为"辽宁飞鸽公司",单击"确定"按钮,进入"单据处理"窗口,如图4-89所示。

图4-89 应收单据列表

先选择,然后单击"审核"按钮完成。

选择"业务工作"|"财务会计"|"应收款管理"|"制单处理",进入制单查询,选择"发票制单",单击"确定"按钮,进入"销售发票制单"窗口,将凭证类别改为"转账凭证",如图4-90所示。

图4-90 发票制单

先选择,然后单击"制单"按钮,补充票号、科目,生成的凭证分录为:

借:应收账款(1122)/飞鸽　　　　　　　　　　 -22 464
　　贷:主营业务收入(6001)　　　　　　　　　 -19 200
　　　　应交税费/应交增值税/销项税额(22210105)　 -3264

单击"保存"按钮完成凭证生成,凭证生成到总账系统。

选择"业务工作"|"供应链"|"存货核算"|"业务核算"|"发出商品记账",进入查询条件选择后,选择业务类型为"委托代销",单击"过滤"按钮进入"发出商品记账",如图4-91所示。

图4-91 发出商品记账

先选择,然后记账。

4.1.14 直运销售业务

实验资料

4月21日,销售部接到业务信息,上海长江公司欲购买联想服务器2台。经协商以单价为30 000元/台成交,增值税率为17%,含税价为35 100元。随后,销售部填制相应的销售订单。

销售部经联系以每台20 000元(不含税单价)的价格向上海大坤公司发出采购订单,并要求对方直接将货物送到上海长江公司。

4月22日,销售部根据销售订单给上海长江公司开具专用发票一张。

货物送至上海长江公司,上海大坤公司凭送货签收单根据订单开具了一张专用发票给销售部。

销售部将此业务的采购、销售发票交给财务部,财务部制作应收应付凭证,结转收入和成本。

实验过程

1. 设置直运业务相关选项

选择"业务工作"|"供应链"|"销售管理"|"设置"|"销售选项",选择业务控制中的"有直运销售业务",如图4-92所示。

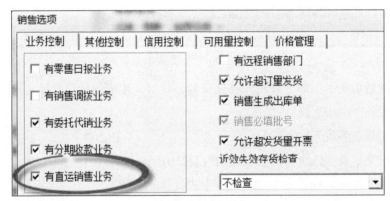

图4-92 销售选项

单击"确定"按钮完成设置。

2. 填制并审核直运销售订单

选择"业务工作"|"供应链"|"销售管理"|"销售订货"|"销售订单",单击"增加"按钮,选择业务类型为"直运销售",输入业务数据,如图4-93所示。

订单号	002			订单日期	2013-04-21			业务类型	直运销售
销售类型	经销			客户简称	长江			付款条件	
销售部门	销售部			业务员	朱小明			税率	17.00
币种	人民币			汇率	1.00000000			备注	
	存货编码	存货名称	主计量	数量	报价	含税单价	无税单价	无税金额	税额	价税合计
1	008	联想服务器	台	2.00	30000.00	35100.00	30000.00	60000.00	10200.00	70200.00

图4-93 销售订单

单击"保存"按钮,再单击"审核"按钮完成。

3. 填制并审核直运采购订单

选择"业务工作"|"供应链"|"采购管理"|"采购订货"|"采购订单",单击"增加"按钮,业务类型设置为"直运采购",选择"生单"|"销售订单",进入查询条件选

择，客户设置为"上海长江公司"，单击"确定"按钮，选择要拷贝的销售订单。

单击"确定"按钮，数据拷贝到采购订单。再输入有关信息，如图4-94所示。

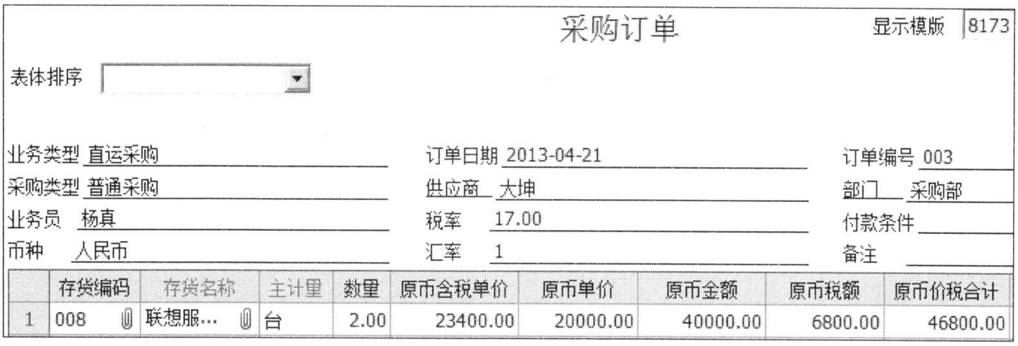

图4-94 采购订单

单击"保存"按钮，再单击"审核"按钮完成。

5.填制并复核直运销售发票

选择"业务工作"|"供应链"|"销售管理"|"销售开票"|"销售专用发票"，单击"增加"按钮，进入条件设置后单击"取消"按钮直接进入"发票填制"，选择业务类型为"直运销售"，客户为"上海长江公司"。

选择"生单"|"参照订单"，客户选择"上海长江公司"，单击"确定"按钮，选择需要参照的业务。单击"确定"按钮，数据自动拷贝到销售专用发票。输入相关数据后的发票如图4-95所示。

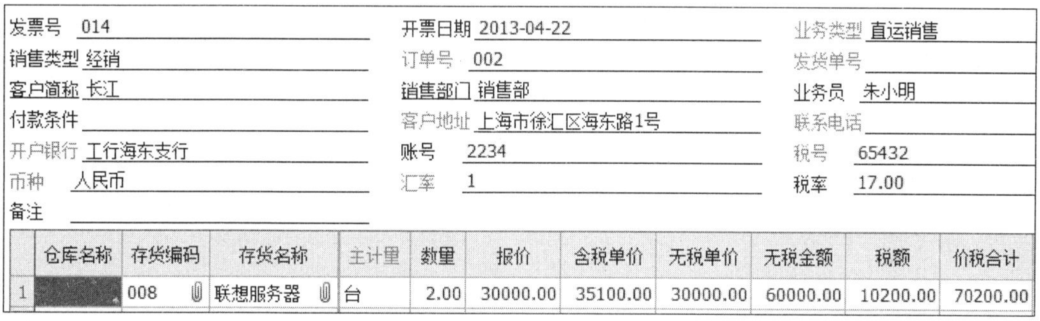

图4-95 销售专用发票

单击"保存"按钮，再单击"复核"按钮完成。

6.填制直运采购发票

选择"业务工作"|"供应链"|"采购管理"|"采购发票"|"专用采购发票"，单击"增加"按钮，业务类型设置为"直运采购"，供应商为"上海大坤公司"。

选择"生单"|"采购订单"，进入查询条件选择，供应商设置为"上海大坤公司"，单击"确定"按钮，选择要拷贝的订单。

单击"确定"按钮，订单数据拷贝到专用发票中，如图4-96所示。

业务类型	直运采购			发票类型	专用发票			发票号	007
开票日期	2013-04-22			供应商	大坤			代垫单位	大坤
采购类型	普通采购			税率	17.00			部门名称	采购部
业务员	杨真			币种	人民币			汇率	1
发票日期				付款条件				备注	

	存货编码	存货名称	主计量	数量	原币单价	原币金额	原币税额	原币价税合计	税率	订单号
1	008	联想服务器	台	2.00	20000.00	40000.00	6800.00	46800.00	17.00	003

图4-96　采购专用发票

单击"保存"按钮完成。

7．审核直运采购发票

选择"业务工作"|"财务会计"|"应付款管理"|"应付单据处理"|"应付单据审核"，进入应付单查询条件，单据名称选择"采购发票"，供应商选择"上海大坤公司"，单击"确定"按钮，进入"应付单据列表"，如图4-97所示。

应付单据列表

记录总数：1

选择	审核人	单据日期	单据类型	单据号	供应商名称	原币金额
		2013-04-22	采购专用发票	007	上海大坤公司	46,800.00

图4-97　应付单据列表

先选择应付单据，然后单击"审核"按钮完成。

8．直运销售记账

选择"业务工作"|"供应链"|"存货核算"|"业务核算"|"直运销售记账"，进入"直运采购发票核算查询条件"，选择"采购发票"和"销售发票"，单击"确定"按钮，如图4-98所示。

直运销售记账

记录总数：2

选择	日期	单据号	存货编码	存货名称	收发类别	单据类型	数量	单价	金额
	2013-04-22	007	008	联想服务器	采购入库	采购发票	2.00	20,000.00	40,000.00
	2013-04-22	014	008	联想服务器	销售出库	专用发票	2.00		
小计							4.00		40,000.00

图4-98　直运销售记账

选择"采购发票"和"销售发票"，进行记账。

9．结转直运业务的收入及成本

选择"业务工作"|"供应链"|"存货核算"|"财务核算"|"生成凭证"，单击工具栏的"选择"按钮，进入"查询条件设置"窗口，选择"直运采购发票"和"直运销售发票"，单击"确定"按钮。

选择生成凭证的单据，单击"确定"按钮返回"生成凭证"窗口，将凭证类别选择为"转账凭证"，在存货科目处输入"1405"，如图4-99所示。

凭证类别	转 转账凭证								
选择	单据类型	单据号	摘要	科目类型	科目编码	科目名称	借方金额	贷方金额	借方数量
1	采购发票	007	采购发票	存货	1405	库存商品	40,000.00		2.00
				税金	22210101	进项税	6,800.00		2.00
				应付	2202	应付账款		46,800.00	
	专用发票	014	专用发票	对方	6401	主营业务成本	40,000.00		2.00
				存货	1405	库存商品		40,000.00	
合计							86,800.00	86,800.00	

图4-99　生成凭证

单击"生成"按钮，显示直运销售发票生成的凭证，凭证分录如下：

借：主营业务成本(6401)　　　　　40 000
　　贷：库存商品(1405)　　　　　　40 000

单击"保存"按钮生成凭证，并传送到总账系统中。单击"下张凭证"按钮，显示采购发票生成的凭证，凭证分录如下：

借：库存商品(1405)　　　　　　　　　　　　　40 000
　　应交税费/应交增值税/进项税额(22210101)　　6800
　　贷：应付账款(2202)/大坤　　　　　　　　　　46 800

选择"业务工作"|"财务会计"|"应收款管理"|"应收单据处理"|"应收单据审核"，进入应收单查询条件，单据选择"销售发票"，客户选择"上海长江公司"，单击"确定"按钮进入"应收单据列表"，如图4-100所示。

应收单据列表

选择	审核人	单据日期	单据类型	单据号	客户名称	原币金额
		2013-04-22	销售专用发票	014	上海长江公司	70,200.00

记录总数：1

图4-100　应收单据列表

选择要审核的单据，单击"审核"按钮完成。

选择"业务工作"|"财务会计"|"应收款管理"|"制单处理"，进入制单查询条件设置，选择"发票制单"，进入"制单"窗口，将凭证类别选择为"转账凭证"，如图4-101所示。

销售发票制单

凭证类别　转账凭证　　　制单日期　2013-04-22

选择标志	凭证类别	单据类型	单据号	日期	客户编码	客户名称	金额
	转账凭证	销售专用发票	014	2013-04-22	03	上海长江公司	70,200.00

图4-101　发票制单

先选择凭证，然后单击"制单"按钮，生成的凭证分录如下：

借：应收账款(1122)/长江　　　　　　　　　　　70 200
　　贷：主营业务收入(6001)　　　　　　　　　　60 000
　　　　应交税费/应交增值税/销项税额(22210105)　10 200

单击"保存"按钮,完成凭证生成。

4.1.15 销售查询

1. 销售明细账表

选择"业务工作"|"供应链"|"销售管理"|"报表"|"明细表"|"销售明细表",进入查询条件选择,选择要查询的存货,这里选择"税控II号A",单击"过滤"按钮,查询结果如图4-102所示。

部门名称	客户名称	业务员	日期	数量	本币税额	本币无税金额	本币价税合计
销售部	湖南宇子公司	朱小明	2013/4/21	10.00	10,880.00	64,000.00	74,880.00
	(小计)湖南宇子…			10.00	10,880.00	64,000.00	74,880.00
销售部	辽宁飞鸽公司	朱小明	2013/4/16	50.00	54,400.00	320,000.00	374,400.00
销售部	辽宁飞鸽公司	朱小明	2013/4/20	20.00	21,760.00	128,000.00	149,760.00
销售部	辽宁飞鸽公司	朱小明	2013/4/21	-3.00	-3,264.00	-19,200.00	-22,464.00
	(小计)辽宁飞鸽…			67.00	72,896.00	428,800.00	501,696.00
销售部	上海长江公司	朱小明	2013/4/20	40.00	44,880.00	264,000.00	308,880.00
	(小计)上海长江…			40.00	44,880.00	264,000.00	308,880.00
销售部	天津大华公司	刘一江	2013/4/8	20.00	22,100.00	130,000.00	152,100.00
销售部	天津大华公司	刘一江	2013/4/15	10.00	10,880.00	64,000.00	74,880.00
	(小计)天津大华…			30.00	32,980.00	194,000.00	226,980.00
总计				147.00	161,636.00	950,800.00	1,112,436.00

图4-102 销售明细表(税控II号A)

2. 销售统计表

选择"业务工作"|"供应链"|"销售管理"|"报表"|"统计表"|"销售统计表",进入查询条件选择,按照默认条件设置进入,查询结果如图4-103所示。

存货名称	数量	单价	金额	税额	价税合计	折扣	成本
CN处理器	40.00	1,500.00	60,000.00	10,200.00	70,200.00		48,000.00
普通发票纸	150.00	150.00	22,500.00	3,825.00	26,325.00		
税控II号A	10.00	6,400.00	64,000.00	10,880.00	74,880.00		
专用发票纸	200.00	180.00	36,000.00	6,120.00	42,120.00		
HP打印机	50.00	2,300.00	115,000.00	19,550.00	134,550.00		
税控II号A	67.00	6,400.00	428,800.00	72,896.00	501,696.00		
HP打印机	50.00	2,300.00	115,000.00	19,550.00	134,550.00		
联想服务器	2.00	30,000.00	60,000.00	10,200.00	70,200.00		40,000.00
税控II号A	40.00	6,600.00	264,000.00	44,880.00	308,880.00		
HP打印机	10.00	2,160.00	21,600.00	3,672.00	25,272.00		
税控II号A	30.00	6,466.67	194,000.00	32,980.00	226,980.00		
HP打印机	60.00	2,300.00	138,000.00	23,460.00	161,460.00		
	709.00	2,142.31	1,518,900.00	258,213.00	1,777,113.00		88,000.00

图4-103 销售统计表

4.1.16 月末结账

月末处理一般在本月报表编制完成后，确认当期业务完成，才进行相关的月末结账等处理，以下说明具体的方法。

当本月业务全部完成后，选择"业务工作"|"供应链"|"销售管理"|"月末结账"进行月结，也可以取消月末结账。但是如果应收款管理、库存管理、存货核算之一已经结账，销售管理就不能取消月结。

4.2 应收款管理

4.2.1 应收款管理概述

由于赊销或其他方面的原因，形成了企业往来款项，这些往来款项如果不能及时有效地进行管理，就会使企业的经营活动受到一定影响。因此，加强往来款项管理是一项不容忽视的工作。应收应付系统可以分别对客户及供应商进行账表查询和往来款项的清理工作。

应收的业务处理流程如图4-104所示。

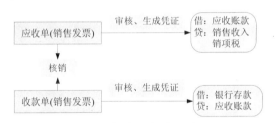

图4-104 应收业务处理流程图

选择"业务工作"|"财务会计"|"应收款管理"|"设置"|"选项"，单击"编辑"按钮，然后进行设置，坏账处理方式为"应收余额百分比法"。

4.2.2 预收款处理

实验资料

4月5日，重庆嘉陵公司发来转账支票一张，金额15 000元，支票号ZZ002，作为预购货物的定金。

实验过程

1. 填制收款单

选择"业务工作"|"财务会计"|"应收款管理"|"收款单据处理"|"收款单据录

入",单击"增加"按钮,录入收款单的相关信息,如图4-105所示。

单据编号 004			日期 2013-04-05			客户 嘉陵	
结算方式 转账支票			结算科目 100201			币种 人民币	
汇率 1			金额 15000.00			本币金额 15000.00	
客户银行 工行双碑支行			客户账号 3654			票据号 ZZ002	
部门 销售部			业务员 刘一江			项目	
摘要							
	款项类型	客户	部门	业务员	金额	本币金额	科目	项目	本币余额	余额
1	预收款	嘉陵	销售部	刘一江	15000.00	15000.00	2203		15000.00	15000.00

图4-105 收款单(预收)

单击"保存"按钮,再单击"审核"按钮,系统提示"是否立即制单",选择"是",生成的凭证分录如下:

借:银行存款/工行存款(100201)　　15 000
　　预收账款(2203)　　　　　　　　　　　15 000

补充票号后单击"保存"按钮生成凭证。

2. 查询预收款

选择"业务工作"|"财务会计"|"应收款管理"|"账表管理"|"科目账查询"|"科目明细账",选择预收账款科目,显示相应账簿。

4.2.3 收款处理

实验资料

4月20日,收到上海长江公司的转账支票一张,金额125 000元,支票号ZZ099,用以归还前欠货款。

实验过程

1. 填制收款单

选择"业务工作"|"财务会计"|"应收款管理"|"收款单据处理"|"收款单据录入",单击"增加"按钮,录入相关信息,如图4-106所示。

单据编号 005			日期 2013-04-20			客户 长江
结算方式 转账支票			结算科目 100201			币种 人民币
汇率 1.00000000			金额 125000.00			本币金额 125000.00
客户银行 工行海东支行			客户账号 2234			票据号 ZZ099
部门 销售部			业务员 朱小明			项目
摘要						
	款项类型	客户	部门	业务员	金额	本币金额	科目
1	应收款	长江	销售部	朱小明	125000.00	125000.00	1122

图4-106 收款单

单击"保存"按钮，再单击"审核"按钮，系统提示"是否立即制单"，选择"是"，生成的凭证分录如下：

借：银行存款/工行存款　　125 000
　　贷：应收账款/长江　　　　125 000

2. 查询应收款

选择"业务工作"|"财务会计"|"应收款管理"|"账表管理"|"业务账表"|"业务明细账"，选择查询的单位，如图4-107所示。

年	月	日	凭证号	摘要	订单号	发货单	出库单	单据类型	处理号	单据号	本期应收 本币	本期收回 本币	余额 本币
2013	4	17	转-0018	销售专用发票	008	007		销售专用发票	JZ2...	008	134,550.00		134,550.00
2013	4	20	转-0021	销售专用发票	010	009		销售专用发票	JZ2...	010	308,880.00		443,430.00
2013	4	20	收-0009	收款单				收款单	AR4...	005		125,000.00	318,430.00
2013	4	22	转-0027	销售专用发票	002			销售专用发票	JZ2...	014	70,200.00		388,630.00
											513,630.00	125,000.00	388,630.00

图4-107　应收明细账(上海长江公司)

4.2.4 预收冲应收

实验资料

4月20日，经过与重庆嘉陵公司商定，之前付来的15 000元定金用于冲销其应收款项。

实验过程

1. 填制预收冲应收单据

选择"业务工作"|"财务会计"|"应收款管理"|"转账"|"预收冲应收"，进入"预收冲应收"窗口后，选择客户"重庆嘉陵公司"，然后单击"过滤"按钮，输入转账总金额"15 000"，如图4-108所示。

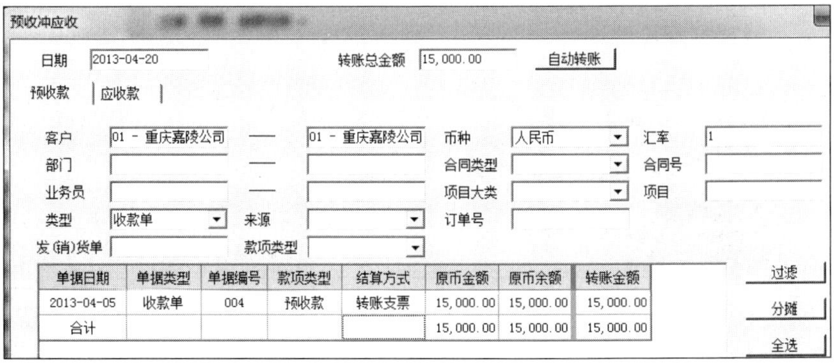

图4-108　预收冲应收(预收款)

选择"应收款"选项卡，单击"过滤"按钮，系统显示应收款，输入转账金额"15 000"，如图4-109所示。

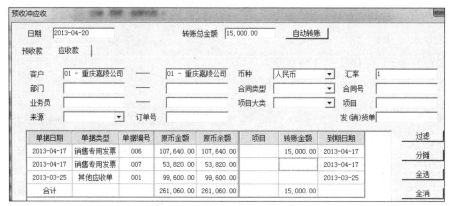

图4-109 预收冲应收(应收款)

设置完成后单击"确定"按钮,系统提示"是否立即制单",选择"是",生成的凭证分录如下:

借:预收账款/嘉陵　　　　15 000
　　贷:应收账款/嘉陵　　　　15 000

补充票号等信息后,单击"保存"按钮生成凭证。

2. 查询应收账款

选择"业务工作"|"财务会计"|"应收款管理"|"账表管理"|"业务报表"|"业务明细账",选择要查询的单位,查看应收明细账。

4.2.5　计提坏账准备

实验资料

4月底,计提坏账准备。

实验过程

选择"业务工作"|"财务会计"|"应收款管理"|"坏账处理"|"计提坏账准备",如图4-110所示。

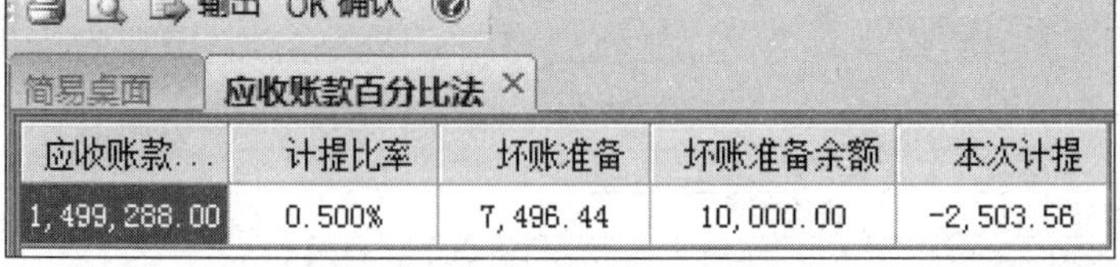

图4-110　计提坏账准备

单击"确认"按钮,系统提示"是否立即制单",选择"是",生成的凭证分录如下:

借:管理费用/其他(660299)　　-2503.56
　　贷:坏账准备(1231)　　　　　-2503.56

核算项目部门设为"财务部",单击"保存"按钮生成凭证。

> **实验提示**
>
> 如果提示先进行期初设置,需要选择"财务会计"|"应收款管理"|"初始设置",对坏账准备进行设置。
>
> 如果要取消计提坏账准备,若之前已经生成了计提坏账的相应凭证,则要先执行"财务会计"|"应收款管理"|"单据查询"|"凭证查询",将坏账处理的凭证删除。再执行"财务会计"|"应收款管理"|"其他处理"|"取消操作"(取消操作条件中操作类型选择为"坏账处理"),进入后选择要取消的具体业务,单击"确认"按钮,可取消计提坏账准备。

4.2.6 往来核销

对已达往来账应该及时进行往来账的两清工作,以便及时了解往来账的真实情况。往来两清的处理方式有计算机自动勾对和手工勾对两种。

(1) 自动勾对

即计算机自动将所有两清的往来业务打上勾对标志。两清依据包括按部门两清、按项目两清和票号两清。

(2) 手工勾对

无法自动勾对的,通过手工勾对方式将往来业务人为地打上勾对标记,是自动勾对的补充。

收付款单列表显示收付款单表体明细记录,包括款项类型为应收款和预收款的记录,而款项类型为其他费用的记录不允许在此作为核销记录,核销时可以选择其中一条表体记录进行。余额已经为0的表体记录不用在此列表中显示。

选择"业务工作"|"财务会计"|"应收款管理"|"核销处理"|"手工核销",在核销条件中选择客户单位,这里选择"天津大华公司",单击"确定"按钮进入"单据核销"窗口,如图4-111所示。

单据日期	单据类型	单据编号	客户	款项类型	结算方式	原币金额	原币余额	本次结算金额	订单号
2013-04-12	收款单	001	大华	应收款	转账支票	152,100.00	152,100.00	152,100.00	
合计						152,100.00	152,100.00	152,100.00	

单据日期	单据类型	单据编号	到期日	客户	币种	原币金额	原币余额	本次结算	订单号	凭证号
2013-03-10	其他应收单	002	2013-03-10	大华	人民币	58,000.00	58,000.00			
2013-04-08	销售专用发票	001	2013-04-08	大华	人民币	152,100.00	152,100.00	152,100.00	001	转-0014
2013-04-12	销售专用发票	002	2013-04-12	大华	人民币	25,272.00	25,272.00			转-0015
合计						235,372.00	235,372.00	152,100.00		

图4-111 单据核销

核销时，收款单列表中款项类型为应收款的应记录其缺省的本次结算金额；款项类型为预收的应记录其缺省的本次结算金额为空。核销时可以修改本次结算金额，但是不能大于该记录的原币余额。用户手工输入本次结算金额，本次结算，上下列表中的结算金额合计必须保持一致。单击"保存"按钮，完成核销。

4.2.7 往来账的查询

1. 应收余额管理

对客户/供应商的往来余额管理包括科目余额表、余额表、三栏余额表、部门余额表、项目余额表、业务员余额表、分类余额表、地区分类余额表的查询。

选择"业务工作"|"财务会计"|"应收款管理"|"账表管理"|"业务报表"|"业务余额表"，如图4-112所示。

客户编码	客户名称	期初	本期应收	本期收回	余额	周转率	周转天数
		本币	本币	本币	本币	本币	本币
01	重庆嘉陵公司	99,600.00	161,460.00	15,000.00	246,060.00	0.93	31.18
(小计)01		99,600.00	161,460.00	15,000.00	246,060.00		
02	天津大华公司	58,000.00	177,372.00	152,100.00	83,272.00	2.51	11.55
(小计)02		58,000.00	177,372.00	152,100.00	83,272.00		
03	上海长江公司	0.00	513,630.00	125,000.00	388,630.00	2.64	10.98
(小计)03		0.00	513,630.00	125,000.00	388,630.00		
04	辽宁飞鸽公司	0.00	636,246.00	0.00	636,246.00	2.00	14.50
(小计)04		0.00	636,246.00	0.00	636,246.00		
05	湖南宇子公司	0.00	145,080.00	0.00	145,080.00	2.00	14.50
(小计)05		0.00	145,080.00	0.00	145,080.00		
总计		157,600.00	1,633,788.00	292,100.00	1,499,288.00		

图4-112 应收余额表

2. 往来明细账管理

对客户的往来明细账管理包括科目明细账、明细账、三栏明细账、部门明细账、项目明细账、业务员明细账、分类明细账、地区分类明细账、多栏明细账的查询。

3. 应收账龄分析

账龄是指某一往来业务从发生之日的时间期限。通过账龄分析表对应收账款拖欠时间的整理归类和分析，可以了解管理人员收款工作的效率，以便制定今后的收款策略，并能根据各种应收账款的时间和历史资料，估计坏账损失。

选择"业务工作"|"财务会计"|"应收款管理"|"账表管理"|"统计分析"|"应收账龄分析"，可设置查询条件，查看应收账龄分析。

4.2.8 期末处理

月末处理一般在本月报表编制完成后，确认当期业务完成，才进行相关的月末结账等处理，以下说明具体的方法。

(1) 到月末，要进行月结。在结账前，应当把当月单据全部进行审核，本月的结算单据在结账前全部进行核销。

(2) 应收款管理选择"业务工作"|"财务会计"|"应收款管理"|"期末处理"|"月末结账"，进行月结。

(3) 应付款管理选择"业务工作"|"财务会计"|"应付款管理"|"期末处理"|"月末结账"，进行月结。

第 5 章

库存与存货核算业务处理

5.1 库存管理

5.1.1 库存管理功能概述

库存管理的主要功能如下。

1. 初始设置

根据使用单位的需要建立库存业务应用环境,将U8库存管理变成适合实际需要的专用系统。

库存管理与采购管理、销售管理密切相关,相互有许多数据要共享,应一体化考虑,构建一个完整的业务处理链。

2. 日常业务处理

库存管理系统的主要功能是对采购管理系统、销售管理系统以及库存管理系统填制的各种出入库单据进行审核,并对出入库数量进行管理。

在库存管理系统中对各种单据的审核,既可表示通常意义上对单据正确性的审核,也可作为确认存货的实际出入库审核,即在出入库单上的所有存货均办理了出库或入库后,对出入库单进行审核。

此外,库存管理系统还有管理工业企业的产成品入库、退回业务的产成品入库功能;管理采购入库以外的其他入库业务功能,如盘盈入库、调拨入库、组装拆卸入库、形态转换入库等;管理工业企业的领料、退料业务的材料出库功能;管理销售出库以外的其他出库业务功能,如盘亏出库、调拨出库、组装拆卸出库、形态转换出库等;管理仓库间的实物移动和分销意义上的仓库分配、调拨业务的调拨功能;按仓库、批次进行盘点,并根据盘点表生成盘盈入库单、盘亏出库单调整库存账的盘点功能。

根据库存参数的设置,库存管理系统还具有根据用户设置的产品结构和组装数量自动计算所需用的散件数量,并自动生成配套件的入库单和散件的出库单组装功能;根据用户设置的产品结构和拆卸数量自动计算所拆卸的散件数量,并自动生成配套件的出库单和散件的入库单的拆卸功能。

3. 库存账簿及统计分析

库存管理系统提供了多种库存账簿报表查询，有出入库流水账、库存台账、收发存汇总表、货位汇总表等，方便进行统计分析。

5.1.2 产成品入库业务

实验资料

4月5日，成品库收到二车间加工的专用发票纸300箱，普通发票纸400箱，均入成品库。

4月10日，成品库收到当月一车间加工的30台税控Ⅱ号A产成品入库。

4月25日，收到财务部门提供的完工产品成本。其中税控Ⅱ号A成本每台3000元，共计90 000元，随即进行成本分配，生成记账凭证。专用发票纸的成本每箱50元，共计15 000元；普通发票纸成本每箱40元，共计16 000元，随即进行成本分配，生成记账凭证。

实验过程

1. 录入产品入库单并审核

选择"业务工作"|"供应链"|"库存管理"|"入库业务"|"产成品入库单"，单击"增加"按钮，录入资料信息，如图5-1所示。

产品编码	产品名称	规格型号	主计量单位	数量	单价	金额
010	专用发票纸		箱	300.00		
011	普通发票纸		箱	400.00		

产成品入库单
入库单号 001　　入库日期 2013-04-05　　仓库 成品库
生产订单号　　　　生产批号　　　　　　部门 二车间
入库类别 产成品入库　　审核日期　　　　　备注

图5-1　产品入库单

单击"保存"按钮，再单击"审核"按钮完成录入。

采用同样的方法，录入税控Ⅱ号A产品入库单，如图5-2所示。

入库单号 002　　入库日期 2013-04-10　　仓库 成品库
生产订单号　　　　生产批号　　　　　　部门 一车间
入库类别 产成品入库　　审核日期　　　　　备注

产品编码	产品名称	规格型号	主计量单位	数量	单价	金额
006	税控Ⅱ号A		台	30.00		

图5-2　产品入库单

单击"保存"按钮，再单击"审核"按钮完成。

> **实验提示**
>
> 产品入库单上不用填写单价，当产成品成本分配后会自动写入。

2. 录入生产总成本并对产成品成本分配

选择"业务工作"|"供应链"|"存货核算"|"业务核算"|"产成品成本分配"，进入产成品成本分配，单击"查询"按钮，进入"产成品成本分配表查询"，选择成品库，单击"确定"按钮，系统将符合条件的记录带回产成品成本分配表中，按照案例输入税控II号A等的成本，如图5-3所示。

产成品成本分配

存货/分类编码	存货/分类名称	计量单位	数量	金额	单价
	存货 合计		730.00	121,000.00	165.75
2	产成品小计		30.00	90,000.00	3000.00
201	税控II号小计		30.00	90,000.00	3000.00
006	税控II号A	台	30.00	90,000.00	3000.00
3	配套用品小计		700.00	31,000.00	44.29
301	配套材料小计		700.00	31,000.00	44.29
010	专用发票纸	箱	300.00	15,000.00	50.00
011	普通发票纸	箱	400.00	16,000.00	40.00

图5-3　产成品成本分配

单击工具栏的"分配"按钮，完成后提示分配操作完成。

选择"业务工作"|"供应链"|"存货核算"|"日常业务"|"产成品入库单"，这时可看出单价已填入，并计算了金额，如图5-4所示。

入库单号	002		入库日期 2013-04-10			仓库	成品库
生产订单号			生产批号			部门	一车间
入库类别	产成品入库		审核日期 2013-04-10			备注	
	产品编码	产品名称	主计量单位	数量	单价	金额	
1	006	税控II号A	台	30.00	3000.00	90000.00	

图5-4　产成品入库单

可以单击"上张"按钮和"下张"按钮查询其他的产成品入库单。

3. 对产成品入库单记账并生成凭证

选择"业务工作"|"供应链"|"存货核算"|"业务核算"|"正常单据记账"，进入查询条件选择，仓库选择"成品库"，进入"正常单据记账列表"，如图5-5所示。

正常单据记账列表

记录总数: 3

选择	日期	单据号	存货编码	存货名称	单据类型	仓库名称	收发类别	数量	单价	金额
	2013-04-05	001	010	专用发票纸	产成品入库单	成品库	产成品入库	300.00	50.00	15,000.00
	2013-04-05	001	011	普通发票纸	产成品入库单	成品库	产成品入库	400.00	40.00	16,000.00
	2013-04-10	002	006	税控II号A	产成品入库单	成品库	产成品入库	30.00	3,000.00	90,000.00
小计								730.00		121,000.00

图5-5　正常单据记账列表

选择要记账的行(全选),单击"记账"按钮,会显示记账成功提示信息。

选择"业务工作"|"供应链"|"存货核算"|"财务核算"|"生成凭证",进入"生成凭证"窗口后,单击工具栏的"选择"按钮进入查询条件选择,选择"产成品入库单",单击"确定"按钮进入"选择单据"窗口。

选择要生成凭证的单据(可单击"全选"按钮),然后单击"确定"按钮,返回"生成凭证"窗口,将凭证类别改为"转账凭证",如图5-6所示。

凭证类别	转 转账凭证								
选择	单据类型	单据号	摘要	科目类型	科目编码	科目名称	借方金额	贷方金额	借方数量
1	产成品入库单	001	产成品入库单	存货	1405	库存商品	15,000.00		300.00
				对方	500101	直接材料		15,000.00	
				存货	1405	库存商品	16,000.00		400.00
				对方	500101	直接材料		16,000.00	
		002		存货	1405	库存商品	90,000.00		30.00
				对方	500101	直接材料		90,000.00	
合计							121,000.00	121,000.00	

图5-6 生成凭证

单击"生成"按钮,补输入项目名称(合并的凭证任意输入一个就行),单击"保存"按钮完成凭证生成,凭证传送到总账系统中,然后保存另一张凭证。

5.1.3 物料领用

实验资料

4月10日,一车间向原料库领用CN处理器100盒,2TB硬盘100盒,用于生产税控II号A。

实验过程

1.填制材料出库单

选择"业务工作"|"供应链"|"库存管理"|"出库业务"|"材料出库单",单击"增加"按钮,录入资料信息,如图5-7所示。单击"保存"按钮,再单击"审核"按钮完成填制。

出库单号 001			出库日期 2013-04-10				仓库 原料库	
订单号			产品编码				产量 0.00	
生产批号			业务类型 领料				业务号	
出库类别 领料出库			部门 一车间				委外商	
审核日期			备注					
	材料编码	材料名称	规格型号	主计量单位	数量	单价	金额	子
1	001	CN处理器		盒	100.00			
2	002	2T硬盘		盒	100.00			

图5-7 材料出库单

2. 材料出库单记账并生成凭证

选择"业务工作"|"供应链"|"存货核算"|"业务核算"|"正常单据记账",进入查询条件选择,仓库选择"原料库",单击"确定"按钮进入"正常单据记账列表",如图5-8所示。

\#记录总数:2			正常单据记账列表							
选择	日期	单据号	存货编码	存货名称	单据类型	仓库名称	收发类别	数量	单价	金额
	2013-04-10	001	001	CN处理器	材料出库单	原料库	领料出库	100.00		
	2013-04-10	001	002	2T硬盘	材料出库单	原料库	领料出库	100.00		

图5-8 正常单据记账列表

选择要记账的行,单击"记账"按钮,会显示记账成功提示信息。

选择"业务工作"|"供应链"|"存货核算"|"财务核算"|"生成凭证",进入"生成凭证"窗口后,单击工具栏的"选择"按钮进入查询条件选择,选择"材料出库单",单击"确定"按钮进入"选择单据"窗口。

选择要生成凭证的单据(可单击"全选"按钮),然后单击"确定"按钮,返回"生成凭证"窗口。将凭证类别改为"转账凭证",如图5-9所示。

凭证类别	转 转账凭证							
选择	单据类型	单据号	摘要	科目类型	科目编码	科目名称	借方金额	贷方金额	借方数量
1	材料出库单	001	材料出库单	对方	500101	直接材料	120,000.00		100.00
				存货	140301	生产用原材料		120,000.00	
				对方	500101	直接材料	80,887.00		100.00
				存货	140301	生产用原材料		80,887.00	
合计							200,887.00	200,887.00	

图5-9 生成凭证

单击"合成"按钮,合并生成的凭证分录如下:

借:生产成本/直接材料(500101)(项目名称:税控Ⅱ号A) 200 887
　　贷:原材料/生产用原材料(140301)   200 887

要补输入项目名称,然后单击"保存"按钮完成凭证生成,凭证传送到总账系统中。

5.1.4 调拨业务

实验资料

4月15日,将原料库中的50盒CN处理器从原料库调拨到配套用品库。

实验过程

1. 填制调拨单

选择"业务工作"|"供应链"|"库存管理"|"调拨业务"|"调拨单",单击"增加"

按钮，输入领料的有关信息，如图5-10所示。

调拨单　　　　调拨单显示模版

表体排序　　　　合并显示 □

单据号 001　　日期 2013-04-15　　调拨申请单号

转出部门　　转入部门　　转出仓库 原料库

转入仓库 配套用品库　　出库类别 调拨出库　　入库类别 调拨入库

经手人　　审核日期　　备注

	存货编码	存货名称	主计量单位	数量	单价	金额	生产批号
1	001	CN处理器	盒	50.00			

图5-10　调拨单

单击“保存”按钮，再单击“审核”按钮完成。

实验提示

调拨单保存后，会自动生成其他入库单和其他出库单，且由调拨单生成的其他入库单和其他出库单不能修改和删除。

2. 其他出入库单审核

选择“业务工作”|“供应链”|“库存管理”|“单据列表”|“其他入库单列表”，查询条件中选择默认值，进入“其他入库单列表”，如图5-11所示。先选择要审核的行，然后单击“审核”按钮。

其他入库单列表

记录总数：1

选择	记账人	仓库	入库日期	入库单号	入库类别	入库类别编码	存货名称	主计量单位	数量	单价	金额
		配套用品库	2013-04-15	001	调拨入库	103	CN处理器	盒	50.00		

图5-11　其他入库单列表

选择“业务工作”|“供应链”|“库存管理”|“单据列表”|“其他出库单列表”，查询条件中选择默认值，进入“其他出库单列表”，如图5-12所示。先选择要审核的行，然后单击“审核”按钮。

其他出库单列表

记录总数：1

选择	记账人	仓库	出库日期	出库单号	出库类别编码	出库类别	存货名称	主计量单位	数量	单价	金额
		原料库	2013-04-15	001	303	调拨出库	CN处理器	盒	50.00		

图5-12　其他出库单列表

3. 调拨单记账

选择“业务工作”|“供应链”|“存货核算”|“业务核算”|“特殊单据记账”，进入特殊单据记账条件，单据类型选择“调拨单”，进入“特殊单据记账”，如图5-13所示。单击“记账”按钮，记账完成后会提示记账成功。

特殊单据记账

选择	单据号	单据日期	转入仓库	转出仓库	转入部门	转出部门	经手人	审核人	制单人
	001	2013-04-15	配套用品库	原料库				何沙	何沙

图5-13 特殊单据记账

选择"业务工作"|"供应链"|"存货核算"|"财务核算"|"生成凭证",单击工具栏的"选择"按钮,在查询条件中选择"调拨单",进入"未生成凭证单据一览表",如图5-14所示。

未生成凭证单据一览表

选择	记账日期	单据日期	单据类型	单据号	仓库	收发类别	业务单号	业务类型	计价方式
	2013-04-25	2013-04-15	其他出库单	001	原料库	调拨出库	001	调拨出库	移动平均法
	2013-04-25	2013-04-15	其他入库单	001	配套用品库	调拨入库	001	调拨入库	全月平均法

图5-14 未生成单据一览表

选择要记账的单据(全选),然后单击"确定"按钮返回"生成凭证"窗口,将凭证类别设置为"转账凭证",如图5-15所示。单击"合成"按钮生成凭证,生成的凭证分录如下:

凭证类别	转 转账凭证								
选择	单据类型	单据号	摘要	科目类型	科目编码	科目名称	借方金额	贷方金额	借方数量
1	调拨单	001	调拨单	存货	140301	生产用原材料		60,000.00	
				存货	1405	库存商品	60,000.00		50.00
合计							60,000.00	60,000.00	

图5-15 生成凭证

借:库存商品(1405)　　　　　60 000
　　贷:库存商品(140301)　　　　60 000

单击"保存"按钮完成生成,凭证传递到总账中。

4. 相关账表查询

选择"业务工作"|"供应链"|"库存管理"|"报表"|"库存账"|"库存台账",查询条件中选择具体的存货,单击"确定"按钮,进入"库存台账",如图5-16所示。

库存台账

存货分类 处理器　　　　编码 001　　　　名称 CN处理器
规格　　　　　　　　单位 盒　　　　　　库存单位
最高库存　　　　　　最低库存　　　　　　代管供应商

单据日期	审核日期	单据号	摘要		收入数量	发出数量	结存数量
			仓库	单据类型			
			期初结存				700.00
2013-04-10	2013-04-10	001	原料库	材料出库单		100.00	600.00
2013-04-15	2013-04-15	001	原料库	其他出库单		50.00	550.00
2013-04-15	2013-04-15	001	配套用品库	其他入库单	50.00		600.00
2013-04-20	2013-04-20	008	原料库	销售出库单		40.00	560.00
			本月合计		50.00	190.00	560.00

图5-16 库存台账

台账上可以看出调拨的情况。选择"业务工作"|"供应链"|"存货核算"|"账表"|"账簿"|"明细账",查询条件中选择具体的存货和配套用品库,进入"明细账",如图5-17所示。

图5-17　明细账

5.1.5　盘点业务

实验资料

4月25日,对原料库的键盘进行盘点,盘点后发现键盘多出1个。经确认,该键盘的成本为95元/个。

实验过程

1. 输入盘点单

选择"业务工作"|"供应链"|"库存管理"|"盘点业务",单击"增加"按钮,输入单据头上的部分信息,如图5-18所示。

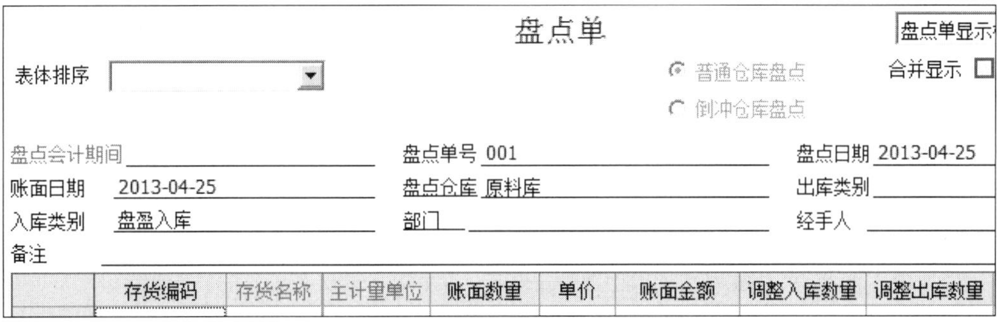

图5-18　盘点单

单击工具栏的"盘库"按钮,系统提示"盘库将删除未保存的所有记录,是否继续",选择"是",这时会显示"盘点处理"窗口,选择"按仓库盘点"。

单击"确认"按钮,系统将账面盘点结果带回盘点单,输入新的盘点数,如图5-19所示。

盘点单

	存货编码	存货名称	主计量单位	账面数量	单价	账面金额	账面调节数量	盘点数量	盘点金额	盈亏数量	盈亏金额
1	001	CN处理器	盒	510.00				510.00	510.00		
2	002	2T硬盘	盒	300.00				300.00	300.00		
3	003	液晶显示器	台	50.00				50.00	50.00		
4	004	键盘	个	296.00	95.00	28120.00		296.00	297.00	28215.00	1.00	95.00
5	005	鼠标	只	420.00				420.00	420.00		

图5-19 盘点单

正数表示盘盈，负数表示盘亏。单击"保存"按钮，再单击"审核"按钮。

实验提示

盘点单审核后会自动生成相应的其他入库单或其他出库单。
盘点单记账后，不能再取消记账。

2. 其他出入库单审核

选择"业务工作"|"供应链"|"库存管理"|"单据列表"|"其他入库单列表"，查询条件中选择默认值，进入"其他入库单列表"，如图5-20所示。

其他入库单列表

选择	记账人	仓库	入库日期	入库单号	入库类别	入库类别编码	存货名称	主计量单位	数量	单价	金额
	何沙	配套用品库	2013-04-15	001	调拨入库	103	CN处理器	盒	50.00	1,200.00	60,000.00
		原料库	2013-04-25	002	盘盈入库	201	键盘	个	1.00	95.00	95.00

图5-20 其他入库单列表

先选择要审核的行，然后单击"审核"按钮。

如果是盘亏，要选择"业务工作"|"供应链"|"库存管理"|"单据列表"|"其他出库单列表"进行审核。

3. 对其他入库单记账并生成凭证

选择"业务工作"|"供应链"|"存货核算"|"业务核算"|"正常单据记账"，进入查询条件后选择仓库为"原料库"，进入后如图5-21所示。

正常单据记账列表

选择	日期	单据号	存货编码	存货名称	单据类型	仓库名称	收发类别	数量	单价	金额
	2013-04-25	002	004	键盘	其他入库单	原料库	盘盈入库	1.00	95.00	95.00
小计								1.00		95.00

图5-21 正常单据记账列表

选择要记账的行，然后单击"记账"按钮完成。

选择"业务工作"|"供应链"|"存货核算"|"财务核算"|"生成凭证",在工具栏单击"选择"按钮,进入查询条件后选择"其他入库单"。

选择盘盈入库的单据,单击"确定"按钮,将数据拷贝到生成凭证中,将凭证类型改为"转账凭证",如图5-22所示。

凭证类别	转 转账凭证								
选择	单据类型	单据号	摘要	科目类型	科目编码	科目名称	借方金额	贷方金额	借方数量
1	其他入库单	002	其他入库单	存货	140301	生产用原材料	95.00		1.00
				对方	190101	待处理流动资产损益		95.00	
合计							95.00	95.00	

图5-22 生成凭证

单击"生成"按钮,生成的凭证分录如下:

借:原材料/生产用原材料(140301)　　　　　　　　95
　　贷:待处理财产损益/待处理流动资产损益(190101)　　95

单击"保存"按钮完成生成工作,系统将凭证传送到总账中。

5.1.6 其他出库业务

实验资料

4月25日,销售部从成品库领取8台税控Ⅱ号A样品,用于捐助西部贫困地区。

实验过程

1. 录入其他出库单

选择"业务工作"|"供应链"|"库存管理"|"出库业务"|"其他出库单",单击"增加"按钮,输入出库资料信息,如图5-23所示。

		其他出库单					其他出
表体排序					○ 蓝字 ○ 红字	合并显	
出库单号 002		出库日期 2013-04-25			仓库 成品库		
出库类别 其他出库		业务类型 其他出库			业务号		
部门 销售部		审核日期			备注		
	存货编码	存货名称	规格型号	主计量单位	数量	单价	金额
1	006	税控Ⅱ号A		台	8.00		

图5-23 其他出库单

单击"保存"按钮,再单击"审核"按钮。

2. 对其他出库单记账

选择“业务工作”|“供应链”|“存货核算”|“业务核算”|“正常单据记账”，进入查询条件后选择仓库为“成品库”，进入后如图5-24所示。

正常单据记账列表

记录总数：1

选择	日期	单据号	存货编码	存货名称	单据类型	仓库名称	收发类别	数量	单价	金额
	2013-04-25	002	006	税控II号A	其他出库单	成品库	其他出库	8.00		

图5-24　正常单据记账列表

选择要记账的其他出库单，然后单击“记账”按钮。

5.1.7　假退料

实验资料

4月25日，根据生产部门的统计，一车间本月生产任务完成，还有10个CN处理器当月未用完。先做假退料处理，下个月再继续使用。

实验过程

1. 填制假退料单

选择“业务工作”|“供应链”|“存货核算”|“日常业务”|“假退料单”，单击“增加”按钮，输入假退料资料，如图5-25所示。

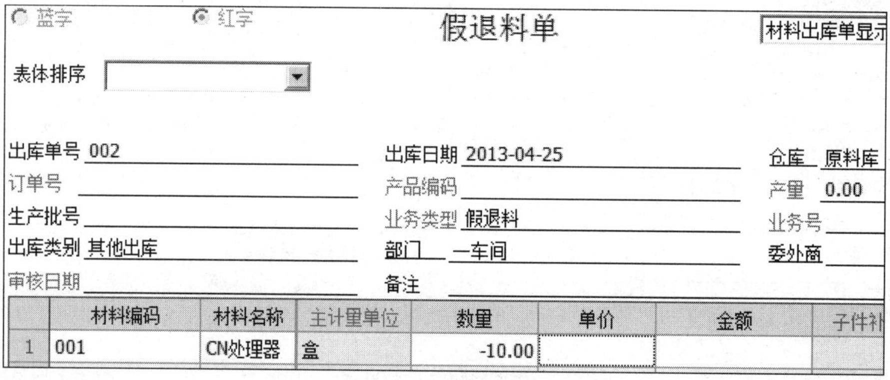
蓝字　红字

假退料单

材料出库单显示

表体排序

出库单号 002　出库日期 2013-04-25　仓库 原料库

订单号　产品编码　产量 0.00

生产批号　业务类型 假退料　业务号

出库类别 其他出库　部门 一车间　委外商

审核日期　备注

	材料编码	材料名称	主计量单位	数量	单价	金额	子件补
1	001	CN处理器	盒	-10.00			

图5-25　假退料单

单击“保存”按钮完成。

2. 对假退料单进行记账

选择“业务工作”|“供应链”|“存货核算”|“业务核算”|“正常单据记账”，进入查询条件后选择仓库为“原料库”，存货为“CN处理器”，进入后如图5-26所示。

正常单据记账列表

选择	存货名称	单据类型	仓库名称	收发类别	数量	单价	金额
	CN处理器	材料出库单	原料库	其他出库	-10.00		

图5-26 正常单据记账列表

选择假退料行的单据，单击"记账"按钮完成。

3. 查询假退料相关的明细账

选择"业务工作"|"供应链"|"存货核算"|"账表"|"账簿"|"明细账"，进入查询条件后选择仓库为"原料库"，存货为"CN处理器"，进入后如图5-27所示。

记账日期	2013年		凭证号	摘要		收入			发出			结存		
	月	日		凭证摘要	收发类别	数量	单价	金额	数量	单价	金额	数量	单价	金额
				期初结存								700.00	1,200.00	840,000.00
2013-04-20	4	20	转 20	专用发票	销售出库				40.00	1,200.00	48,000.00	660.00	1,200.00	792,000.00
2013-04-25	4	25	转 32	材料出库单	领料出库				100.00	1,200.00	120,000.00	560.00	1,200.00	672,000.00
2013-04-25	4	25	转 33	调拨单	调拨出库				50.00	1,200.00	60,000.00	510.00	1,200.00	612,000.00
2013-04-25	4	25			其他出库				-10.00	1,200.00	-12,000.00	520.00	1,200.00	624,000.00
				4月合计		0.00		0.00	180.00		216,000.00	520.00	1,200.00	624,000.00
				本年累计		0.00		0.00	180.00		216,000.00			

图5-27 明细账

在明细账上已经出现了假退料数据。

4. 生成假退料凭证

选择"业务工作"|"供应链"|"存货核算"|"财务核算"|"生成凭证"，单击工具栏的"选择"按钮，在查询条件中选择"假退料单"。

选择单据，单击"确定"按钮，进入"生成凭证"窗口，将凭证类别设置为"转账凭证"，如图5-28所示。

凭证类别	转 转账凭证								
选择	单据类型	单据号	摘要	科目类型	科目编码	科目名称	借方金额	贷方金额	借方数量
1	假退料单	002	假退料单	对方	500101	直接材料	-12,000.00		-10.00
				存货	140301	生产用原材料		-12,000.00	
合计							-12,000.00	-12,000.00	

图5-28 生成凭证

补充核算项目后，单击"保存"按钮完成。

5.1.8 月末结账

月末处理一般在本月报表编制完成后，确认当期业务完成，才进行相关的月末结账等处理，以下说明具体的方法。

(1) 月末结账前，先要对出库、入库的单据进行审核等处理，全部业务完成后才能进行结账。

(2) 月末结账处理之前，应先对库存数据进行备份处理。

(3) 选择"业务工作"|"供应链"|"库存管理"|"月末结账"，在弹出的"结账处理"窗口中，选择月份，单击"结账"按钮，完成库存系统结账所示。

> **实验提示**
>
> 如果库存管理系统和采购、销售管理系统集成使用，则必须在采购管理系统和销售管理系统结账后，库存管理系统才能进行结账。
>
> 月末结账之前一定要进行数据备份，否则数据一旦发生错误，将造成无法挽回的后果。
>
> 月末结账后将不能再做当前会计月的业务，只能做下个会计月的日常业务。
>
> 当某月账结错了时，可单击"取消结账"按钮取消结账状态，然后再进行该月业务处理，进行结账。
>
> 如果库存管理系统和存货核算系统集成使用，必须存货核算系统当月未结账或取消结账后，库存管理系统才能取消结账。

5.2 存货核算

5.2.1 存货核算功能概述

存货核算系统是U8软件供应链管理中的一个重要组成部分，主要针对企业收发业务，核算企业存货的入库成本、出库成本和结存成本，反映和监督存货的收发、领退和保管情况；反映和监督存货资金的占用情况。

存货核算系统的操作主要分为两个部分，一是针对各种出入库单据进行记账、制单，生成有关存货出入库的会计凭证；二是对已复核的客户、供应商单据如采购发票、销售发票、核销单据等进行制单，生成有关的往来业务凭证。

存货核算的功能在前面已经进行了使用，这里将整个过程较系统地说明一下。

1. 初始设置

存货核算系统是供应链管理与财务系统联系的桥梁，各种存货的购进、销售及其他出入库业务，都要在存货核算系统中生成凭证，并传递到总账。为了快速、准确地完成存货核算操作，应事先定义核算参数及相关的会计科目。

1) 基本参数设置

(1) 核算方式

初建账套时，可以选择按仓库核算或按部门核算，如果是按仓库核算，则按仓库设置计价方式,并且每个仓库单独核算出库成本;如果是按部门核算,则按仓库中的所属部门设置计价方式,并且相同所属部门的各仓库统一核算出库成本,还可以选择按照具体存货核算成本。输入期初数据和日常数据后,此核算方式将不能修改。

(2) 暂估方式

如果与采购系统集成使用,可以进行暂估业务,并且需要选择暂估入库存货成本的回冲方式,包括月初回冲、单到回冲、单到补差三种。月初回冲是指月初时系统自动生成红字回冲单,报销处理时,系统自动根据报销金额生成采购报销入库单;单到回冲是指采购发票到后进行采购结算报销处理时,系统生成红字回冲单,并生成采购报销入库单;单到补差是指报销处理时,系统自动生成一笔调整单,调整金额为实际金额与暂估金额的差额。

(3) 启用会计月份

对新建的账套,应输入启用会计月份,如果想从4月份开始输入日常单据,则应设定启用会计月份为4月;设定启用会计月份后,启用会计月份以前的单据只能输入期初余额中,而不能输入日常单据中。

在基本参数设置中,还有其他一些参数设置,可以参考实际情况进行设置。

2) 期初数据

如果存货核算系统单独使用,那么期初数据就在存货核算系统中直接录入;如果存货核算系统与库存管理系统联合使用,库存管理系统已经录入了存货期初数据,那么存货核算系统的期初数据就可以从库存管理系统中直接取得。

3) 会计科目设置

(1) 存货科目

设置存货核算系统中生成凭证所需要的各种存货科目及差异科目,因此在制单之前应先在此模块中将存货科目设置正确、完整,否则无法生成科目完整的凭证。

(2) 对方科目

设置存货核算系统中生成凭证所需要的存货对方科目所对应的会计科目,因此在制单之前应先在此模块中将存货对方科目设置正确、完整,否则无法生成科目完整的凭证。同时,在填制相应的采购入库单、销售出库单等单据时,也要完整填写对应的收发类别。

(3) 客户及供应商往来科目

用于设置核算客户、供应商往来账款所对应的会计科目。其中包括基本科目、控制科目、产品科目和结算方式科目。

① 基本科目:在核算应收款项时经常用到的科目。

② 控制科目:如果在核算客户或供应商的赊销或赊购欠款时,针对不同的客户或供应商分别设置了不同的应收账款科目和预收账款科目,可以先在账套参数中选择设置的依据(选择是针对不同的客户设置,还是针对不同的客户分类设置,或者针对不同的地区分类设置),然后在此处进行设置。

③ 存货科目:如果针对不同的存货(存货分类)分别设置不同的销售收入科目、应交销项

税科目和销售退回科目,则可以先在账套参数中选择设置的依据(选择是针对不同的存货设置,还是针对不同的存货分类设置),然后在此处设置。

④ 结算方式科目:为每种结算方式设置一个默认的科目。例如,用现金支付货款的结算方式,其对应的会计科目就设定为"1001库存现金"。

在科目设置中,特别要注意的是,存货的科目设置和对方科目设置应在基本单据记账之前。如果记账时,存货没有科目和对方科目,生成的凭证将没有科目,此时只能手工录入会计科目。

2. 日常业务处理

存货核算系统的日常业务处理包括出入库单据记账、暂估成本处理、客户供应商往来制单、月末处理和月末结账。

1) 出入库单据记账

包括正常单据记账和特殊单据记账两项功能,其作用是将各种出入库单据记入存货明细账、差异明细账等。记账时要注意的是各种单据要按业务发生的时间顺序记账;记账后的单据不能修改和删除,若记账后发现单据有误,在本月未结账状态下,可以取消记账后进行修改操作。但是如果已记账单据已经生成凭证,那么只能删除凭证后才能取消记账。

2) 暂估成本处理

存货核算系统对货到发票未到的采购暂估入库业务提供了月初回冲、单到回冲、单到补差几种处理方式,需要在启用核算管理系统时在基础设置中进行设定,一旦选择就不能修改。但无论采用哪种暂估方式,在操作过程中都要遵循以下步骤。

① 采购发票到达后,在采购管理系统填制发票并进行采购结算。

② 进入核算管理系统,完成暂估入库业务成本处理。

3) 客户/供应商往来制单

针对采购、销售管理系统中已复核的采购发票与销售发票,生成相应的往来款项凭证。

4) 月末处理

当核算管理系统日常业务全部完成后,通过月末处理功能由系统自动计算本期存货的平均单价以及出库成本,分摊差异。

5) 月末结账

当核算管理系统本期业务全部处理完毕后,就可以进行月末结账,进入下一个会计期间。如果核算管理系统与采购、销售、库存管理系统集成使用,那么必须在上述三个系统都进行月末结账后,核算管理系统才能结账。

3. 综合查询

核算管理系统与供应链其他系统一样,也提供了丰富的账表查询功能,可以进行多角度的统计分析。

5.2.2 调整存货入库成本

实验资料

在采购现结业务中，后续发生了属于这笔业务的费用720元，原业务如下：

4月4日，向成都大成公司购买鼠标30箱，单价为600元/箱(无税单价)，直接验收入原料仓库。同时收到专用发票一张，立即以工行转账支票(支票号ZZ011)支付其货款。确定采购成本，进行付款处理。

4月25日，将4月4日发生的采购鼠标的入库成本增加720元。

实验过程

1. 录入调整单据

选择"业务工作"|"供应链"|"存货核算"|"日常业务"|"入库调整单"，单击"增加"按钮，输入案例资料，如图5-29所示。

图5-29 入库调整单

单击"保存"按钮，然后单击"记账"按钮完成。

实验提示

入库调整单可以针对单据调整，也可针对存货调整。

2. 生成入库调整凭证

选择"业务工作"|"供应链"|"存货核算"|"财务核算"|"生成凭证"，单击工具栏的"选择"按钮，在查询条件中选择"入库调整单"。

选择要记账的单据，然后单击"确定"按钮返回"生成凭证"窗口，将凭证类别设置为"转账凭证"，如图5-30所示。

凭证类别	转 转账凭证							
选择	单据类型	单据号	摘要	科目类型	科目编码	科目名称	借方金额	贷方金额
1	入库调整单	001	入库调整单	存货	140301	生产用原材料	720.00	
				对方	1401	材料采购		720.00
合计							720.00	720.00

图5-30 生成凭证

单击"生成"按钮生成凭证，生成的凭证分录如下：

借：原材料/生产用原材料(140301)　　720
　　贷：材料采购(1401)　　　　　　　　720

单击"保存"按钮完成生成，凭证传递到总账中。

3.查询账簿

选择"业务工作"|"供应链"|"存货核算"|"账表"|"账簿"|"明细账"，仓库为"原料库"，选择"鼠标"，如图5-31所示。

记账日期	2013年		凭证号	摘要		收发类别	收入			发出			结存		
	月	日		凭证摘要			数量	单价	金额	数量	单价	金额	数量	单价	金额
				期初结存									0.00		0.00
2013-04-04	4	4	转 4	采购入库单		采购入库	360.00	50.00	18,000.00				360.00	50.00	18,000.00
2013-04-06	4	6	转 6	采购入库单		采购入库	60.00	50.17	3,010.27				420.00	50.02	21,010.27
2013-04-25	4	25	转 36	入库调整单		采购入库			720.00				420.00	51.74	21,730.27
				4月合计			420.00		21,730.27	0.00		0.00	420.00	51.74	21,730.27
				本年累计			420.00		21,730.27	0.00		0.00			

图5-31　明细账

从明细账看出，调整数据已经入账，并影响单价。

5.2.3　调整存货出库成本

实验资料

在销售的常规销售业务中，本批产品销售因故增加了成本1000元。原业务简要情况如下：

(1) 4月5日，天津大华公司欲购买10台税控Ⅱ号A，向销售部了解价格。销售部报价为6500元/台。客户确定购买，填制并审核报价单。

该客户进一步了解情况后，要求订购20台，同时要求发货日期为4月8日。填制并审核销售订单，销售部门向成品库发出发货通知。

(2) 4月8日，从成品仓库向天津大华公司发出其所订货物，并据此开具专用销售发票一张。

4月25日，调整4月8日出售给天津大华公司的税控Ⅱ号A的出库成本1000元。

实验过程

1. 录入调整单据

选择“业务工作”|“供应链”|“存货核算”|“日常业务”|“出库调整单”，单击“增加”按钮，输入案例资料，如图5-32所示。

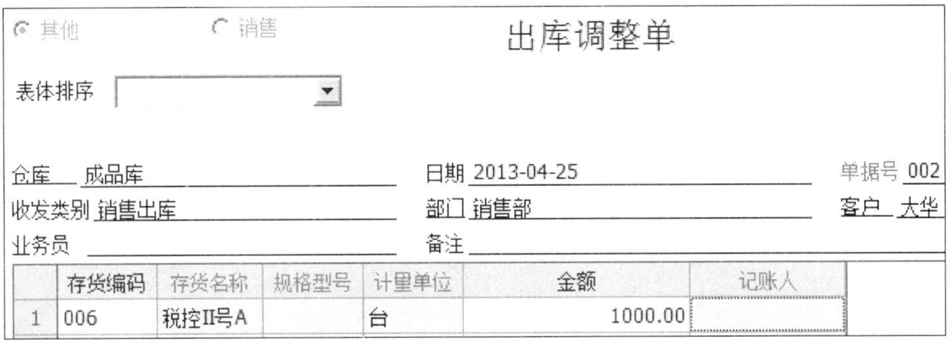

出库调整单

◉ 其他　○ 销售

表体排序

仓库 成品库　日期 2013-04-25　单据号 002

收发类别 销售出库　部门 销售部　客户 大华

业务员　备注

	存货编码	存货名称	规格型号	计量单位	金额	记账人
1	006	税控II号A		台	1000.00	

图5-32　出库调整单

单击“保存”按钮，再单击“记账”按钮完成。

2. 生成出库调整凭证

选择“业务工作”|“供应链”|“存货核算”|“财务核算”|“生成凭证”，单击工具栏的“选择”按钮，在查询条件中选择“出库调整单”，进入“未生成凭证单据一览表”。

选择要记账的单据，然后单击“确定”按钮返回“生成凭证”窗口，将凭证类别设置为“转账凭证”，如图5-33所示。

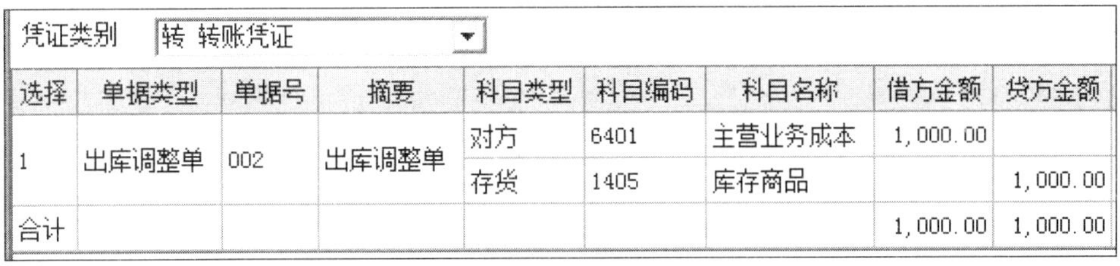

凭证类别　转 转账凭证

选择	单据类型	单据号	摘要	科目类型	科目编码	科目名称	借方金额	贷方金额
1	出库调整单	002	出库调整单	对方	6401	主营业务成本	1,000.00	
				存货	1405	库存商品		1,000.00
合计							1,000.00	1,000.00

图5-33　生成凭证

单击“生成”按钮生成凭证，生成的凭证分录如下：

借：主营业务成本(6401)　　1000

　　贷：库存商品(1405)　　1000

单击“保存”按钮完成生成，凭证传递到总账中。

3. 查询账簿

选择“业务工作”|“供应链”|“存货核算”|“账表”|“账簿”|“明细账”，仓库为“成品库”，选择“税控II号A”，如图5-34所示。

仓库: (2) 成品库													
存货: (006)税控Ⅱ号A						规格型号:							
计量单位: 台						存货代码:							
最高存量:				最低存量:		安全库存量:							

记账日期	2013年		凭证号	摘要	收发类别	收入			发出			结存		
	月	日	凭证摘要			数量	单价	金额	数量	单价	金额	数量	单价	金额
				期初结存								380.00	800.00	824,000.00
2013-04-20	4	20			销售出库				20.00			360.00	066.67	824,000.00
2013-04-20	4	20			销售出库				10.00			350.00	211.43	824,000.00
2013-04-20	4	20			销售出库				50.00			300.00	080.00	824,000.00
2013-04-20	4	20			销售出库				120.00			180.00	133.33	824,000.00
2013-04-20	4	20			销售出库				30.00			150.00	160.00	824,000.00
2013-04-21	4	21			销售出库				10.00			140.00	028.57	824,000.00
2013-04-25	4	25	转 31	产成品入库单	产成品入库	30.00	3,000.00	90,000.00				170.00	258.82	914,000.00
2013-04-25	4	25			其他出库				8.00			162.00	814.81	914,000.00
2013-04-25	4	25	转 37	出库调整单	销售出库						1,000.00	162.00	808.64	913,000.00
				4月合计		30.00		90,000.00	248.00		1,000.00	162.00	808.64	913,000.00
				本年累计		30.00		90,000.00	248.00		1,000.00			

图5-34 明细账

从明细账可以看出，调整数据已经入账。

5.2.4 核算资料查询

1. 收发存汇总表

选择"业务工作"|"供应链"|"存货核算"|"账表"|"汇总表"|"收发存汇总表"，进入"设置条件"窗口，按照默认条件设置进入查询，如图5-35所示。

存货名称	期初			收入			发出			结存		
	数量	单价	金额	数量	单价	金额	数量	单价	金额	数量	单价	金额
CN处理器	700.00	1,200.00	840,000.00	50.00	1,200.00	60,000.00	180.00	1,200.00	216,000.00	570.00	1,200.00	684,000.00
2T硬盘	200.00	820.00	164,000.00	200.00	797.74	159,547.73	100.00	808.87	80,887.00	300.00	808.87	242,660.73
液晶显示器				50.00	1,200.00	60,000.00				50.00	1,200.00	60,000.00
键盘				297.00	95.00	28,215.00				297.00	95.00	28,215.00
鼠标				420.00	51.74	21,730.27				420.00	51.74	21,730.27
税控Ⅱ号A	380.00	4,800.00	1,824,000.00	30.00	3,000.00	90,000.00	248.00	4.03	1,000.00	162.00	11,808.64	1,913,000.00
HP打印机	400.00	1,800.00	720,000.00	50.00	1,500.00	75,000.00	170.00			280.00	2,839.29	795,000.00
专用发票纸	300.00	40.00	12,000.00	300.00	50.00	15,000.00	200.00			400.00	67.50	27,000.00
普通发票纸	300.00	30.00	9,000.00	400.00	40.00	16,000.00	150.00			550.00	45.45	25,000.00
	2,280.00		3,569,000.00	1,797.00		525,493.00	1,048.00		297,887.00	3,029.00		3,796,606.00

图5-35 收发存汇总表

2. 暂估材料余额表

选择"业务工作"|"供应链"|"存货核算"|"账表"|"汇总表"|"暂估材料/商品余额表"，进入"设置条件"窗口，按照默认条件设置进入查询，如图5-36所示。

存货			期初		本期暂估		本期报销		结存	
编码	分类	名称	数量	金额	数量	金额	数量	金额	数量	金额
002	10102	2T硬盘	100.00	80,000.00			100.00	80,000.00		
007	30201	HP打印机			50.00	75,000.00			50.00	75,000.00
		合计	100.00	80,000.00	50.00	75,000.00	100.00	80,000.00	50.00	75,000.00

图5-36 暂估材料余额表

5.2.5 期末处理

1. 期末处理

(1) 在存货核算系统中,对未记账的单据进行记账。选择"业务工作"|"供应链"|"存货核算"|"业务核算"|"正常单据记账",对没有记账的单据进行记账。

然后分别选择"发出商品记账"、"直运销售记账"、"特殊单据记账"完成相关未记账单据的记账工作。

(2) 选择"业务工作"|"供应链"|"存货核算"|"业务核算"|"期末处理",选择全部仓库,如图5-37所示。

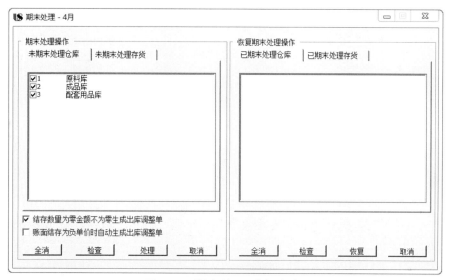

图5-37 期末处理(选择仓库)

单击"处理"按钮,进入月平均单价计算表,如图5-38所示。

仓库名称	存货名称	期初数量	期初金额	入库数量	入库金额	有金额出库数量	有金额出库成本	平均单价	无金额出库数量	无金额出库成本	出库合计数量	出库合计成本
成品库	税控II号A	380.00	1,824,000.00	30.00	90,000.00	0.00	1,000.00	4,665.85	248.00	1,157,131.71	248.00	1,158,131.71
配套用品库	HP打印机	400.00	720,000.00	50.00	75,000.00	0.00	0.00	1,766.67	170.00	300,333.33	170.00	300,333.33
成品库	专用发票纸	300.00	12,000.00	300.00	15,000.00	0.00	0.00	45.00	200.00	9,000.00	200.00	9,000.00
成品库	普通发票纸	300.00	9,000.00	400.00	16,000.00	0.00	0.00	35.71	150.00	5,357.14	150.00	5,357.14

图5-38 仓库平均单价计算表

由于原料库使用的是移动平均法,已经在业务处理过程中计算了单价,所以表上没有这部分。

单击工具栏中的"确定"按钮,会提示期末处理完毕。

(3) 期末处理后,相关以全月平均法计价的物料,其发出的价格将确定,并进行相应的计算。

选择"业务工作"|"供应链"|"存货核算"|"账表"|"账簿"|"明细账",库房选择成品库,物料选择税控Ⅱ号A,其明细账如图5-39所示。

2013年		凭证号	摘要		收入			发出			结存		
月	日		凭证摘要	收发类别	数量	单价	金额	数量	单价	金额	数量	单价	金额
			期初结存								380.00	800.00	824,000.00
4	20			销售出库				20.00	4,665.85	93,317.00	360.00	807.45	730,683.00
4	20			销售出库				10.00	4,665.85	46,658.50	350.00	811.50	684,024.50
4	20			销售出库				50.00	4,665.85	233,292.50	300.00	835.77	450,732.00
4	20			销售出库				120.00	4,665.85	559,902.00	180.00	949.06	890,830.00
4	20			销售出库				30.00	4,665.85	139,975.50	150.00	005.70	750,854.50
4	21			销售出库				10.00	4,665.85	46,658.50	140.00	029.97	704,196.00
4	25	转 31	产成品入库单	产成品入库	30.00	3,000.00	90,000.00				170.00	671.74	794,196.00
4	25			其他出库				8.00	4,665.85	37,326.80	162.00	672.03	756,869.20
4	25	转 37	出库调整单	销售出库				1,000.00			162.00	665.86	755,869.20
			4月合计		30.00		90,000.00	248.00		158,130.80	162.00	665.86	755,869.20
			本年累计		30.00		90,000.00	248.00		158,130.80			

图5-39 明细账(税控Ⅱ号A)

从明细账中看出,平均单价已经填入,并进行了金额和相关计算。

(4) 结转销售出库成本

选择"供应链"|"存货核算"|"财务核算"|"生成凭证",单击工具栏中的"选择"按钮,进行查询条件设置,选择"销售专用发票",单击"确定"按钮,显示未生成凭证单据一览表,如图5-40所示。

选择	记账日期	单据日期	单据类型	单据号	仓库	收发类别	业务类型	计价方式	客户
	2013-04-20	2013-04-08	专用发票	001	成品库	销售出库	普通销售	全月平均法	天津大华
	2013-04-20	2013-04-12	专用发票	002	配套用品库	销售出库	普通销售	全月平均法	天津大华
	2013-04-20	2013-04-15	专用发票	003	成品库	销售出库	普通销售	全月平均法	湖南宇子
	2013-04-20	2013-04-15	专用发票	004	成品库	销售出库	普通销售	全月平均法	天津大华
	2013-04-20	2013-04-16	专用发票	005	成品库	销售出库	普通销售	全月平均法	辽宁飞鸽
	2013-04-20	2013-04-16	专用发票	005	配套用品库	销售出库	普通销售	全月平均法	辽宁飞鸽
	2013-04-20	2013-04-17	专用发票	006	配套用品库	销售出库	普通销售	全月平均法	重庆嘉陵
	2013-04-20	2013-04-17	专用发票	007	配套用品库	销售出库	普通销售	全月平均法	重庆嘉陵
	2013-04-20	2013-04-17	专用发票	008	配套用品库	销售出库	普通销售	全月平均法	上海长江
	2013-04-21	2013-04-21	专用发票	012	成品库	销售出库	普通销售	全月平均法	湖南宇子

图5-40 未生成凭证单据一览表

单击"全选"按钮,然后单击"确定"按钮,返回到"生成凭证"窗口,将凭证类别改为"转账凭证",如图5-41所示。

凭证类别	转 转账凭证								
选择	单据类型	单据号	科目类型	科目编码	科目名称	借方金额	贷方金额	借方数量	存货名称
1	专用发票	001	对方	6401	主营业务成本	93,317.00		20.00	税控II号A
			存货	1405	库存商品		93,317.00		税控II号A
		002	对方	6401	主营业务成本	17,666.70		10.00	HP打印机
			存货	1405	库存商品		17,666.70		HP打印机
		003	对方	6401	主营业务成本	9,000.00		200.00	专用发票纸
			存货	1405	库存商品		9,000.00		专用发票纸
			对方	6401	主营业务成本	5,356.50		150.00	普通发票纸
			存货	1405	库存商品		5,356.50		普通发票纸
		004	对方	6401	主营业务成本	46,658.50		10.00	税控II号A
			存货	1405	库存商品		46,658.50		税控II号A
		005	对方	6401	主营业务成本	233,292.50		50.00	税控II号A
			存货	1405	库存商品		233,292.50		税控II号A
			对方	6401	主营业务成本	88,333.50		50.00	HP打印机
			存货	1405	库存商品		88,333.50		HP打印机
		006	对方	6401	主营业务成本	70,666.80		40.00	HP打印机
			存货	1405	库存商品		70,666.80		HP打印机
		007	对方	6401	主营业务成本	35,333.40		20.00	HP打印机
			存货	1405	库存商品		35,333.40		HP打印机
		008	对方	6401	主营业务成本	88,333.50		50.00	HP打印机
			存货	1405	库存商品		88,333.50		HP打印机
		012	对方	6401	主营业务成本	46,658.50		10.00	税控II号A
			存货	1405	库存商品		46,658.50		税控II号A
合计						734,616.90	734,616.90		

图5-41　生成凭证

单击"合成"按钮生成凭证(生成一张凭证)，进入"填制凭证"窗口，生成的凭证分录为：

借：主营业务成本(6401)　　　　　734 616.90

　　贷：库存商品(1405)　　　　　　734 616.90

单击"保存"按钮完成凭证编制，凭证被传递到总账系统中。

(5) 结转分期收款发出商品

选择"业务工作"|"供应链"|"存货核算"|"财务核算"|"生成凭证"，进入"生成凭证"窗口，单击工具栏中的"选择"按钮，查询条件中选择"分期收款发出商品发货单"，单击"确定"按钮进入"未生成凭证单据一览表"。

选择要生成凭证的行，单击"确定"按钮返回"生成凭证"窗口，将凭证类型选择为"转账凭证"，如图5-42所示。

凭证类别	转 转账凭证								
选择	单据类型	单据号	科目类型	科目编码	科目名称	借方金额	贷方金额	借方数量	存货名称
1	发货单	010	发出商品	1406	发出商品	559,902.00		120.00	税控II号A
			存货	1405	库存商品		559,902.00		税控II号A
合计						559,902.00	559,902.00		

图5-42　生成凭证

单击"生成"按钮，进入"填制凭证"窗口，生成的凭证分录为：

借：发出商品(1406)　　　　559 902
　　贷：库存商品(1405)　　　　559 902

单击"保存"按钮，完成凭证生成，并将凭证传递到总账系统中。

选择"业务工作"|"供应链"|"存货核算"|"财务核算"|"生成凭证"，进入后单击"选择"按钮进入查询条件，选择"分期收款发出商品专用发票"，单击"确定"按钮进入"选择单据"窗口。

先选择要生成凭证的单据，然后单击"确定"按钮进入"生成凭证"窗口，将凭证类别设为"转账凭证"，如图5-43所示。

凭证类别	转 转账凭证							
选择	单据类型	单据号	科目类型	科目编码	科目名称	借方金额	贷方金额	借方数量	存货名称
1	专用发票	010	对方	6401	主营业务成本	186,634.00		40.00	税控II号A
			发出商品	1406	发出商品		186,634.00		税控II号A
合计						186,634.00	186,634.00		

图5-43　生成凭证

单击"生成"按钮，进入"填制凭证"窗口，生成的凭证分录如下：

借：主营业务成本(6401)　　　　186 634
　　贷：发出商品(1406)　　　　186 634

单击"保存"按钮，完成凭证生成，凭证自动传递到总账系统中。

(6) 结转委托代销发出商品

选择"业务工作"|"供应链"|"存货核算"|"财务核算"|"生成凭证"，进入"生成凭证"窗口，单击工具栏中的"选择"按钮，查询条件选择"委托代销发出商品发货单"，单击"确定"按钮进入"未生成凭证一览表"。

先选择要生成凭证的单据，然后单击"确定"按钮返回到"生成凭证"窗口，将凭证类别改为"转账凭证"，输入发出商品科目1406，如图5-44所示。

凭证类别	转 转账凭证							
选择	单据类型	单据号	科目类型	科目编码	科目名称	借方金额	贷方金额	借方数量	存货名称
1	委托代销...	001	发出商品	1406	发出商品	139,975.50		30.00	税控II号A
			存货	1405	库存商品		139,975.50		税控II号A
合计						139,975.50	139,975.50		

图5-44　生成凭证

单击"生成"按钮，生成的凭证分录如下：

借：发出商品(1406)　　　　139 975.50
　　贷：库存商品(1405)　　　　139 975.50

单击"保存"按钮完成凭证生成，凭证传递到总账系统中。

选择"业务工作"|"供应链"|"存货核算"|"财务核算"|"生成凭证"，进入后单击"选择"按钮进入查询条件，选择"委托代销发出商品专用发票"，单击"确定"按钮进入

"选择单据"窗口。

先选择要生成凭证的单据,然后单击"确定"按钮进入"生成凭证"窗口,将凭证类别设为"转账凭证",将发出商品科目输入为1406,如图5-45所示。

凭证类别	转 转账凭证								
选择	单据类型	单据号	科目类型	科目编码	科目名称	借方金额	贷方金额	借方数量	存货名称
1	专用发票	011	对方	6401	主营业务成本	93,317.00		20.00	税控II号A
			发出商品	1406	发出商品		93,317.00		税控II号A
		013	对方	6401	主营业务成本	-13,997.55		-3.00	税控II号A
			发出商品	1406	发出商品		-13,997.55		税控II号A
合计						79,319.45	79,319.45		

图5-45 生成凭证

单击"合成"按钮,进入"填制凭证"窗口,生成的凭证分录如下:

借:主营业务成本(6401)　　　79 319.45
　　贷:发出商品(1406)　　　　79 319.45

单击"保存"按钮,完成凭证生成,凭证自动传递到总账系统中。

(7) 其他未生成凭证的业务生成凭证

选择"业务工作"|"供应链"|"存货核算"|"财务核算"|"生成凭证",进入后单击工具栏中的"选择"按钮进入查询条件,选择全部单据,单击"确定"按钮进入"选择单据"窗口,如图5-46所示。

					未生成凭证单据一览表				
选择	记账日期	单据日期	单据类型	单据号	仓库	收发类别	业务类型	计价方式	摘要	供应商
	2013-04-01	2013-03-25	红字回冲单	001	原料库	采购入库	普通采购	移动平均法	红字回冲单	重庆大江公司
	2013-04-25	2013-04-25	其他出库单	002	成品库	其他出库	其他出库	全月平均法	其他出库单	

图5-46 未生成凭证单据一览表

选择全部单据,然后单击"确定"按钮进入"生成凭证"窗口,将凭证类别设为"转账凭证",将发出商品科目输入为1406,如图5-47所示。

凭证类别	转 转账凭证								
选择	单据类型	单据号	科目类型	科目编码	科目名称	借方金额	贷方金额	借方数量	存货名称
1	红字回冲单	001	存货	140301	生产用原材料	-80,000.00		-100.00	2T硬盘
			应付暂估	1401	材料采购		-80,000.00		2T硬盘
	其他出库单	002	对方	660199	其他	37,326.80		8.00	税控II号A
			存货	1405	库存商品		37,326.80		税控II号A
合计						-42,673.20	-42,673.20		

图5-47 生成凭证

单击"生成"按钮,进入"填制凭证"窗口,生成的凭证分录如下:

借:原材料/生产用原材料(140301)　　-80 000
　　贷:材料采购(1401)　　　　　　　-80 000

单击"保存"按钮,然后进入下一笔凭证。

借：销售费用/其他(660199)　　　37 326.80
　　贷：库存商品(1405)　　　　　37 326.80

本笔就是捐助西部地区的业务。作为销售部费用，单击"保存"按钮完成。

2. 与总账系统对账

选择"业务工作"|"供应链"|"存货核算"|"财务核算"|"与总账对账"，进入"对账"窗口，可查看相关数据。对账之前，应将凭证进行记账。

3. 月末结账

月末处理一般在本月报表编制完成后，确认当期业务完成，才进行相关的月末结账等处理，具体方法如下。

选择"业务工作"|"供应链"|"存货核算"|"业务核算"|"月末结账"，进入"结账"窗口，选择要结账的月份，单击"结账"按钮进行。

第6章

固定资产与薪资业务处理

6.1 固定资产管理

6.1.1 固定资产管理功能概述

在U8软件中,对企业的固定资产管理主要通过建立固定资产卡片档案、登记资产变化情况的流水账,管理固定资产发生的增减变化;按照预先定义的折旧方法,按期提取折旧,自动生成凭证;能够按照提供的诸如固定资产编码、原值、折旧方法等条件完成固定资产卡片档案以及相关报表的查询,提高工作效率和管理水平,减少固定资产由于管理不当带来的经济损失。

固定资产系统与总账系统共享基础数据。固定资产的增加、减少以及原值和累计折旧的调整、折旧的计提都要将相关的数据通过记账凭证形式传递到总账系统中去,同时通过对账保持固定资产账目与总账的平衡。

在第一次使用固定资产系统时,首先要进行固定资产系统的初始化和基础参数设置;对于以前账套已经使用了固定资产系统的,需要通过账套结转功能,将上年度数据结转到本年度,然后开始日常处理操作。

固定资产管理系统的操作可分为基础设置和日常业务处理两个部分。基础设置部分主要完成企业固定资产管理运行环境的设置,包括系统初始化、部门设置、类别设置、使用状况设置、增减方式定义、折旧方法定义、卡片样式定义等。日常业务处理部分主要完成固定资产变动的管理、折旧处理、报表生成和查询打印等工作。固定资产的处理过程如图6-1所示。

固定资产是以卡片为中心进行业务处理的,其卡片和相关业务之间的关系如图6-2所示。

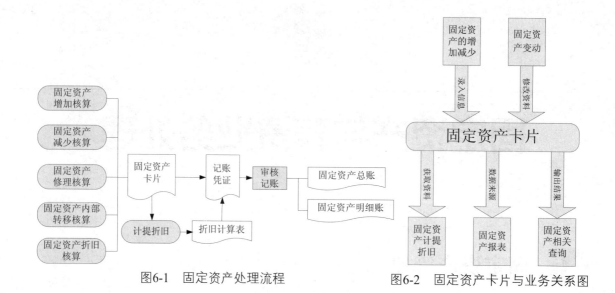

图6-1 固定资产处理流程　　　图6-2 固定资产卡片与业务关系图

6.1.2 固定资产初始设置

1. 控制参数

实验资料

约定与说明：我同意。

启用月份：2013.04。

折旧信息：本账套计提折旧；折旧方法——平均年限法(一)；折旧汇总分配周期——1个月，当(月初已计提月份=可使用月份-1)时，将剩余折旧全部提足。

编码方式：资产类别编码方式——2；固定资产编码方式——手工输入。

财务接口：与账务系统进行对账；固定资产对账科目——固定资产(1601)；累计折旧对账科目——累计折旧(1602)。

参数设置：业务发生后立即制单；月末结账前一定要完成制单登账业务；固定资产默认入账科目——1601；累计折旧默认入账科目——1602；减值准备默认入账科目——1603。

实验过程

(1) 初始化账套

选择"业务工作"|"财务会计"|"固定资产"，首次使用时，系统将提示"这是第一次打开账套，还未进行过初始化，是否进行初始化"，选择"是"进行初始化。

系统弹出"初始化账套向导"窗口，按照实验资料内容，完成初始化向导参数设置。约定及说明，选择"我同意"；启用月份为2013.04；折旧信息的设置如图6-3所示。

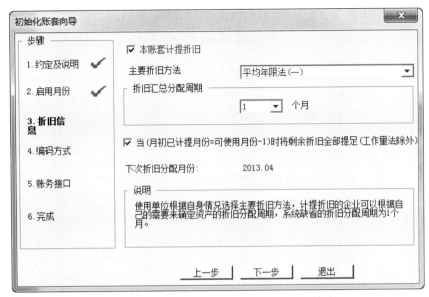

图6-3 固定资产初始化参数设置(折旧信息)

资产类别编码长度为"2",固定资产编码方式采用手工输入方式。固定资产对账科目"1601",累计折旧对账科目"1602";设置完成后的信息如图6-4所示。

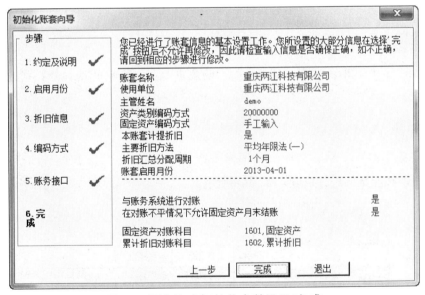

图6-4 固定资产初始化参数设置(完成)

设置结束,单击"完成"按钮,系统弹出"是否确定所设置的信息完全正确并保存对新账套的所有设置"提示框。选择"是",系统初始化后弹出"已成功初始化本固定资产账套"提示框,单击"确定"按钮,完成固定资产账套初始化。

(2) 选项设置

选择"业务工作"|"财务会计"|"固定资产"|"设置"|"选项",单击"编辑"按钮,与账务系统接口的信息设置如图6-5所示。其他采用默认值,单击"确定"按钮完成。

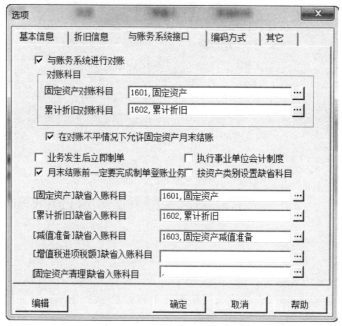

图6-5 固定资产选项设置(与账务系统接口)

2. 部门对应折旧科目

实验资料

管理中心：管理费用/折旧费；供销中心、物流中心：销售费用/折旧费；制造中心：制造费用/折旧费。

实验过程

选择"业务工作"|"财务会计"|"固定资产"|"设置"|"部门对应折旧科目"，单击"修改"按钮，按照案例进行设置，如图6-6所示。

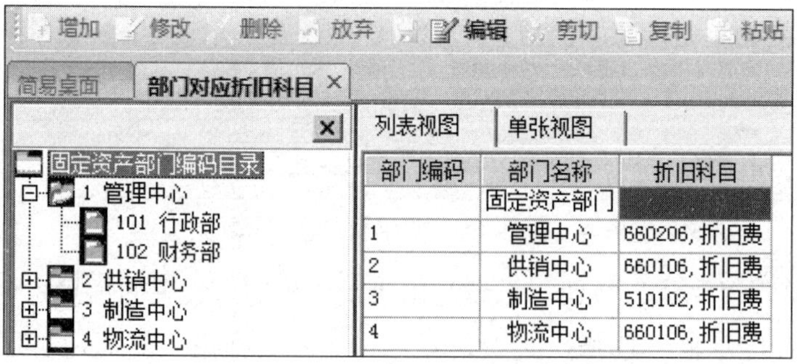

图6-6 部门对应折旧科目设置

3. 固定资产类别

实验资料

固定资产类别如表6-1所示。

表6-1 固定资产类别

类别编码	类别名称	使用年限	净残值率/(%)	计提属性	折旧方法
01	通用设备	3	3	正常计提	平均年限法(一)
02	交通运输设备	8	3	正常计提	工作量法
03	电气设备	5	3	正常计提	平均年限法(一)
04	仪器仪表	5	3	正常计提	平均年限法(一)
05	家具用具及其他	5	3	正常计提	平均年限法(一)
06	房屋及建筑物	30	3	正常计提	平均年限法(一)

实验过程

选择"业务工作"|"财务会计"|"固定资产"|"设置"|"资产类别",单击"增加"按钮,按照案例进行输入,如图6-7所示。

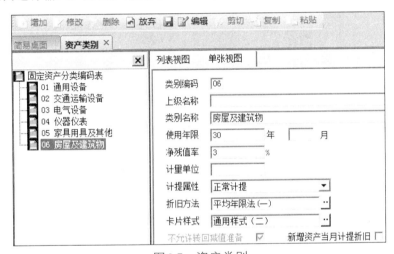

图6-7 资产类别

每设置一个类别后单击"保存"按钮,然后继续输入。设置完成后如图6-8所示。

类别编码	类别名称	使用年限(月)	净残值率(%)	计量单位	计提属性	折旧方法
	固定资产分类编码					
01	通用设备	36	3.00		正常计提	平均年限法(一)
02	交通运输设备	96	3.00		正常计提	平均年限法(一)
03	电气设备	60	3.00		正常计提	平均年限法(一)
04	仪器仪表	60	3.00		正常计提	平均年限法(一)
05	家具用具及其他	60	3.00		正常计提	平均年限法(一)
06	房屋及建筑物	360	3.00		正常计提	平均年限法(一)

图6-8 资产类别

4.增减方式的对应入账科目

实验资料

(1) 增加方式

直接购入:工行存款(100201)。

(2) 减少方式

毁损：固定资产清理(1606)。

出售：固定资产清理(1606)。

实验过程

选择"业务工作"|"财务会计"|"固定资产"|"设置"|"增减方式"，单击"修改"按钮，按照案例进行输入，如图6-9所示。

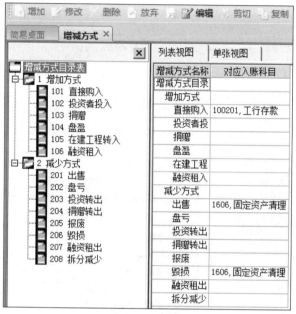

图6-9　增减方式

5. 原始卡片

实验资料

固定资产卡片如表6-2所示。

表6-2　固定资产卡片

资产编码	固定资产名称	类别编号	所在部门	使用年限	开始使用日期	原值	累计折旧
01	红旗牌轿车	02	行政部	8	2012-01-01	215 470.00	37 255.00
02	传真机	01	行政部	3	2011-01-01	3510.00	1825.00
03	联想ThinkPad	01	财务部	3	2012-09-01	28 900.00	5548.00
04	HP计算机	01	采购部	3	2012-08-01	6490.00	1246.00
05	装配机A型	03	一车间	5	2012-12-31	200 000.00	6250.00
06	联想计算机	01	二车间	3	2012-08-01	6490.00	1246.00
07	装配机B型	03	二车间	5	2012-12-31	180 000.00	5625.00
08	长安面包车	02	运输部	8	2012-10-31	50 000.00	10 000.00

(续表)

资产编码	固定资产名称	类别编号	所在部门	使用年限	开始使用日期	原值	累计折旧
09	办公楼	06	行政部为30%,其他部门均为10%	30	2012-10-31	3 000 000.00	40 000.00
	合计					3 690 860.00	108 995.00

补充资料:

增加方式均为直接购入,固定资产净残值率均为3%,车辆的使用状况为"在用",折旧方法为工作量法。

红旗轿车的工作总量为800 000千米,累计工作量162 000千米;长安面包车工作总量为200 000千米,累计工作量40 000千米。

除车辆外,其他的固定资产折旧方法均采用平均年限法(一)。

实验过程

(1) 输入初始卡片

选择"业务工作"|"财务会计"|"固定资产"|"卡片"|"录入原始卡片",进入"固定资产类别档案",先选择类别,单击"确定"按钮,按照案例进行输入,如图6-10所示。

图6-10 固定资产卡片

输入一张卡片后,单击"保存"按钮完成,再逐一输入案例资料。在输入办公楼固定资产的资料时,输入使用部门应选择"多部门使用",然后分部门输入,如图6-11所示。

使用部门

使用部门有效数量范围:2 ~ 999个

序号	使用部门	使用比例%	对应折旧科目	项目大类	对应项目	部门编码
1	行政部	30	660206, 折旧费			101
2	财务部	10	660206, 折旧费			102
3	销售部	10	660106, 折旧费			201
4	采购部	10	660106, 折旧费			202
5	一车间	10	510102, 折旧费			301
6	二车间	10	510102, 折旧费			302
7	仓储部	10	660106, 折旧费			401
8	运输部	10.0000	660106, 折旧费			402

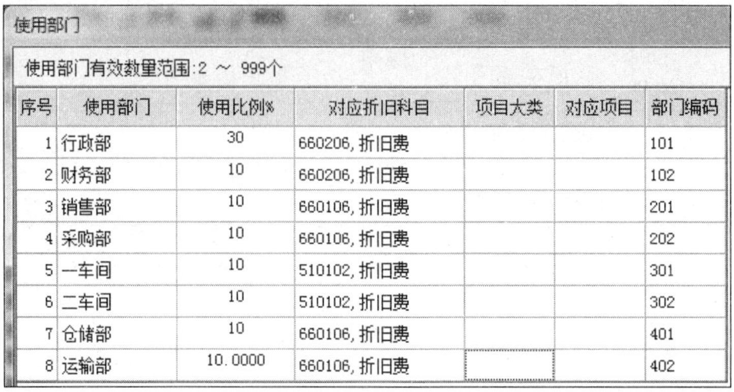

图6-11　办公楼的使用部门

如果发现录入的固定资产卡片数据需要修改，选择“业务工作”|“财务会计”|“固定资产”|“卡片”|“卡片管理”功能进行修改。

选择该功能后，进入查询条件选择，根据本案例，将开始使用日期设置为“2011-01-01”到“2013-04-30”，单击“确定”按钮后进入“卡片管理”窗口，如图6-12所示。

卡片编号	开始使用日期	使用年限(月)	原值	固定资产编号	净残值率	录入人
00001	2012.01.01	96	215,470.00	01	0.03	何沙
00002	2011.01.01	36	3,510.00	02	0.03	何沙
00003	2012.09.01	36	28,900.00	03	0.03	何沙
00004	2012.08.01	36	6,490.00	04	0.03	何沙
00005	2012.12.31	60	200,000.00	05	0.03	何沙
00006	2012.08.01	36	6,490.00	06	0.03	何沙
00007	2012.12.31	60	180,000.00	07	0.03	何沙
00008	2012.10.31	96	50,000.00	08	0.03	何沙
00009	2012.10.31	360	3,000,000.00	09	0.03	何沙
合计:(共计			3,690,860.00			

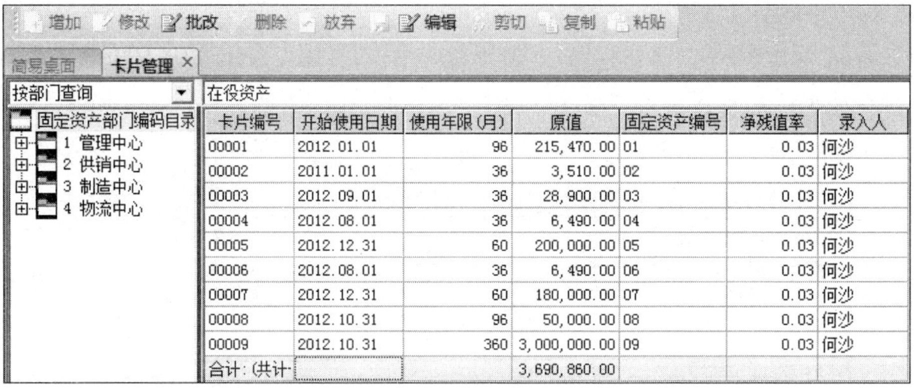

图6-12　卡片管理

卡片管理中显示的项目，可选择“编辑”|“列头编辑”进行调整，如图6-13所示。

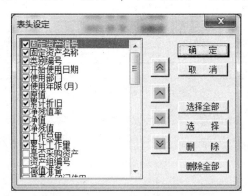

图6-13　表头设定

期初的固定资产卡片如图6-14所示。

固定资产名称	类别编号	开始使用日期	使用部门	用年限(月	原值	累计折旧	净值	净残值	工作总量	累计工作量
红旗牌轿车	02	2012.01.01	行政部	96	215,470.00	37,255.00	178,215.00	6,464.10	800,000.000	162,000.000
传真机	01	2011.01.01	行政部	36	3,510.00	1,825.00	1,685.00	105.30	0.000	0.000
联想THINKPAD	01	2012.09.01	财务部	36	28,900.00	5,548.00	23,352.00	867.00	0.000	0.000
HP计算机	01	2012.08.01	采购部	36	6,490.00	1,246.00	5,244.00	194.70	0.000	0.000
装配机A型	03	2012.12.31	一车间	60	200,000.00	6,250.00	193,750.00	6,000.00	0.000	0.000
联想计算机	01	2012.08.01	二车间	36	6,490.00	1,246.00	5,244.00	194.70	0.000	0.000
装配机B型	03	2012.12.31	二车间	60	180,000.00	5,625.00	174,375.00	5,400.00	0.000	0.000
长安面包车	02	2012.10.31	运输部	96	50,000.00	10,000.00	40,000.00	1,500.00	200,000.000	40,000.000
办公楼	06	2012.10.31	行政部/财	360	3,000,000.00	40,000.00	960,000.00	90,000.00	0.000	0.000
					3,690,860.00	108,995.00	581,865.00	110,725.80	1,000,000.000	202,000.000

图6-14　期初的固定资产卡片

(2) 固定资产对账

选择“业务工作”|“财务会计”|“固定资产”|“处理”|“对账”，系统将对固定资产原始卡片数据与总账系统期初余额的对应科目(原值和累计折旧)数据进行检查，弹出检查结果提示，如果显示“结果平衡”，则表示数据一致。

如果固定资产账套与账务账套的数据不平衡，那么就需要检查数据的出错原因并予以改正。

6.1.3　固定资产日常业务处理

1. 资产增加

实验资料

4月10日，用中行美元账户存款购买HP计算机服务器一台，价格为3000美元，当天汇率为1美元兑换6.20元人民币，同时用工行存款支付关税3000元(工行转账支票号ZZ456324)，运费2000元(工行转账支票号ZZ456325)，中行转账支票号ZZ151521。折旧按原值和预计使用期间计提折旧，净残值率3%，预计使用年限3年。详细资料见表6-3。

表6-3　固定资产信息表

卡片编号	固资名称	固资类别	原值	使用状态	增加方式	使用部门
10	HP服务器	通用设备	23 600	在用	购入	财务部

实验过程

选择“业务工作”|“财务会计”|“固定资产”|“卡片”|“资产增加”，先选择类别，然后进行资料输入，单击“保存”按钮完成，如图6-15所示。

固定资产卡片

卡片编号	00010			日期	2013-04-10
固定资产编号	10	固定资产名称	HP服务器		
类别编号	01	类别名称	通用设备	资产组名称	
规格型号		使用部门	财务部		
增加方式	直接购入	存放地点			
使用状况	在用	使用年限(月)	36	折旧方法	平均年限法(一)
开始使用日期	2013-04-10	已计提月份	0	币种	人民币
原值	23600.00	净残值率	3%	净残值	708.00
累计折旧	0.00	月折旧率	0	本月计提折旧额	0.00
净值	23600.00	对应折旧科目	660206,折旧费	项目	
录入人	何沙			录入日期	2013-04-10

图6-15　固定资产卡片(资产增加)

选择"业务工作"|"财务会计"|"固定资产"|"卡片"|"卡片管理",双击录入的"HP服务器"行,进入卡片模式。

单击工具栏中的"凭证"按钮,进入"填制凭证"中修改生成的凭证。凭证类型为付款凭证,分录按照业务进行调整,具体凭证分录如下:

借:固定资产(1601) 23 600
　　贷:银行存款/工行存款(100201) 3000
　　　　银行存款/工行存款(100201) 2000
　　　　银行存款/中行存款(100202) 18 600(美元:3000,汇率:6.20)

单击"保存"按钮,完成凭证生成。凭证传送到总账系统。

实验提示

卡片输入完毕后,也可以不立即制单,即不保存凭证,月末的时候可以批量制单。

2.资产原值变动

实验资料

4月15日,行政部的红旗轿车添置新配件10 000元,用工行账户支付,转账支票号ZZ971121。

实验过程

选择"业务工作"|"财务会计"|"固定资产"|"卡片"|"变动单"|"原值增加",输入变动资料信息,如图6-16所示。

固定资产变动单
— 原值增加 —

变动单编号	00001			变动日期	2013-04-15
卡片编号	00001	资产编号	01	开始使用日期	2012-01-01
资产名称			红旗牌轿车	规格型号	
增加金额	10000.00	币种	人民币	汇率	1
变动的净残值率	3%	变动的净残值			300.00
变动前原值	215470.00	变动后原值			225470.00
变动前净残值	6464.10	变动后净残值			6764.10
变动原因	增加配件				
				经手人	何沙

图6-16 固定资产变动单(原值增加)

单击工具栏的"凭证"按钮进入"填制凭证"窗口,凭证类型选择"付款凭证",补充贷方科目为"100201",凭证分录如下:

借:固定资产(1601) 10 000
　　贷:银行存款/工行存款(100201) 10 000

单击"保存"按钮生成凭证,并传送到总账系统。也可以选择"业务工作"|"财务会计"|"固定资产"|"卡片"|"变动单"|"变动单管理",生成凭证。

3. 计提减值准备

实验资料

4月25日,因技术进步影响,经核查决定对联想ThinkPad笔记本电脑计提2500元减值准备。

实验过程

选择"业务工作"|"财务会计"|"固定资产"|"卡片"|"变动单"|"计提减值准备",输入减值准备资料信息,如图6-17所示。

```
                  固定资产变动单
                   —计提减值准备—
   变动单编号    00002              变动日期    2013-04-25
   卡片编号      00003    资产编号    03    开始使用日期  2012-09-01
   资产名称               联想THINKPAD    规格型号
   减值准备金额  2500.00    币种    人民币    汇率       1
   原值          28900.00    累计折旧             5548.00
   累计减值准备金额  2500.00  累计转回准备金额         0.00
   可回收市值    20852.00
   变动原因                            技术更新加速减值
                                        经手人    何沙
```

图6-17 固定资产变动单(计提减值准备)

单击"凭证"按钮生成计提减值准备凭证,凭证类型为转账凭证,补充借方科目"管理费用/其他",生成的凭证分录如下:

借:管理费用/其他(660299)/财务部　　　2500
　　贷:固定资产减值准备(1603)　　　　　　2500

单击"保存"按钮完成,凭证传递到总账系统中。

4. 计提当月折旧

实验资料

4月底,计提本月折旧费用。其中红旗牌轿车的本月工作量为15 000千米,长安面包车本月工作量为10 000千米。

实验过程

(1) 录入工作量

选择"业务工作"|"财务会计"|"固定资产"|"处理"|"工作量输入",输入工作量信息,如图6-18所示。单击"保存"按钮完成录入。

卡片编号	固定资产名称	*	工作总量	上期间工作量	本月工作量	累计工作量
00001	红旗牌轿车		800000	0	15000	177000
00008	长安面包车		200000	0	10000	50000

图6-18 工作量

(2) 计提本月折旧

选择"业务工作"|"财务会计"|"固定资产"|"处理"|"计提本月折旧",系统提示"是否已经录入工作量",选择"是",系统提示"是否查看折旧清单",继续选择"是",折旧计算的详细清单如图6-19所示。

资产名称	原值	计提原值	本月计提折旧额	累计折旧	减值准备	净值	净残值
红旗牌轿车	225,470.00	215,470.00	4,038.00	41,293.00	0.00	184,177.00	6,764.10
传真机	3,510.00	3,510.00	94.42	1,919.42	0.00	1,590.58	105.30
联想THINKP	28,900.00	28,900.00	777.41	6,325.41	2,500.00	20,074.59	867.00
HP计算机	6,490.00	6,490.00	174.58	1,420.58	0.00	5,069.42	194.70
装配机A型	200,000.00	200,000.00	3,240.00	9,490.00	0.00	190,510.00	6,000.00
联想计算机	6,490.00	6,490.00	174.58	1,420.58	0.00	5,069.42	194.70
装配机B型	180,000.00	180,000.00	2,916.00	8,541.00	0.00	171,459.00	5,400.00
长安面包车	50,000.00	50,000.00	2,406.00	12,406.00	0.00	37,594.00	1,500.00
办公楼	3,000,000.00	3,000,000.00	8,100.00	48,100.00	0.00	2,951,900.00	90,000.00
	3,700,860.00	3,690,860.00	21,920.99	130,915.99	2,500.00	3,567,444.01	111,025.80

图6-19 折旧清单

关闭折旧清单后显示折旧分配表,按照部门分配的折旧分配表如图6-20所示。

01 (2013.04-->2013.04)

部门编号	部门名称	项目编号	项目名称	科目编号	科目名称	折旧额
101	行政部			660206	折旧费	6,562.42
102	财务部			660206	折旧费	1,587.41
201	销售部			660106	折旧费	810.00
202	采购部			660106	折旧费	984.58
301	一车间			510102	折旧费	4,050.00
302	二车间			510102	折旧费	3,900.58
401	仓储部			660106	折旧费	810.00
402	运输部			660106	折旧费	3,216.00
合计						21,920.99

图6-20 折旧分配表(部门分配)

按照类别分配的折旧分配表如图6-21所示。

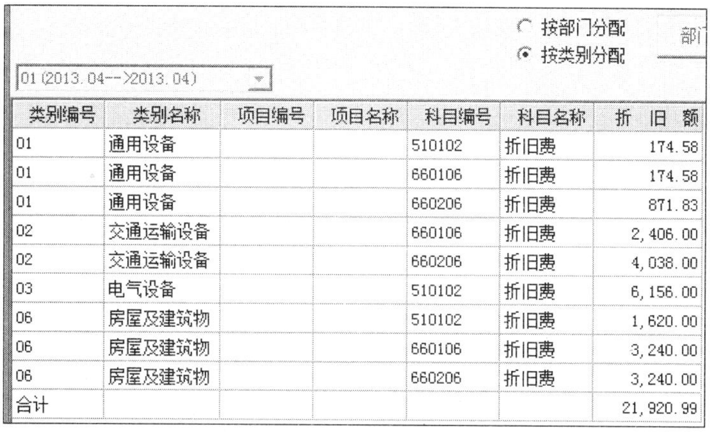

类别编号	类别名称	项目编号	项目名称	科目编号	科目名称	折 旧 额
01	通用设备			510102	折旧费	174.58
01	通用设备			660106	折旧费	174.58
01	通用设备			660206	折旧费	871.83
02	交通运输设备			660106	折旧费	2,406.00
02	交通运输设备			660206	折旧费	4,038.00
03	电气设备			510102	折旧费	6,156.00
06	房屋及建筑物			510102	折旧费	1,620.00
06	房屋及建筑物			660106	折旧费	3,240.00
06	房屋及建筑物			660206	折旧费	3,240.00
合计						21,920.99

图6-21　折旧分配表(类别)

可以选择“凭证”完成凭证制作，也可以在折旧分配表中完成凭证制作。

选择“业务工作”|“财务会计”|“固定资产”|“处理”|“折旧分配表”，单击“修改”按钮，选择“按部门分配”。单击“修改”按钮(即退出修改状态)，再选择“凭证”，生成的凭证分录如下：

借：管理费用/折旧费(660206)/行政部　　6562.42
　　管理费用/折旧费(660206)/财务部　　1587.41
　　销售费用/折旧费(660106)/销售部　　810.00
　　管理费用/折旧费(660206)/采购部　　984.58
　　制造费用/折旧费　　4050.00
　　制造费用/折旧费　　3900.58
　　管理费用/折旧费(660206)/仓储部　　810.00
　　管理费用/折旧费(660206)/运输部　　3216.00
　　贷：累计折旧　　21 920.99

凭证类别改为“转账凭证”，单击“保存”按钮完成。

实验提示

如果系统已经计提折旧并生成记账凭证，将数据传递到总账系统，那么必须删除该凭证后才能重新计提折旧。

5. 固定资产减少

实验资料

4月25日，二车间毁损联想计算机一台，进行报废处理。

实验过程

选择“业务工作”|“财务会计”|“固定资产”|“卡片”|“资产减少”，输入资产编

号,单击"增加"按钮,再输入减少方式,如图6-22所示。设置完成后,单击"确定"按钮退出。

图6-22 资产减少

选择"业务工作"|"财务会计"|"固定资产"|"处理"|"批量制单",进入查询条件选择,单击"确定"按钮进入"批量制单",如图6-23所示。

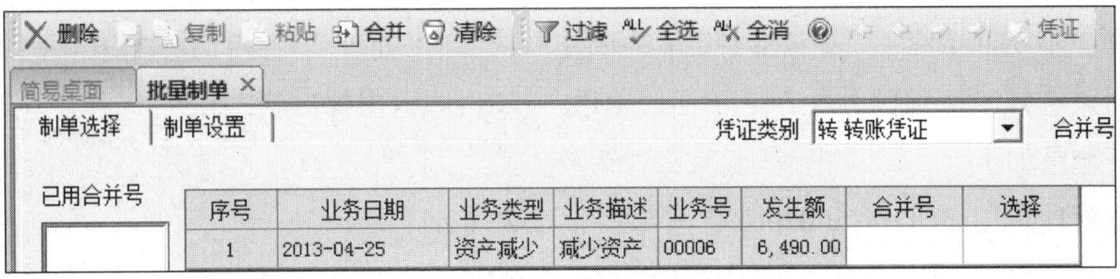

图6-23 批量制单

单击"全选"按钮,再选择"制单设置"可以设置凭证,如图6-24所示。

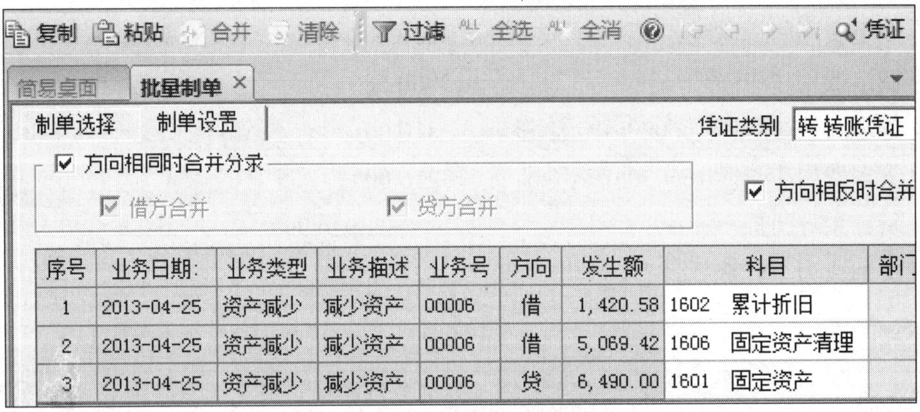

图6-24 制单设置

单击"凭证"按钮,将凭证类别设置为"转账凭证",生成的凭证分录如下:

借:累计折旧(1602)　　　　1420.58

　　固定资产清理(1606)　　5069.42

　　贷:固定资产(1601)　　　　6490.00

单击"保存"按钮完成凭证生成,并将凭证传递到总账系统中。

实验提示

只有在计提折旧后，才能减少资产。

如果资产减少错误，且已制作凭证，只能删除凭证后才能恢复减少的固定资产。

6.1.4　月末对账与结账

1. 对账

在对账前应将固定资产生成的有关凭证记账。选择“业务工作”|“财务会计”|“固定资产”|“处理”|“对账”，进行固定资产系统与账务系统数据的核对检查。

实验提示

只有在总账系统将所有涉及固定资产的记账凭证记账完毕后，对账结果才反映真实的情况，否则是不平衡的。

2. 月末结账

月末处理一般在本月报表编制完成后，确认当期业务完成，才进行相关的月末结账等处理，这里是说明具体的方法。

如果对账平衡，就可以进行月末结账。选择“业务工作”|“财务会计”|“固定资产”|“处理”|“月末结账”，进行月末结账操作。

实验提示

本会计期间所有业务处理完毕后，才能进行月末结账操作。

月末结账后，所有的数据资料不能再进行修改。

只有进行月末结账后，才能处理下一个会计期间的业务数据。

6.1.5　固定资产查询

1. 固定资产凭证查询

选择“业务工作”|“财务会计”|“固定资产”|“处理”|“凭证查询”，如图6-25所示。

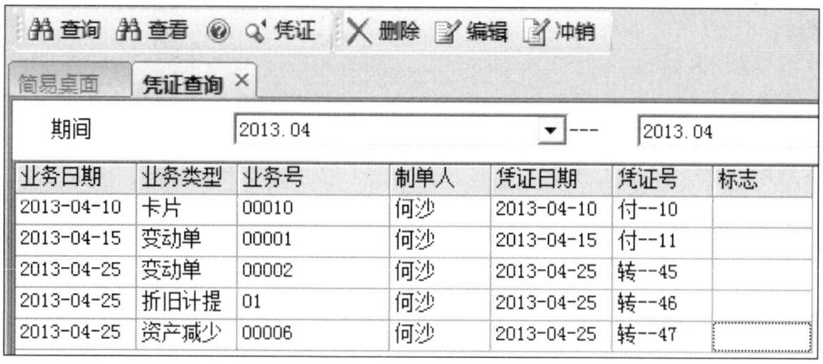

业务日期	业务类型	业务号	制单人	凭证日期	凭证号	标志
2013-04-10	卡片	00010	何沙	2013-04-10	付--10	
2013-04-15	变动单	00001	何沙	2013-04-15	付--11	
2013-04-25	变动单	00002	何沙	2013-04-25	转--45	
2013-04-25	折旧计提	01	何沙	2013-04-25	转--46	
2013-04-25	资产减少	00006	何沙	2013-04-25	转--47	

图6-25　凭证查询

可以双击凭证调出凭证。

2. 固定资产账表查询

选择"业务工作"|"财务会计"|"固定资产"|"账表"|"我的账表",有固定资产查询的账簿、分析报表、统计报表,可以根据需要选择使用。

6.2 薪资管理

6.2.1 薪资管理功能概述

薪资管理系统是用友U8系统中的一个子系统,其主要任务是以职工个人的薪资原始数据为基础,计算应发薪资、代扣款项和实发合计,编制薪资结算单;按部门和人员类别进行汇总,进行个人所得税计算;进行薪资费用分配与计提,并实现自动转账处理等。通过转账处理,薪资管理系统将数据传递给总账系统。薪资管理通常也叫做工资管理。

工资业务处理流程如图6-26所示。

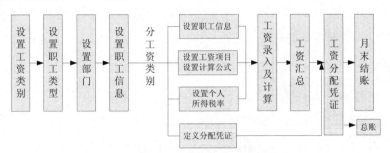

图6-26 工资业务处理流程

6.2.2 薪资基础设置

1. 初始化建账

实验资料

参数设置:工资类别个数为多个;核算币种为人民币RMB;选择"是否合算计件工资"。

扣税设置:要求代扣个人所得税。

扣零设置:不进行扣零处理。

人员编码:与公共平台人员的人员编码保持一致。

实验过程

选择"业务工作"|"人力资源"|"薪资管理",系统提示"建立工资套",按照实验资

料中的初始化参数对薪资账套参数进行设置。第1步设置如图6-27所示。

图6-27　建立工资套

在第2步中,勾选"是否从工资中代扣个人所得税",在第3步中,不勾选"扣零"。最后单击"完成"按钮结束设置。

> **实验提示**
>
> 工资账套与企业核算账套是不同的概念。企业核算账套是在系统管理中建立的,针对整个U8系统;而工资账套只是针对U8系统中的薪资管理,是企业核算账套中的一个组成部分。
>
> 如果企业工资发放类别有多个,发放项目、计算公式都不相同,但需要在一个工资账套中进行统一管理,则工资类别选择"多个"。
>
> 建账完成后,部分建账参数可以选择"人力资源"|"薪资管理"|"设置"|"选项"进行修改。

2. 工资类别

实验资料

薪资类别1:正式人员工资。
部门选择:所有部门。
薪资类别2:临时人员工资。
部门选择:制造中心。

实验过程

(1) 正式人员工资类别建立

以4月1日登录系统。选择"业务工作"|"人力资源"|"薪资管理"|"工资类别"|"新建工资类别",进入"新建工资类别"窗口,输入要建立的工资类别名称,如图6-28所示。

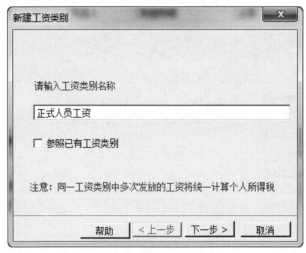

图6-28 新建工资类别

单击"下一步"按钮,选择部门时选定全部部门,如图6-29所示。

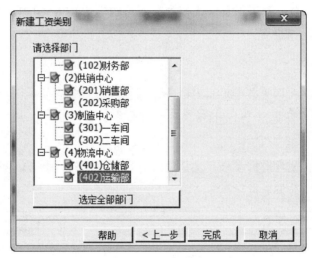

图6-29 选择部门

单击"完成"按钮,提示工资类别的启用日期为"2013-04-01",选择"是"完成建立。

选择"业务工作"|"人力资源"|"薪资管理"|"工资类别"|"关闭工资类别",关闭正式人员的工资类别。

(2) 临时人员工资类别建立

选择"业务工作"|"人力资源"|"薪资管理"|"工资类别"|"新建工资类别",工资类别输入"临时人员工资"。

选择部门的时候,只选择"制造中心"及其下属的两个车间,如图6-30所示。建立完成后,关闭工资类别。

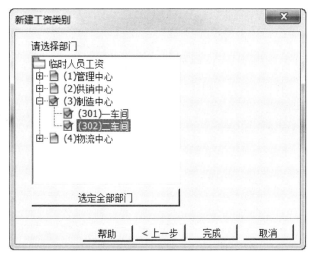

图6-30　临时人员工资类别

3. 公共工资项目设置

实验资料

工资项目如表6-4所示。

表6-4　工资项目

项目名称	新增项目	类型	长度	小数位数	增减项
基本工资	是	数字	8	2	增项
岗位补贴	是	数字	8	2	增项
交通补贴	是	数字	8	2	增项
计件工资		数字	8	2	增项
事假天数	是	数字	8	2	其他
事假扣款	是	数字	8	2	减项
应发合计		数字	10	2	增项
养老保险	是	数字	8	2	减项
代扣税		数字	8	2	减项
扣款合计		数字	10	2	减项
实发合计		数字	10	2	增项

实验过程

(1) 项目设置

选择"业务工作"|"人力资源"|"薪资管理"|"设置"|"工资项目设置"，进入"工资项目设置"窗口。

系统提供了常设项目。这里设置的工资项目是不同工资类别之间共享的，建立不同工资类别的工资项目时，只能在这里设置的项目中选择，这里设置的项目就是公共项目。

(2) 增加和减少项目

在"工资项目设置"窗口中,单击"增加"按钮,然后单击"名称参照"下拉按钮,选择"基本工资"(也可以直接输入),选择类型为"数字",长度为8,小数为2,增减项为增项。按照同样的方法设置其他项目,如图6-31所示。

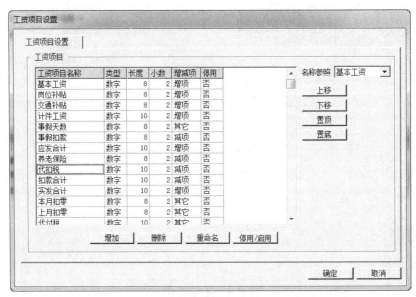

图6-31 设置工资项目

可以单击"上移"或"下移"按钮,将工资项目移动到需要的位置。单击"确定"按钮,完成工资项目设置。

实验提示

此处所设置的工资项目是针对所有工资类别所需要使用的全部工资项目。

对新增的工资项目,如果"名称参照"下拉列表中没有,可以增加输入。

4. 人员档案设置

实验资料

正式人员档案如表6-5所示。

表6-5 正式人员档案

人员编码	人员姓名	性别	人员类别	部门	账号	是否计税	计件工资
101	孙正	男	管理人员	行政部	1111	是	否
102	宋嘉	女	管理人员	行政部	1112	是	否
111	■何沙	男	管理人员	财务部	1113	是	否

(续表)

人员编码	人员姓名	性别	人员类别	部门	账号	是否计税	计件工资
112	赵小兵	女	管理人员	财务部	1114	是	否
113	孙胜业	女	管理人员	财务部	1115	是	否
121	李天华	女	经营人员	采购部	1116	是	否
122	杨真	男	经营人员	采购部	1117	是	否
131	刘一江	男	经营人员	销售部	1118	是	否
132	朱小明	女	经营人员	销售部	1119	是	否
141	陈瓜瓜	男	经营人员	仓储部	1120	是	否
151	罗忠	男	经营人员	运输部	1121	是	否
			增加的人员				
301	湘路宇	男	车间管理人员	一车间	1180	是	否
302	秦地久	女	车间人员	一车间	1181	是	否
303	万思维	男	车间管理人员	二车间	1182	是	否
304	东方魂	男	车间人员	二车间	1183	是	否

注：以上所有人员的代发银行均为工商银行重庆分行两江支行；账号为787978797879。

增加的临时人员档案如表6-6所示。

表6-6 临时人员档案

人员编码	人员姓名	性别	人员类别	部门	账号	是否计税	计件工资
320	天河飞	男	车间人员	一车间	1190	是	是
321	秦半岛	女	车间人员	一车间	1191	是	是
322	叶海甸	男	车间人员	二车间	1192	是	是
323	万银大	女	车间人员	二车间	1193	是	是
324	珠海玉	男	车间人员	二车间	1194	是	是
325	温琼海	女	车间人员	二车间	1195	是	是

所有人员均为中方人员。

银行名称：工商银行重庆分行两江支行；账号为787978797879。

实验过程

(1) 设置人员档案

在薪资管理中，人员档案必须包含企业所有需要发放工资的人员，只能多不能少。因此在进行薪资管理时，要仔细检查人员，将新增的人员录入人员档案。

选择"基础设置"|"基础档案"|"机构人员"|"人员档案"，单击工具栏的"增加"按钮，输入增加的人员档案，设置完成后全部人员的档案如图6-32所示。

选择	人员编码	姓名	性别	人员类别	行政部门	行政部门名称	账号	审核标志
	101	孙正	男	管理人员	101	行政部	1111	未处理
	102	宋嘉	女	管理人员	101	行政部	1112	未处理
	111	何沙	男	管理人员	102	财务部	1113	未处理
	112	赵小兵	女	管理人员	102	财务部	1114	未处理
	113	孙胜业	女	管理人员	102	财务部	1115	未处理
	121	李天华	女	经营人员	202	采购部	1116	未处理
	122	杨真	男	经营人员	202	采购部	1117	未处理
	131	刘一江	男	经营人员	201	销售部	1118	未处理
	132	朱小明	女	经营人员	201	销售部	1119	未处理
	141	陈瓜瓜	男	经营人员	401	仓储部	1120	未处理
	151	罗忠	男	经营人员	402	运输部	1121	未处理
	301	湘路宇	男	车间管…	301	一车间	1180	未处理
	302	秦地久	女	车间管…	301	一车间	1181	未处理
	303	万思维	男	车间管…	302	二车间	1182	未处理
	304	东方魂	男	车间人员	302	二车间	1183	未处理
	320	天河飞	男	车间人员	301	一车间	1190	未处理
	321	秦半岛	女	车间人员	301	一车间	1191	未处理
	322	叶海甸	男	车间人员	302	二车间	1192	未处理
	323	万银大	女	车间人员	302	二车间	1193	未处理
	324	珠海玉	男	车间人员	302	二车间	1194	未处理
	325	温琼海	女	车间人员	302	二车间	1195	未处理

图6-32 人员档案

显示项目可以单击"栏目"按钮进行设置。

实验提示

> 在总账的辅助核算中,需要用到"是否业务员"及"业务或费用部门",如果只是在薪资管理中调用的人员,则可以不设置这两项内容。

(2) 正式人员工资档案

选择"业务工作"|"人力资源"|"薪资管理"|"工资类别"|"打开工资类别",进入"打开工资类别"窗口,如图6-33所示。

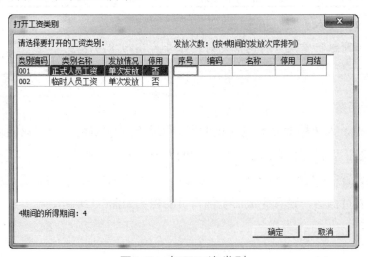

图6-33 打开工资类别

选择"正式人员"工资类别,单击"确定"按钮完成。工资类别打开成功后,在最下面的信息提示行会显示当前打开的工资类别。

　　选择"业务工作"|"人力资源"|"薪资管理"|"设置"|"人员档案",进入人员档案设置窗口。单击工具栏上的"批增"按钮,系统弹出"人员批量增加"窗口。单击左边栏中的全部部门(逐个选择每个部门),单击"查询"按钮,再选择需要纳入正式人员工资类别的人员。方法是在选择栏目下,双击某一人员就可以转换"是"或空白,"是"表示选择这个人;在核算计件工资栏目下,选择"是"或"否","是"表示核算计件工资,如图6-34所示。

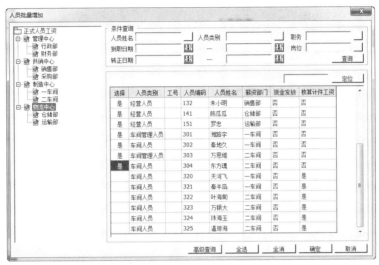

图6-34　批量引入人员档案

　　设置为"是"的代表选入的人,将计件工资设置为"否",单击"确定"按钮,系统自动将人员引入到正式人员类别的人员档案中。

　　单击"修改"按钮可以输入相关信息。方法是选中某一人员双击鼠标,输入和设置有关信息,如图6-35所示。

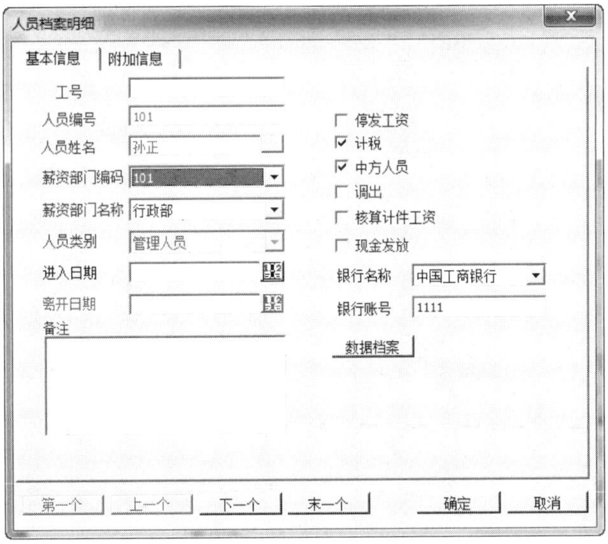

图6-35　人员档案(基本信息)

完成后的人员档案如图6-36所示。

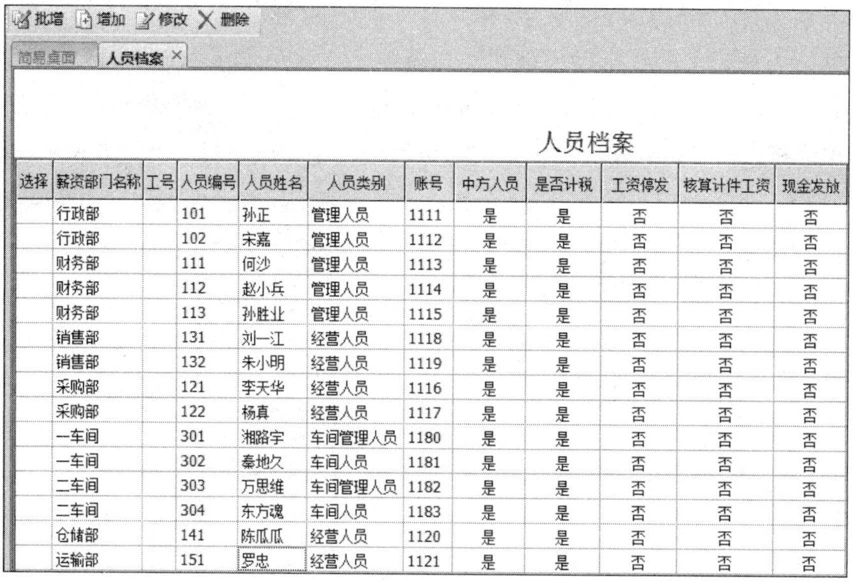

批增 增加 修改 删除

简易桌面 人员档案

人员档案

选择	薪资部门名称	工号	人员编号	人员姓名	人员类别	账号	中方人员	是否计税	工资停发	核算计件工资	现金发放
	行政部		101	孙正	管理人员	1111	是	是	否	否	否
	行政部		102	宋嘉	管理人员	1112	是	是	否	否	否
	财务部		111	何沙	管理人员	1113	是	是	否	否	否
	财务部		112	赵小兵	管理人员	1114	是	是	否	否	否
	财务部		113	孙胜业	管理人员	1115	是	是	否	否	否
	销售部		131	刘一江	经营人员	1118	是	是	否	否	否
	销售部		132	朱小明	经营人员	1119	是	是	否	否	否
	采购部		121	李天华	经营人员	1116	是	是	否	否	否
	采购部		122	杨真	经营人员	1117	是	是	否	否	否
	一车间		301	湘路宇	车间管理人员	1180	是	是	否	否	否
	一车间		302	秦地久	车间人员	1181	是	是	否	否	否
	二车间		303	万思维	车间管理人员	1182	是	是	否	否	否
	二车间		304	东方魂	车间人员	1183	是	是	否	否	否
	仓储部		141	陈瓜瓜	经营人员	1120	是	是	否	否	否
	运输部		151	罗忠	经营人员	1121	是	是	否	否	否

图6-36　工资人员档案

(3) 临时人员工资档案

选择“业务工作”|“人力资源”|“薪资管理”|“工资类别”|“打开工资类别”，选择“临时人员工资”工资类别。

选择“业务工作”|“人力资源”|“薪资管理”|“设置”|“人员档案”，进入人员档案设置窗口。单击“批增”按钮，选择“制造中心”及所属车间，再单击“查询”按钮，选择需要加入临时人员工资类别的人，如图6-37所示。

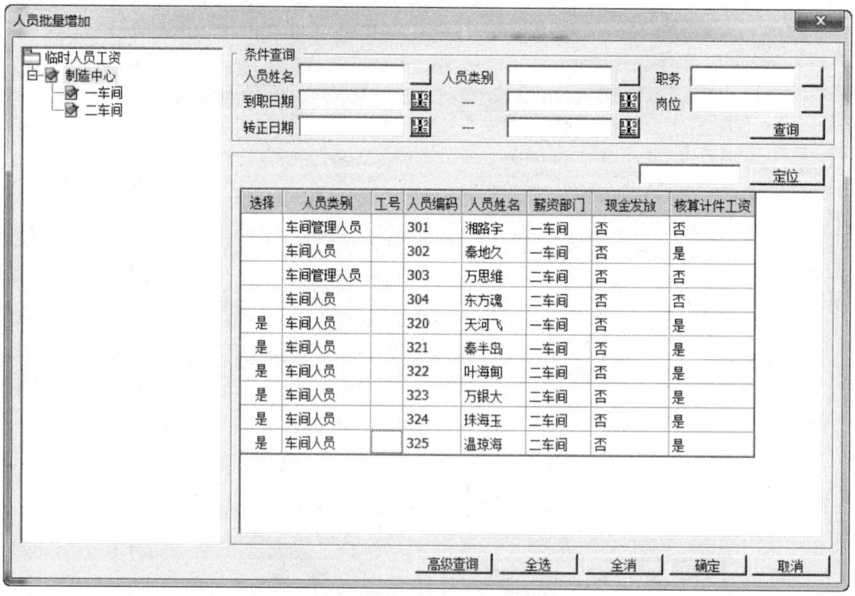

人员批量增加

临时人员工资
制造中心
一车间
二车间

条件查询
人员姓名
人员类别
职务
到职日期
岗位
转正日期
查询
定位

选择	人员类别	工号	人员编码	人员姓名	薪资部门	现金发放	核算计件工资
	车间管理人员		301	湘路宇	一车间	否	否
	车间人员		302	秦地久	一车间	否	是
	车间管理人员		303	万思维	二车间	否	否
	车间人员		304	东方魂	二车间	否	否
是	车间人员		320	天河飞	一车间	否	是
是	车间人员		321	秦半岛	一车间	否	是
是	车间人员		322	叶海甸	二车间	否	是
是	车间人员		323	万银大	二车间	否	是
是	车间人员		324	珠海玉	二车间	否	是
是	车间人员		325	温琼海	二车间	否	是

高级查询 全选 全消 确定 取消

图6-37　人员批量增加

选择和设置后，单击"确定"按钮完成导入。设置完成后如图6-38所示。

薪资部门名称	工号	人员编号	人员姓名	人员类别	账号	中方人员	是否计税	工资停发	核算计件工资
一车间		320	天河飞	车间人员	1190	是	是	否	是
一车间		321	秦半岛	车间人员	1191	是	是	否	是
二车间		322	叶海甸	车间人员	1192	是	是	否	是
二车间		323	万银大	车间人员	1193	是	是	否	是
二车间		324	珠海玉	车间人员	1194	是	是	否	是
二车间		325	温琼海	车间人员	1195	是	是	否	是

图6-38　临时人员档案

临时人员要进行计件工资核算。

5. 正式人员工资项目设置

实验资料

工资项目：

基本工资、岗位补贴、交通补贴、事假天数、事假扣款、应发合计、养老保险、代扣税、扣款合计、实发合计。

计算公式：

事假扣款=(基本工资/22)*事假天数

养老保险=(基本工资+岗位补贴)*0.05

交通补贴=IFF(人员类别="管理人员" OR 人员类别="车间管理人员",200,150)

即管理人员和车间管理人员为200，其他人员150元。

扣款合计=养老保险+代扣税+事假扣款

应发合计=基本工资+岗位补贴+交通补贴

实发合计=应发合计-扣款合计

实验过程

(1) 工资项目设置

选择"业务工作"|"人力资源"|"薪资管理"|"工资类别"|"打开工资类别"，选择"正式人员工资"类别。

选择"业务工作"|"人力资源"|"薪资管理"|"设置"|"工资项目设置"，进入"工资项目设置"窗口。在"工资项目设置"标签页中，单击"增加"按钮，然后单击"名称参照"下拉列表，选择需要的项目，设置完成后如图6-39所示。

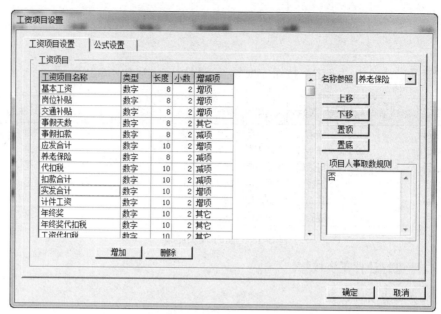

图6-39 设置工资项目

可以单击"上移"或"下移"按钮,将工资项目移动到需要的位置。

(2) 公式设置

选择"公式设置"设置计算公式,如图6-40所示。

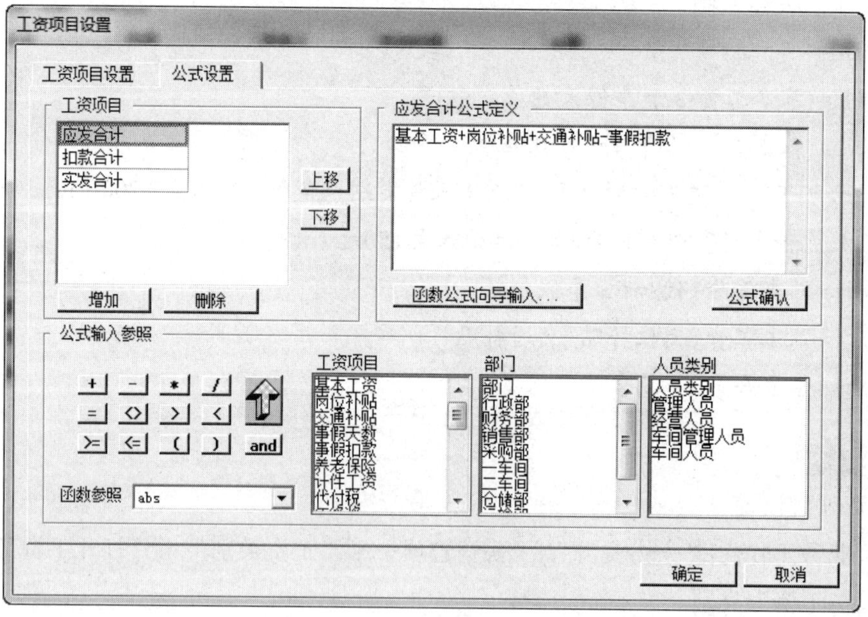

图6-40 公式设置

先选择工资项目,如"应发合计",然后在应发合计公式定义中设置计算公式,如"基本工资+岗位补贴+交通补贴-事假扣款",单击"公式确认"按钮完成本项目公式定义。

增加项目:单击在"工资项目"框下的"增加"按钮,然后选择项目如"交通补贴"。选择"交通补贴",在公式定义框中输入公式,公式中涉及的工资项目、部门、人员类别、函数、运算符号均在公式输入参照中选择。一个公式设置完成后务必要单击"公式确认"按钮。

函数的应用应单击"函数公式向导输入…"按钮设置，具体可查看每个函数的说明。

公式的顺序可以单击工资项目内的"上移"和"下移"按钮来调整。

案例公式：

交通补贴= iff(人员类别="管理人员" or 人员类别="车间管理人员",200,150)

事假扣款=(基本工资/22)*事假天数

应发合计=基本工资+岗位补贴+交通补贴

养老保险=(基本工资+岗位补贴)*0.05

扣款合计=养老保险+代扣税+事假扣款

实发合计=应发合计-扣款合计

设置完成，单击"确定"按钮完成。

实验提示

定义公式时，工资中没有的项目不允许在公式中出现。

定义公式时，可以使用函数向导输入、函数参照输入、工资项目参照、部门参照和人员参照，编辑输入该工资项目的计算公式。

定义公式后要注意调整公式的先后顺序，否则系统不能正确计算，如应发合计应排在基本工资、岗位补贴等之后。

6. 临时人员工资项目设置

实验资料

工资项目：

计件工资、岗位补贴、交通补贴、应发合计、养老保险、代扣税、扣款合计、实发合计。

计算公式：

养老保险=(2500+岗位补贴)*0.05

养老保险基数按照社会平均基数2500元计算。

交通补贴=IFF(人员类别="车间人员"，150)

应发合计=计件工资+岗位补贴+交通补贴

扣款合计=养老保险+代扣税

实发合计=应发合计-扣款合计

实验过程

(1) 工资项目设置

选择"业务工作"｜"人力资源"｜"薪资管理"｜"工资类别"｜"打开工资类别"，选择"临时人员工资"工资类别，单击"确定"按钮完成选择。

选择"业务工作"|"人力资源"|"薪资管理"|"设置"|"工资项目设置",进入"工资项目设置"窗口。

在"工资项目设置"标签页中,单击"增加"按钮,然后单击"名称参照"下拉列表,选择需要的项目,设置完成后如图6-41所示。

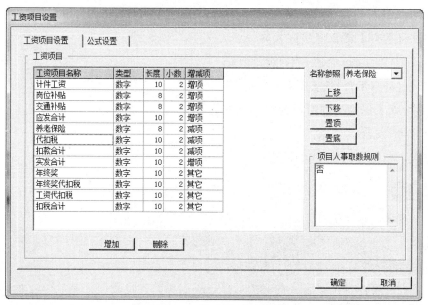

图6-41 设置工资项目

可以单击"上移"或"下移"按钮,将工资项目移动到需要的位置。

(2) 公式设置

选择公式设置,设置临时人员工资类别的公式。不同的工资类别之间相同项目的计算公式是单独设置的,并不相同。设置如图6-42所示。

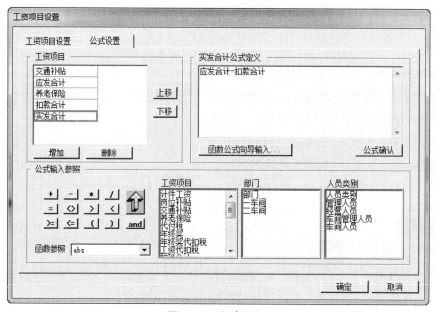

图6-42 公式设置

临时人员工资类别的公式设置为:

交通补贴=IFF(人员类别="车间人员",150)

应发合计=计件工资+岗位补贴+交通补贴

养老保险=(2500+岗位补贴)*0.05

扣款合计=代扣税+养老保险

实发合计=应发合计-扣款合计

6.2.3 正式人员工资类别日常工资处理

1. 输入工资数据

实验资料

正式人员4月初工资情况如表6-7所示。

表6-7 正式人员工资情况

人员编码	姓名	基本工资	岗位补贴	事假天数
101	孙正	9000	1000	
102	宋嘉	5000	500	2
111	何沙	4000	500	
112	赵小兵	3000	500	
113	孙胜业	3500	500	
121	李天华	4000	400	
122	杨真	4000	400	1
131	刘一江	3000	400	
132	朱小明	5000	400	
141	陈瓜瓜	4000	400	
151	罗忠	4000	400	
301	湘路宇	6000	400	
302	秦地久	5000	400	
303	万思维	5500	400	3
304	东方魂	4000	400	
	合计	69 000	7000	6

实验过程

(1) 选择工资类别

选择"业务工作"|"人力资源"|"薪资管理"|"工资类别"|"打开工资类别",选择"正式人员工资"类别。

(2) 输入工资数据

选择"业务工作"|"人力资源"|"薪资管理"|"业务处理"|"工资变动",进入

"工资变动"窗口。

输入的时候，在输入区单击右键，选择"排序"，可以选择某列排序。然后输入工资基本数据、考勤资料，如图6-43所示。

选择	人员编号	姓名	部门	人员类别	基本工资	岗位补贴	交通补贴	事假天数
	101	孙正	行政部	管理人员	9,000.00	1,000.00		
	102	宋嘉	行政部	管理人员	5,000.00	500.00		2.00
	111	何沙	财务部	管理人员	4,000.00	500.00		
	112	赵小兵	财务部	管理人员	3,000.00	500.00		
	113	孙胜业	财务部	管理人员	3,500.00	500.00		
	121	李天华	采购部	经营人员	4,000.00	400.00		
	122	杨真	采购部	经营人员	4,000.00	400.00		1.00
	131	刘一江	销售部	经营人员	3,000.00	400.00		
	132	朱小明	销售部	经营人员	5,000.00	400.00		
	141	陈瓜瓜	仓储部	经营人员	4,000.00	400.00		
	151	罗忠	运输部	经营人员	4,000.00	400.00		
	301	湘路宇	一车间	车间管理人员	6,000.00	400.00		
	302	秦地久	一车间	车间人员	5,000.00	400.00		
	303	万思维	二车间	车间管理人员	5,500.00	400.00		3.00
	304	东方魂	二车间	车间人员	4,000.00	400.00		
合计					69,000.00	7,000.00	0.00	6.00

图6-43 工资变动

单击工具栏上的"计算"按钮，系统根据定义好的公式，自动计算工资表有关项目的数据，如图6-44所示。

姓名	部门	人员类别	基本工资	岗位补贴	交通补贴	事假天数	事假扣款	应发合计
孙正	行政部	管理人员	9,000.00	1,000.00	200.00			10,200.00
宋嘉	行政部	管理人员	5,000.00	500.00	200.00	2.00	454.55	5,700.00
何沙	财务部	管理人员	4,000.00	500.00	200.00			4,700.00
赵小兵	财务部	管理人员	3,000.00	500.00	200.00			3,700.00
孙胜业	财务部	管理人员	3,500.00	500.00	200.00			4,200.00
李天华	采购部	经营人员	4,000.00	400.00	150.00			4,550.00
杨真	采购部	经营人员	4,000.00	400.00	150.00	1.00	181.82	4,550.00
刘一江	销售部	经营人员	3,000.00	400.00	150.00			3,550.00
朱小明	销售部	经营人员	5,000.00	400.00	150.00			5,550.00
陈瓜瓜	仓储部	经营人员	4,000.00	400.00	150.00			4,550.00
罗忠	运输部	经营人员	4,000.00	400.00	150.00			4,550.00
湘路宇	一车间	车间管理人员	6,000.00	400.00	200.00			6,600.00
秦地久	一车间	车间人员	5,000.00	400.00	150.00			5,550.00
万思维	二车间	车间管理人员	5,500.00	400.00	200.00	3.00	750.00	6,100.00
东方魂	二车间	车间人员	4,000.00	400.00	150.00			4,550.00
			69,000.00	7,000.00	2,600.00	6.00	1,386.37	78,600.00

图6-44 工资变动表(应发部分)

实发部分的所得税要重新设置后再计算。

2. 代扣个人所得税

实验资料

计算个人所得税的扣税项目设为"应发合计"(实际工作中要按照政策确定)，每个职员需选择"征收个人所得税"，扣税起点每月3500元。个人所得税的征收会随着《中华人民共和国个人所得税法》的改变而改变，具体请参照当时的法规确定。个人所得税计算方法如表6-8所示。

表6-8　薪资、薪金所得适用个人所得税七级超额累进税率表

级　数	全月应纳税所得额(含税所得额)/元	税率/(%)	速算扣除数/元
1	不超过1500元	3	0
2	超过1500元至4500元	10	105
3	超过4500元至9000元	20	555
4	超过9000元至35 000元	25	1005
5	超过35 000元至55 000元	30	2755
6	超过55 000元至80 000元	35	5505
7	超过80 000元	45	13505

实验过程

选择"业务工作"|"人力资源"|"薪资管理"|"设置"|"选项"，进入"扣税设置"页，单击"编辑"按钮，应税计算项目设置为"应发合计"，如图6-45所示。

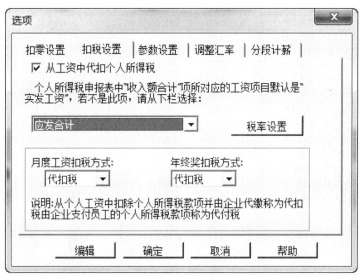

图6-45　选项

在实际工作中，具体应税的计算内容和方法需要与税务部门商定。一般需设置"应计个人所得收入"项目来作为计算个人所得税的依据。

单击"税率设置"按钮，将附加费用设为0，按照税率设置，如图6-46所示。

图6-46 税率表

单击"确定"按钮,退出税率表。然后再退出选项设置。

选择"业务工作"|"人力资源"|"薪资管理"|"业务处理"|"工资变动",进入后选择"计算"功能进行重新计算,结果如图6-47所示。

姓名	部门	人员类别	应发合计	养老保险	代扣税	扣款合计	实发合计
孙正	行政部	管理人员	10,200.00	500.00	785.00	1,285.00	8,915.00
宋嘉	行政部	管理人员	5,700.00	275.00	115.00	844.55	4,855.45
何沙	财务部	管理人员	4,700.00	225.00	36.00	261.00	4,439.00
赵小兵	财务部	管理人员	3,700.00	175.00	6.00	181.00	3,519.00
孙胜业	财务部	管理人员	4,200.00	200.00	21.00	221.00	3,979.00
李天华	采购部	经营人员	4,550.00	220.00	31.50	251.50	4,298.50
杨真	采购部	经营人员	4,550.00	220.00	31.50	433.32	4,116.68
刘一江	销售部	经营人员	3,550.00	170.00	1.50	171.50	3,378.50
朱小明	销售部	经营人员	5,550.00	270.00	100.00	370.00	5,180.00
陈瓜瓜	仓储部	经营人员	4,550.00	220.00	31.50	251.50	4,298.50
罗忠	运输部	经营人员	4,550.00	220.00	31.50	251.50	4,298.50
湘路宇	一车间	车间管理人员	6,600.00	320.00	205.00	525.00	6,075.00
秦地久	一车间	车间人员	5,550.00	270.00	100.00	370.00	5,180.00
万思维	二车间	车间管理人员	6,100.00	295.00	155.00	1,200.00	4,900.00
东方魂	二车间	车间人员	4,550.00	220.00	31.50	251.50	4,298.50
			78,600.00	3,800.00	1,682.00	6,868.37	71,731.63

图6-47 工资表(实发部分)

选择"业务工作"|"人力资源"|"薪资管理"|"业务处理"|"扣缴所得税",进入"个人所得税申报模板",选择"系统扣缴个人所得税报表",再单击"打开"按钮,先设置条件,然后进入"所得税申报"窗口,个人所得税申报表如图6-48所示。

序号	纳税义务人姓名	收入额	费用扣除标准	应纳税所得额	税率	应扣税额	已扣税额
1	孙正	10200.00	3500.00	6700.00	20	785.00	785.00
2	宋嘉	5700.00	3500.00	2200.00	10	115.00	115.00
3	何沙	4700.00	3500.00	1200.00	3	36.00	36.00
4	赵小兵	3700.00	3500.00	200.00	3	6.00	6.00
5	孙胜业	4200.00	3500.00	700.00	3	21.00	21.00
6	李天华	4550.00	3500.00	1050.00	3	31.50	31.50
7	杨真	4550.00	3500.00	1050.00	3	31.50	31.50
8	刘一江	3550.00	3500.00	50.00	3	1.50	1.50
9	朱小明	5550.00	3500.00	2050.00	10	100.00	100.00
10	陈瓜瓜	4550.00	3500.00	1050.00	3	31.50	31.50
11	罗忠	4550.00	3500.00	1050.00	3	31.50	31.50
12	湘路宇	6600.00	3500.00	3100.00	10	205.00	205.00
13	秦地久	5550.00	3500.00	2050.00	10	100.00	100.00
14	万思维	6100.00	3500.00	2600.00	10	155.00	155.00
15	东方魂	4550.00	3500.00	1050.00	3	31.50	31.50
合计		78600.00	52500.00	26100.00		1682.00	1682.00

图6-48　个人所得税扣缴表

实验提示

一定要进行个人所得税计算项目设置、扣除基数和税率调整确认，然后再进行工资表数据重算业务处理，否则个人所得税计算可能出错。

如果将来税率等有所调整，可以单击"税率表"按钮重新进行设置。

选择"业务工作"|"人力资源"|"薪资管理"|"业务处理"|"银行代发"，进入后选择全部部门，单击"确定"按钮，银行模板选择"中国工商银行"，如图6-49所示。

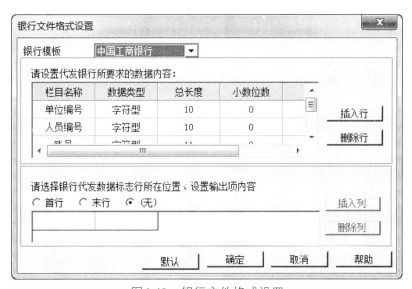

图6-49　银行文件格式设置

单击"确定"按钮,银行代发一览表如图6-50所示。

名称:中国工商银行			
单位编号	人员编号	账号	金额
1234934325	101	1111	8915.00
1234934325	102	1112	4855.45
1234934325	111	1113	4439.00
1234934325	112	1114	3519.00
1234934325	113	1115	3979.00
1234934325	121	1116	4298.50
1234934325	122	1117	4116.68
1234934325	131	1118	3378.50
1234934325	132	1119	5180.00
1234934325	141	1120	4298.50
1234934325	151	1121	4298.50
1234934325	301	1180	6075.00
1234934325	302	1181	5180.00
1234934325	303	1182	4900.00
1234934325	304	1183	4298.50
合计			71,731.63

图6-50 银行代发一览表

单击工具栏上的"输出"按钮,可以存储为多种格式。具体根据银行要求确定。

3. 工资分摊

实验资料

应付工资总额等于工资项目"应发合计",薪资费用分配的转账分录如表6-9所示。

表6-9 转账分录

部门	人员类别	应付职工薪酬	
		借方科目	贷方科目
行政部、财务部	管理人员	660201	221101
采购部、销售部、仓储部、运输部	经营人员	660101	221101
一车间、二车间	车间管理人员	510101	221101
	车间人员	510101	221101

实验过程

(1) 工资分摊设置

选择"业务工作"|"人力资源"|"薪资管理"|"业务处理"|"工资分摊",弹出"工资分摊"窗口,如图6-51所示。

单击"工资分摊设置"按钮,打开"分摊类型设置"窗口。然后单击"增加"按钮,在"计提类型名称"栏录入"应付工资",分摊比例为100%。单击"下一步"按钮,进行分摊构成设置,如图6-52所示。

图6-51 工资分摊

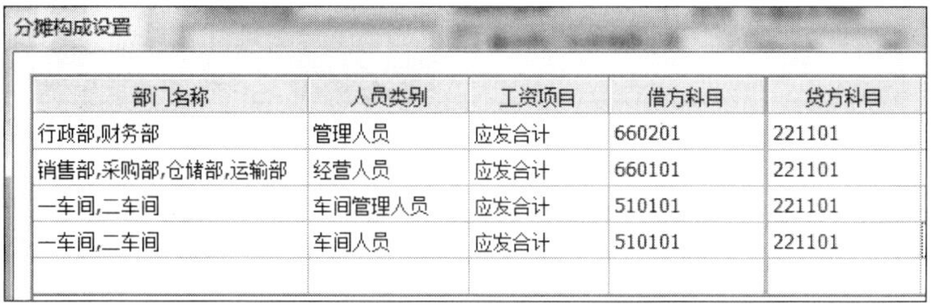

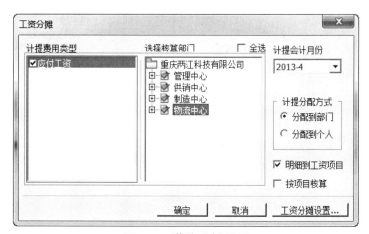

图6-52 分摊构成设置

单击"完成"按钮,返回"分摊类型设置"窗口,再单击"返回"按钮,回到"工资分摊"窗口。

(2) 执行工资分摊

选中工资分摊窗口左边栏中的"应付工资",然后选择参与分摊的部门,选中"明细到薪资项目"、"分配到部门",如图6-53所示。

图6-53 薪资分摊设置

单击"确定"按钮,进入"应付工资一览表",如图6-54所示。

应付工资一览表

部门名称	人员类别	应发合计 分配金额	借方科目	贷方科目
行政部	管理人员	15900.00	660201	221101
财务部	管理人员	12600.00	660201	221101
销售部	经营人员	9100.00	660101	221101
采购部	经营人员	9100.00	660101	221101
一车间	车间管理人员	6600.00	510101	221101
一车间	车间人员	5550.00	510101	221101
二车间	车间管理人员	6100.00	510101	221101
二车间	车间人员	4550.00	510101	221101
仓储部	经营人员	4550.00	660101	221101
运输部	经营人员	4550.00	660101	221101

图6-54 应付工资一览表

选中"合并科目相同、辅助项相同的分录",然后单击"制单"按钮,生成凭证。将凭证设为"转账凭证",单击"保存"按钮,将凭证传递到总账系统。

(3) 生成工资分摊凭证有错的处理方法

① 选择"业务工作"|"人力资源"|"薪资管理"|"统计分析"|"凭证查询"按钮,然后删除前面生成的有误凭证。

② 选择"业务工作"|"财务会计"|"总账"|"填制凭证",单击"整理凭证"按钮就可以彻底清除这张凭证。

③ 再建立新的工资分摊方案,就可以按照新的方案生成凭证。

实验提示

所有与工资相关的费用、基金都可以建立相应的分摊类型名称及分类比例,通过工资分摊功能进行计算并生成凭证。

工资分摊的设置也要按分摊顺序进行。

6.2.4 临时人员工资类别日常工资处理

实验资料

临时人员工资资料如表6-10所示。

表6-10 临时人员工资情况

人员编码	人员姓名	工作岗位	岗位补贴	本月工时
320	天河飞	组装	300	180
321	秦半岛	组装	300	190
322	叶海甸	组装	300	200

(续表)

人员编码	人员姓名	工作岗位	岗位补贴	本月工时
323	万银大	组装	300	250
324	珠海玉	组装	300	210
325	温琼海	测试	200	220

计件工资标准：工时有"组装工时"和"测试工时"两项；计件工资单价是组装工时20元，测试工时15元。

实验过程

1. 输入工资数据

(1) 选择工资类别

选择"业务工作"|"人力资源"|"薪资管理"|"工资类别"|"打开工资类别"，打开"临时人员工资类别"窗口。

(2) 启用计件工资

如果在前面没有启用计件工资模块，需要先进行启用。方法是选择"基础设置"|"基本信息"|"系统启用"，启用"计件工资管理"模块。

(3) 计件工资设置

选择"业务工作"|"人力资源"|"计件工资"|"选项"，单击"编辑"按钮，选择"个人计件"，不选择"班组计件"。单击"确定"按钮完成。

(4) 计件工资管理

选择"业务工作"|"人力资源"|"计件工资"|"设置"|"计件要素设置"，按照本案例要求，先单击"编辑"按钮进行增加等操作。

设置"工作岗位"、"工时数"、"工价"，并进行启用(合格数量、废品工价、废品数几个项目必须保持启用，不然后面过程不能进行)，如图6-55所示，单击"确定"按钮完成设置。

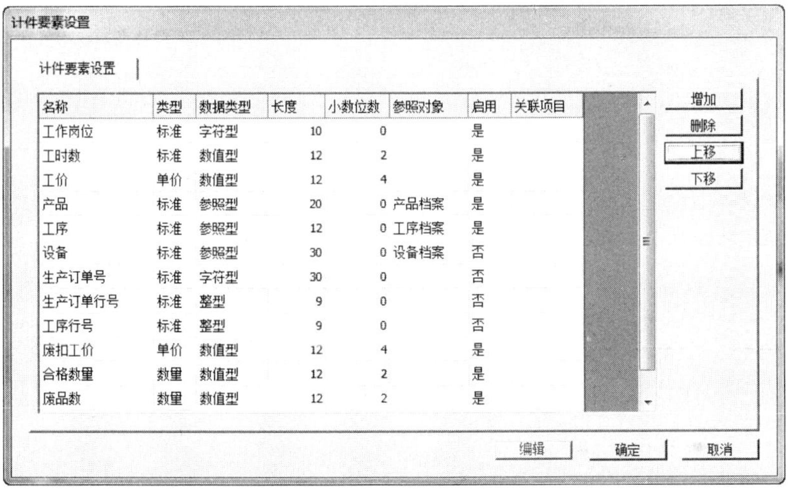

图6-55 计件要素设置

实验提示

若要删除一个项目,首先需要删除后续输入的内容,然后取消启用,再删除。

 新增的"工时数"为数值型。

选择"业务工作"|"人力资源"|"计件工资"|"设置"|"计件工价设置",按照本案例输入,如图6-56所示。单击"保存"按钮完成设置。

图6-56 计件工件设置

选择"业务工作"|"人力资源"|"计件工资"|"设置"|"计件项目设置",选择个人计件公式,如图6-57所示。

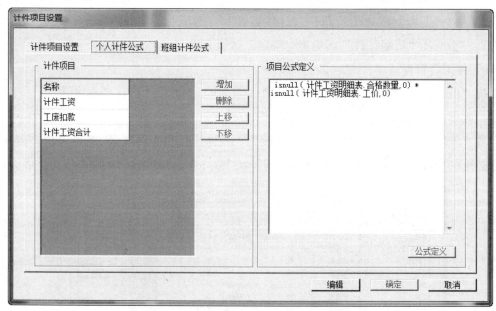

图6-57 计件项目设置(个人计件公式)

单击"编辑"按钮,选择"计件工资"项目,再单击"公式定义"按钮,如图6-58所示。

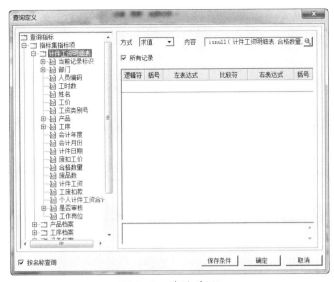

图6-58　查询定义

单击"内容"后部的"查询"按钮，进入"查询表达式"窗口，并设置公式，如图6-59所示。

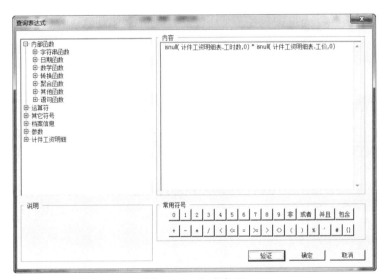

图6-59　公式定义

公式输入后，单击"验证"按钮，如果输入正确，系统提示公式定义有效。

单击"确定"按钮，返回"查询定义"窗口。再单击"确定"回到计件项目设置。计件工资的项目公式定义为：isnull(计件工资明细表.工时数,0) * isnull(计件工资明细表.工价,0)。单击"确定"按钮逐一退出。

选择"业务工作"|"人力资源"|"计件工资"|"个人计件"|"计件工资输入",选择工资类别为"临时人员工资",单击"批增"按钮,输入姓名、工作岗位、工时数、工价等相关的信息,输入后单击"计算"按钮,完成本人计件工资的计算工作,如图6-60所示。

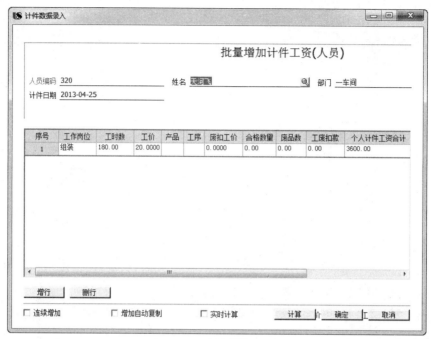

图6-60 计件数据录入

输入完成后如图6-61所示。

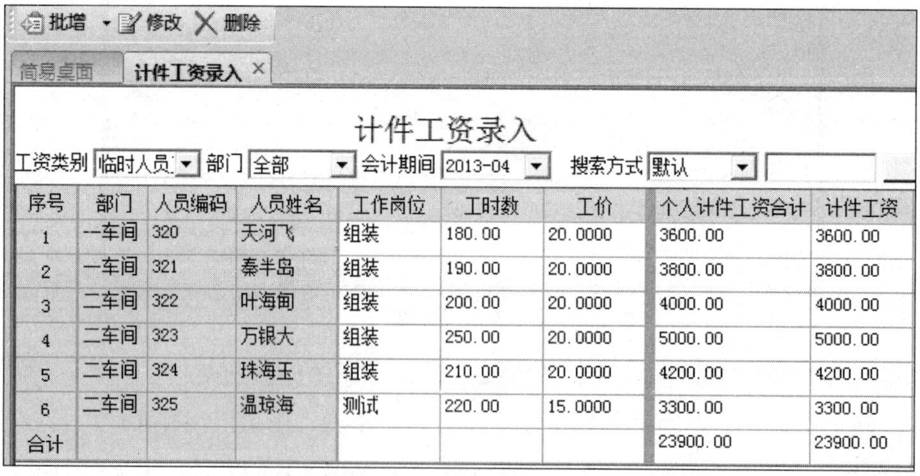

图6-61 计件工资录入

计件工资全部录入完毕后,先单击"计算"按钮,再选择"审核"|"全部审核"。

选择"业务工作"|"人力资源"|"计件工资"|"计件工资汇总",进入后工资类别选择选择"临时人员工资",单击"汇总"按钮,如图6-62所示。

				计件工资汇总					

工资类别: 临时人员 部门 全部 会计期间 2013-04 汇总日期: 2013-4-1 至 2013-4-30

序号	部门编码	部门	人员编码	人员	工废扣款	个人计件工资合计	合格数量	废品数	计件工资
1	301	一车间	320	天河飞	0.00	3600.00	0.00	0.00	3600.00
2	301	一车间	321	秦半岛	0.00	3800.00	0.00	0.00	3800.00
3	302	二车间	322	叶海甸	0.00	4000.00	0.00	0.00	4000.00
4	302	二车间	323	万银大	0.00	5000.00	0.00	0.00	5000.00
5	302	二车间	324	珠海玉	0.00	4200.00	0.00	0.00	4200.00
6	302	二车间	325	温琼海	0.00	3300.00	0.00	0.00	3300.00
合计					0.00	23900.00	0.00	0.00	23900.00

图6-62　计件工资汇总

实验提示

录入的计件工资只有审核后才能进行汇总。只有进行了汇总，计件工资数据才能传送到工资变动数据录入中。

(5) 设置扣税项目和税率

选择"业务工作"|"人力资源"|"薪资管理"|"设置"|"选项"，将扣税设置中的计算所得税项目设置为"应发合计"。

税率设置与正式人员工资类别相同，请参考前面讲述的设置方法。

(6) 录入工资数据

选择"业务工作"|"人力资源"|"薪资管理"|"业务处理"|"工资变动"，进入"工资变动表"。

计件工资将自动转入，输入岗位补贴，单击工具栏上的"计算"按钮，系统根据定义好的公式自动计算工资表信息，如图6-63所示。

工资变动

所有项目　　　□ 定位器

姓名	部门	人员类别	计件工资	岗位补贴	交通补贴	应发合计	养老保险	代扣税	扣款合计	实发合计
天河飞	一车间	车间人员	3,600.00	300.00	150.00	4,050.00	140.00	16.50	156.50	3,893.50
秦半岛	一车间	车间人员	3,800.00	300.00	150.00	4,250.00	140.00	22.50	162.50	4,087.50
叶海甸	二车间	车间人员	4,000.00	300.00	150.00	4,450.00	140.00	28.50	168.50	4,281.50
万银大	二车间	车间人员	5,000.00	300.00	150.00	5,450.00	140.00	90.00	230.00	5,220.00
珠海玉	二车间	车间人员	4,200.00	300.00	150.00	4,650.00	140.00	34.50	174.50	4,475.50
温琼海	二车间	车间人员	3,300.00	200.00	150.00	3,650.00	135.00	4.50	139.50	3,510.50
			23,900.00	1,700.00	900.00	26,500.00	835.00	196.50	1,031.50	25,468.50

图6-63　工资变动

2. 临时人员工资类别工资分摊处理

(1) 工资分摊设置

选择"业务工作"|"人力资源"|"薪资管理"|"工资类别"|"打开工资类别"，选择"临时人员工资"类别。

选择"业务工作"|"人力资源"|"薪资管理"|"业务处理"|"工资分摊"，弹出"工

资分摊"窗口，选择一车间和二车间，如图6-64所示。

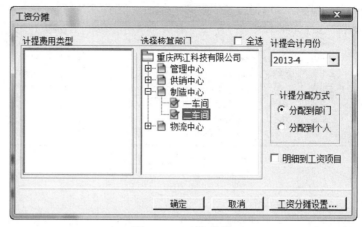

图6-64　工资分摊

单击"工资分摊设置"按钮，打开"分摊类型设置"窗口。然后单击"增加"按钮，在计提类型名称处输入"计件工资分摊"，分摊比例为100%。单击"下一步"按钮，进行分摊构成设置，如图6-65所示。

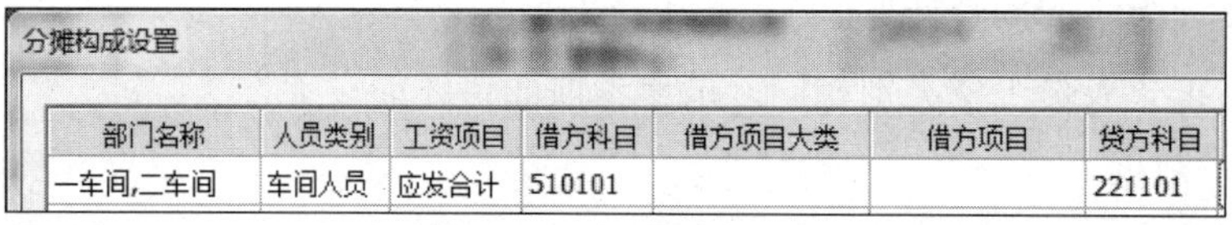

部门名称	人员类别	工资项目	借方科目	借方项目大类	借方项目	贷方科目
一车间,二车间	车间人员	应发合计	510101			221101

图6-65　分摊构成设置

单击"完成"按钮，返回"分摊类型设置"窗口，再单击"返回"按钮，回到"工资分摊"窗口。

(2) 执行工资分摊

选中工资分摊窗口左边计提费用类型中的"计件工资分摊"，然后选择参与分摊的部门，选中"明细到工资项目"、"分配到部门"，如图6-66所示。

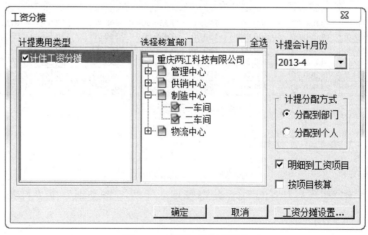

图6-66　薪资分摊设置

单击"确定"按钮,进入"计件工资分摊一览表",选中"合并科目相同、辅助项相同的分录",如图6-67所示。

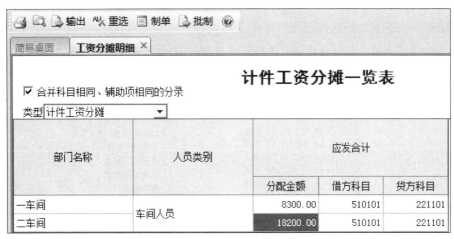

图6-67　计件工资分摊一览表

然后单击"制单"按钮,生成凭证,并将其设为"转账凭证",单击"保存"按钮,将凭证传递到总账系统。

6.2.5　月末处理

月末处理一般在本月报表编制完成后,确认当期业务完成,才进行相关的月末结账等处理,具体方法如下。

(1) 选择"业务工作"|"人力资源"|"薪资管理"|"工资类别"|"打开工资类别",选择工资类别,如"正式人员工资"类别,单击"确定"按钮完成选择。

(2) 选择"业务工作"|"人力资源"|"薪资管理"|"业务处理"|"月末处理",打开"月末处理"窗口。

(3) 单击"确定"按钮,系统提示"月末处理之后,本月薪资将不许变动!继续月末处理吗?",单击"是"按钮。

(4) 系统弹出"是否选择清零项?"提示框,如果选择"是",系统将打开"选择清零项目"窗口。选择清零项目,系统将对这些项目数据进行清零处理;如果不选择清零项目,系统将直接进行月末处理。

> **实验提示**
> 工资账套的反结账,必须由账套主管以下一个会计月的日期登录,使用反结账功能。
> 如果总账系统已结账,则薪资系统不允许反结账。
> 如果薪资系统处理多个工资类别,应分别打开工资类别,进行月末处理。

根据本案例,然后按照同样的方法,对临时人员类别进行月末处理。

6.2.6 工资信息查询

当分类别的月末处理完成后,选择"业务工作"|"人力资源"|"薪资管理"|"工资类别"|"打开工资类别",选择需要打开的工资类别。

选择"业务工作"|"人力资源"|"薪资管理"|"统计分析"|"账表"|"我的账表",显示相关的报表目录,根据需要选择,如图6-68所示。

图6-68 我的账表

第 7 章

期末业务与报表业务处理

7.1 期末业务

7.1.1 期末处理概述

在每个会计期末,都需要进行期末的业务处理,主要包括自动转账、对账、结账等业务事项。

1. 自动转账

自动转账是把每月均要重复或重复率较多的凭证通过定义的方式确定下来,然后在需要生成凭证的时候执行,以提高效率。

例如,转账定义是把凭证的摘要、会计科目、借贷方向以及金额的计算公式预先设置成凭证模板,即自动转账分录,待需要转账时调用相应的自动转账分录生成凭证即可。

定义完转账凭证后,每月月末只需执行"转账生成"功能即可快速生成转账凭证。在此生成的转账凭证将自动追加到未记账凭证中,通过审核、记账后才能真正完成结转工作。

由于转账凭证中定义的公式基本上取自科目余额表和账簿,因此,在进行月末转账之前,必须将所有未记账凭证全部记账;否则,生成的转账凭证中的数据就可能不准确。特别是对于一组相关的转账分录,必须按顺序依次进行转账生成、审核、记账。

根据需要,选择生成结转方式、结转月份及需要结转的转账凭证,系统在进行结转计算后显示将要生成的凭证,确认无误后,将生成的凭证追加到未记账凭证中。

结转月份为当前会计月,且每月只结转一次。在生成结转凭证时要注意操作日期,一般在月末进行。

2. 对账

对账是对账簿数据进行核对,以检查记账是否正确以及账簿是否平衡。它主要是通过核对总账与明细账、总账与辅助账、总账与其他业务系统数据来完成账账核对。

试算平衡就是将系统中设置的所有科目的期末余额按会计平衡公式"借方余额=贷方余额"进行平衡检验,并输出科目余额表及是否平衡等信息。

一般说来，实行计算机记账后，只要记账凭证录入正确，计算机自动记账后各种账簿都应是正确、平衡的，但由于非法操作、计算机病毒或其他原因，有时可能会造成某些数据被破坏，因而引起账账不符。为了保证账证相符、账账相符，应使用对账功能进行对账，至少一个月一次，一般可在月末结账前进行。

当对账出现错误或记账有误时，应查找原因进行纠正。

7.1.2 期末业务

到期末，首先是要检查应该处理的业务是否已经处理。

(1) 以出纳操作员登录，对还没有进行出纳签字的凭证进行出纳签字。通过选择"业务工作"|"财务会计"|"总账"|"凭证"|"出纳签字"完成。

(2) 以具有凭证审核和记账权限的操作员身份登录，进行凭证的审核和记账。通过选择"业务工作"|"财务会计"|"总账"|"凭证"|"审核凭证"和"记账"完成。

7.1.3 自动转账

实验资料

按当月应发工资总额的14%计提职工福利费，将制造费用中按照工资提取的福利费合并到财务部中。使用自动转账凭证完成。

实验过程

1. 定义转账凭证

(1) 选择"业务工作"|"财务会计"|"总账"|"期末"|"转账定义"|"自定义转账"，进入"自定义转账设置"窗口。

(2) 单击"增加"按钮，添加转账目录，如图7-1所示。单击"确定"按钮，继续定义转账凭证的分录信息。

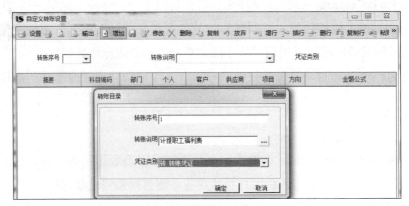

图7-1 转账目录定义

(3) 设置公式。单击"增行"按钮，在科目编码栏行中，输入660102(销售费用/福利费)，部门为"销售部"，方向为"借"。

将光标移到"金额公式"栏目下按F2键进入"公式向导"窗口，选择FS( )(借方发生额)，如图7-2所示。

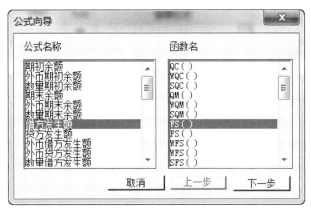

图7-2 公式向导

单击"下一步"按钮，科目输入660101(销售费用/工资)，勾选"继续输入公式"，选择运算符*(乘)，如图7-3所示。

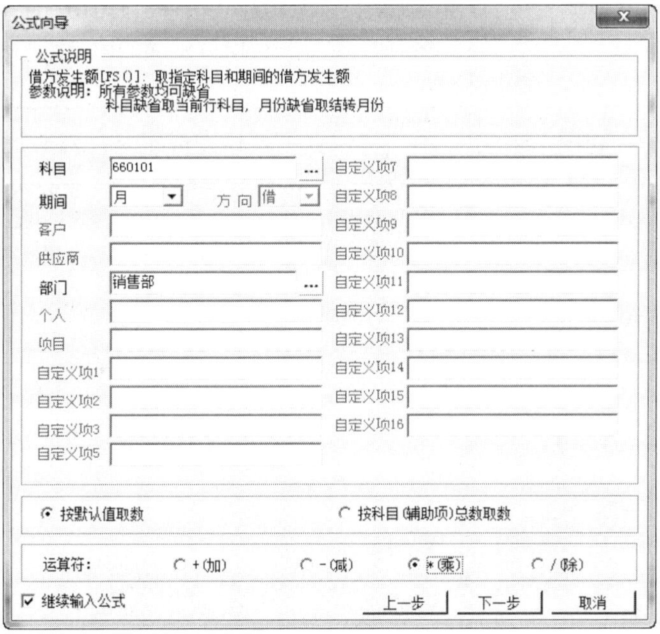

图7-3 公式定义

单击"下一步"按钮，进入"公式向导"窗口，在公式名称中选择"常数"，再单击"下一步"按钮输入0.14(14%)，如图7-4所示。

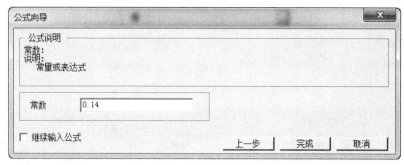

图7-4 公式向导

单击"完成"按钮,返回金额公式栏。完成了本公式定义:FS(660101,月,借,201)*0.14。其他公式类似,可以通过复制这个公式修改。具体公式如表7-1所示。

表7-1 公式定义

科目	部门	方向	金额公式
销售费用-福利费	销售部	借	FS(660101,月,借,201)*0.14
销售费用-福利费	采购部	借	FS(660101,月,借,202)*0.14
销售费用-福利费	仓储部	借	FS(660101,月,借,401)*0.14
销售费用-福利费	运输部	借	FS(660101,月,借,402)*0.14
管理费用-福利费	行政部	借	FS(660201,月,借,101)*0.14
管理费用-福利费	财务部	借	FS(660201,月,借,102)*0.14+FS(510101,月,借)*0.14
应付职工薪酬-职工福利费		贷	FS(660101,月,借)*0.14+FS(660201,月,借)*0.14+FS(510101,月,借)*0.14

凭证定义完成后,如图7-5所示。单击"保存"按钮完成定义,然后退出。

图7-5 凭证设置

2. 生成转账凭证

(1) 生成凭证

选择"业务工作"|"财务会计"|"总账"|"期末"|"转账生成",打开"转账生成"窗口。选择"自定义转账"单选按钮,在"是否结转"下双击选择,如图7-6所示。

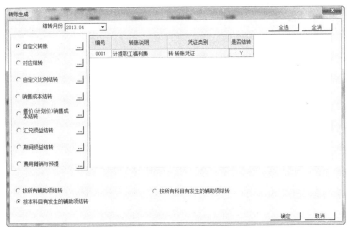

图7-6 转账凭证生成选择

单击"确定"按钮,系统根据定义的转账公式生成凭证,凭证分录如表7-2所示。单击"保存"按钮完成生成凭证。

表7-2 计提职工福利费转账凭证

科目	部门	方向	金额
销售费用-福利费(660102)	销售部	借	1274
销售费用-福利费(660102)	采购部	借	1274
销售费用-福利费(660102)	仓储部	借	637
销售费用-福利费(660102)	运输部	借	637
管理费用-福利费(660202)	行政部	借	2226
管理费用-福利费(660202)	财务部	借	8666
应付职工薪酬-职工福利费(221102)		贷	14 714

(2) 数据验证

按照数据计算关系,要对生成的凭证进行验证,以确保准确。具体可根据涉及的科目余额表、部门科目总账等,对计算公式进行还原。选择"业务工作"|"财务会计"|"总账"|"账表"|"部门辅助账"|"部门总账"|"部门科目总账",如图7-7所示。

图7-7 部门科目总账

如销售部的职工福利费:9100×0.14=1274,据此可与凭证生成的数据进行核对。

7.1.4 汇兑损益

实验资料

4月末，期末汇率调整，期末汇率为1美元＝6.2000元人民币。

借：财务费用/汇兑损益(660303)　　　　5500

　　贷：银行存款/中行存款(100202)　　　5500

实验过程

1. 汇兑损益凭证设置

(1) 选择"业务工作"|"财务会计"|"总账"|"期末"|"转账定义"|"汇兑损益"，进入"汇兑损益结转设置"窗口。

(2) 汇兑损益入账科目选择科目编码660303，凭证类别为"付款凭证"，然后双击中行存款"是否计算汇兑损益"栏，使该栏显示"Y"，如图7-8所示。单击"确定"按钮完成设置。

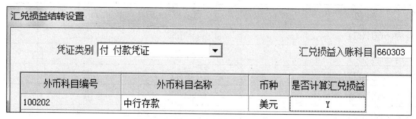

图7-8　汇兑损益凭证设置

2. 月末汇率设置

(1) 选择"基础设置"|"基础档案"|"财务"|"外币设置"，弹出"外币设置"窗口。

(2) 选中外币"美元"，在月份2013.04对应的"调整汇率"栏中输入6.20，如图7-9所示。单击"退出"按钮完成设置。

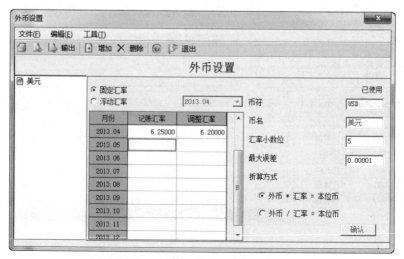

图7-9　输入期末调整汇率

3. 汇兑损益凭证生成

(1) 选择"业务工作"|"财务会计"|"总账"|"期末"|"转账生成",选择"汇兑损益结转",外币币种选择"美元",再双击"是否结转",设置为"Y",如图7-10所示。

图7-10　汇兑损益凭证生成设置

(2) 单击"确定"按钮,系统弹出"汇兑损益试算表",显示外币余额、本币余额等信息,如图7-11所示。

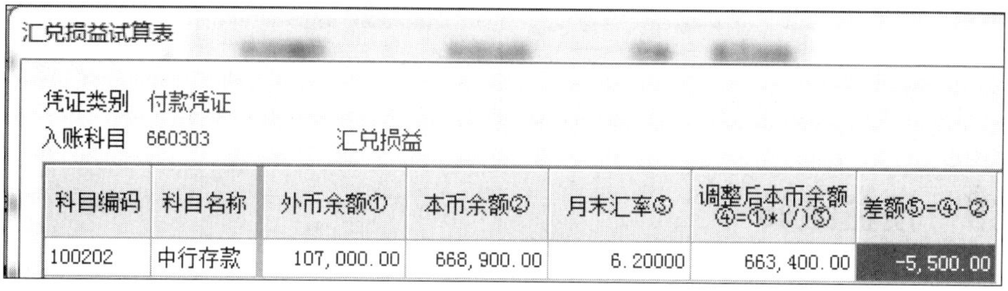

图7-11　汇兑损益试算表

单击"确定"按钮,系统进入"生成凭证"窗口,凭证分录如下:
借:财务费用/汇兑损益(660303)　　　5500
　　贷:银行存款/中行存款(100202)　　　5500
票号等信息自行输入,单击"保存"按钮,生成凭证。

实验提示

因汇兑损益结转生成的凭证会涉及银行科目,因此记账前仍然要进行出纳签字。

7.1.5 销售成本结转

实验资料

月末进行销售成本结转。

库存商品科目：1405；商品销售收入科目：6001；商品销售成本科目：6401。

实验过程

1. 销售成本结转设置

销售成本结转是将月末商品(或产成品)销售数量乘以库存商品(或产成品)的平均单价计算各类商品销售成本并进行结转。如果在存货核算时已经结转，这里就不用结转。

本案例不用结转，以下供参考。

选择"业务工作"|"财务会计"|"总账"|"期末"|"转账定义"|"销售成本结转"，进入"销售成本结转设置"窗口。输入相关科目，库存商品科目为1405，商品销售收入科目为6001，商品销售成本科目为6401。单击"确定"按钮完成设置。

> **实验提示**
>
> 如果提示某科目需要设置数量核算时，可选择"基础设置"|"基础档案"|"财务"|"会计科目"，选择要设置的科目，单击"修改"按钮，选择数量核算和输入计量单位，计量单位可选一种输入。

2. 销售成本凭证结转生成

选择"业务工作"|"财务会计"|"总账"|"期末"|"转账生成"，选择"销售成本结转"。

7.1.6 损益结转

实验资料

月末，结转损益。

在采购、销售、核算、薪资、固定资产系统生成的凭证以及总账手工填制的凭证，均记账完成后，再进行本实验。

实验过程

1. 期间损益结转设置

(1) 先将未记账的凭证进行审核、记账。

(2) 选择"业务工作"|"财务会计"|"总账"|"期末"|"转账定义"|"期间损益"，进入"期间损益结转设置"窗口。

(3) 选择本年利润科目编码4103，凭证类别为转账凭证，如图7-12所示。单击"确定"按钮完成设置。

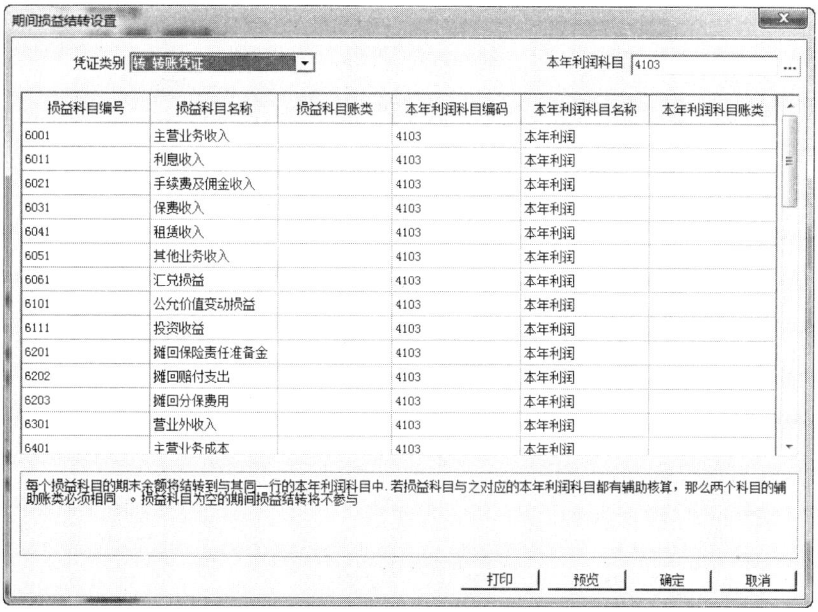

图7-12　期间损益结转设置

2. 期间损益结转

(1) 选择"业务工作"|"财务会计"|"总账"|"期末"|"转账生成"，选择"期间损益结转"，单击"全选"按钮，如图7-13所示。

图7-13　转账生成

(2) 单击"确定"按钮，生成转账凭证，单击"保存"按钮完成凭证生成。

选择"业务工作"|"财务会计"|"总账"|"账表"|"科目账"|"序时账"，显示的凭证分录如图7-14所示。

日期	凭证号数	科目编码	科目名称	摘要	方向	金额
2013.04.25	转-0051	4103	本年利润	*期间损益结转	贷	296,372.00
2013.04.25	转-0051	6001	主营业务收入	*期间损益结转	借	1,518,900.0
2013.04.25	转-0051	6401	主营业务成本	*期间损益结转	贷	1,089,570.3
2013.04.25	转-0051	660101	工资	*期间损益结转_销售部	贷	9,100.00
2013.04.25	转-0051	660101	工资	*期间损益结转_采购部	贷	9,100.00
2013.04.25	转-0051	660101	工资	*期间损益结转_仓储部	贷	4,550.00
2013.04.25	转-0051	660101	工资	*期间损益结转_运输部	贷	4,550.00
2013.04.25	转-0051	660102	福利费	*期间损益结转_销售部	贷	1,274.00
2013.04.25	转-0051	660102	福利费	*期间损益结转_采购部	贷	1,274.00
2013.04.25	转-0051	660102	福利费	*期间损益结转_仓储部	贷	637.00
2013.04.25	转-0051	660102	福利费	*期间损益结转_运输部	贷	637.00
2013.04.25	转-0051	660106	折旧费	*期间损益结转_销售部	贷	810.00
2013.04.25	转-0051	660106	折旧费	*期间损益结转_采购部	贷	984.58
2013.04.25	转-0051	660106	折旧费	*期间损益结转_仓储部	贷	810.00
2013.04.25	转-0051	660106	折旧费	*期间损益结转_运输部	贷	3,216.00
2013.04.25	转-0051	660199	其他	*期间损益结转_销售部	贷	37,326.80
2013.04.25	转-0051	660201	工资	*期间损益结转_行政部	贷	15,900.00
2013.04.25	转-0051	660201	工资	*期间损益结转_财务部	贷	12,600.00
2013.04.25	转-0051	660202	福利费	*期间损益结转_行政部	贷	2,226.00
2013.04.25	转-0051	660202	福利费	*期间损益结转_财务部	贷	8,666.00
2013.04.25	转-0051	660203	办公费	*期间损益结转_采购部	贷	350.00
2013.04.25	转-0051	660204	差旅费	*期间损益结转_行政部	贷	1,800.00
2013.04.25	转-0051	660205	招待费	*期间损益结转_行政部	贷	1,500.00
2013.04.25	转-0051	660206	折旧费	*期间损益结转_行政部	贷	6,562.42
2013.04.25	转-0051	660206	折旧费	*期间损益结转_财务部	贷	1,587.41
2013.04.25	转-0051	660299	其他	*期间损益结转_财务部	贷	-3.56
2013.04.25	转-0051	660301	利息支出	*期间损益结转	贷	2,000.00
2013.04.25	转-0051	660303	汇兑损益	*期间损益结转	贷	5,500.00

图7-14 期间损益结转凭证

实验提示

期间损益结转前，系统内所有凭证都必须记账完毕。通过期间损益结转生成的凭证，也要进行审核、记账。

如果凭证生成错误，选择"业务工作"|"财务会计"|"总账"|"凭证"|"查询凭证"，选择要删除的凭证，执行"作废/恢复"功能作废，然后再选择"填制凭证"功能，进入后选择"整理凭证"将凭证彻底清除。

7.2 报表管理

7.2.1 报表编制的一般方法

在手工记账的情况下，编制报表是一项非常复杂的工作。在实现会计信息化后，编制报表就变得简单多了。会计软件提供了非常丰富的报表模板,只需要利用系统提供的报表模板,对相应的参数进行设置,便可完成报表的编制工作。

通过报表模板来编制报表,主要工作流程如图7-15所示,具体软件在操作上有一些差异。

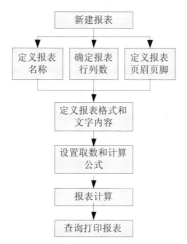

图7-15 报表编制工作流程

(1) 确定报表数据来源账套。

这一步是对进行编制的报表数据来源及操作人员权限的定义。

① 账套。指明所要编制的报表,其数据是来自哪个账套,也就是由哪个账套的数据来加工产生目前的这张报表,可以通过浏览功能进行选择。

② 日期。报表编制中会根据这一日期进行相关会计期间的报表编制,因此,在实际工作中,要根据编制报表的会计期间对这一日期进行更改。例如,要编制2013年4月份的利润表,就要将日期修改为2013-04-30。

③ 操作员。指明是由谁来编制生成的这张报表,这里的操作员只能是在前面指定的账套中出现过的,对此类报表有操作权限的操作员。

④ 口令。即操作员的口令,这样设置可以避免没有相关操作权限的人员通过电子表格来查看数据。

(2) 定义报表

① 会计报表的构成

页眉(表头):页眉是指报表上部的描述部分,如表名、编号、单位、日期等。

表体:表体是报表的主要组成部分,包括列标题、项目说明和数据。行、列坐标均从表体开始计算。

附注:附注是报表的补充资料,报表的附注始终在表体与页脚之间。

页脚(表尾):页脚是指报表底部的描述部分,如制表人、审核人等。

下面以利润表的格式来说明报表页眉、表体、附注、页脚的具体划分,如图7-16所示。

利润表

会企02表

编制单位： _____年___月 单位：元

项目	行次	本月数	本年累计数
一、主营业务收入	1	240,000.00	240,000.00
减：主营业务成本	4	135,483.00	135,483.00
主营业务税金及附加	5	0.00	0.00
二、主营业务利润	10	104,517.00	104,517.00
加：其他业务利润	11	0.00	0.00
减：营业费用	14	23,477.15	23,477.15
管理费用	15	25,352.82	25,352.82
财务费用	16	-2,300.00	-2,300.00
三、营业利润	18	57,987.03	57,987.03
加：投资收益	19	3,000.00	3,000.00
补贴收入	22	0.00	0.00
营业外收入	23	0.00	0.00
减：营业外支出	25	1,000.00	1,000.00
四、利润总额	27	59,987.03	59,987.03
减：所得税	28	0.00	0.00
五、净利润	29	59,987.03	59,987.03

注：——→附注

审核：　　　　　　　　　制表：————→页脚

页眉（右上角）；表体（右中）

图7-16　报表构成示意图

② 定义报表

报表项目：指明编制的报表所包含的经济项目。

行次：指明当前项目在报表中所处的行次。

数据来源：指明当前项目所表示的经济数据的来源。

(3) 定义计算公式和勾稽关系公式

① 定义计算公式

让报表软件来生成一张符合实际需要的报表，关键在于报表的数据来源，即如何让电子表格自动、快速、准确地生成报表中每个单元的数据。

取数公式就是从哪里把数据取来，如取出科目发生额余额表的某个数据。计算公式就是将有关数据进行加减乘除等运算，然后将计算得到的结果放入某单元。在具体定义公式时，取数和计算往往是放在一起的。

公共函数则包括了数据转换函数、日期时间函数、文件系统函数、财务函数、系统信息函数、系统交互函数、数学函数和字符串函数等，要根据需要引用。

② 定义勾稽关系公式

勾稽关系公式，也称为审核公式。报表审核就是通过事先定义的审核公式，对相关数据进行自动核对验证报表数据正确性的一种方法。其中又分为本表内的数据审核和表间数据审核。

报表计算与报表审核的区别是，报表计算按照定义的报表取数和计算公式改变报表中的数据，而报表审核只是进行相关的验证，对不符合审核公式规则的数据进行提示，但不改变数据本身。

(4) 生成报表

在报表项目、行次、数据来源、取数公式和计算公式定义完成后，系统将根据所指定的账套、会计期间以及相关公式，自动计算出报表各项目的数据。

(5) 调整报表

如果电子表格生成的报表与实际所要求的格式不一致，或为了让报表更便于阅读和美观，可以对报表的格式进行设置。这需要通过对相关单元格的属性进行调整修改，使最后打印出来的报表与实际要求相符。除需要增补的内容外，应严格使用自动生成的数据，保证数据的一致性。

(6) 完成报表编制

进行报表的查询、打印等工作。

对于一些常用的报表，一般在报表软件中事先设定了模板，并定义了相关的公式。因此，对于这部分报表，如果不需要修改可以直接使用，一般称为"自动制表"。即便如此，具体应用时也应该仔细检查，以防止错误发生。

7.2.2　U8报表管理功能概述

1. 报表的基本功能

在U8系统中，财务报表集成在U8系统中，需要登录U8 V10.1软件后才能使用。利用报表系统的功能既可以编制各种对外报表，也可以编制内部报表。

报表系统的主要功能是对报表文件进行管理，设计报表格式，定义报表公式，从总账系统和其他业务系统中取得有关数据，自动编制会计报表；对报表进行审核、汇总，生成各种分析图，并按预定格式输出各种报表。

2. 一般报表制作流程

要完成一般的报表处理，其流程如下：第一步，启动U8报表，建立报表；第二步，设计报表的格式；第三步，定义各类公式；第四步，报表数据处理；第五步，报表图形处理；第六步，打印报表；第七步，退出报表系统。

实际应用时，具体的操作步骤应视情况而定，但以上步骤中的一、二、四、七是必需的。

制作报表的一个关键就是要明确数据的来源，实际上报表系统就是将各种来源的数据采集到所需的报表中，然后进行计算、汇总等，达到所需要的目的，其报表数据来源如图7-17所示。

图7-17 报表数据来源

3. 报表公式定义

(1) 公式定义类型

财务报表有三类公式：计算公式(单元公式)、审核公式和舍位平衡公式，公式的定义在格式状态下进行。

① 计算公式定义了报表数据之间的运算关系，在报表数值单元中键入"="就可直接定义计算公式，所以也称为单元公式。

② 审核公式用于审核报表内或报表之间的勾稽关系是否正确，需要用"审核公式"菜单项定义。

③ 舍位平衡公式用于报表数据进行进位或小数取整时调整数据，避免破坏原数据平衡，需要用"舍位平衡公式"定义。

(2) 财务函数基本说明

企业会计报表数据一般来自于总账系统，而财务函数则是总账系统与财务报表之间的联系桥梁，通过定义财务函数，将总账系统数据取出放在定义的报表单元格中，生成报表。财务函数的基本格式是：

函数名("科目编码",会计期间,["方向"],[账套号],[会计年度],[编码1],[编码2])

其中，科目编码可以是科目名称，并且使用英文字符的双引号括起来；会计期间可以是年、月等变量，也可以是具体的某年数值；方向指借或贷，可以省略；账套号指取数账套的代号，可以省略，如果省略，表示从默认账套中取数，可以利用"数据"菜单中的"计算时提示选择账套"功能，用于指定账套；会计年度即数据取数时的年度，可以省略；编码1、编码2是可以取科目的相关辅助项，如部门、个人等，如果科目没有辅助核算项，也可以省略。

在公式定义中，如果省略的参数后面没有内容了，则可以不写逗号；如果省略的参数后面还有内容，则必须写逗号，并把它们的位置留出来。

4. 报表模板

在财务报表系统中，除了可以自定义报表格式外，系统还提供了包括多个行业的标准财务报表的模板，可以根据报表模板快速建立一张标准财务报表。

7.2.3 制作常规报表

实验资料

(1) 根据模板制作4月份资产负债表。
(2) 根据模板制作4月份利润表。

实验过程

1. 利用模板制作资产负债表

(1) 选择"业务工作"|"财务会计"|"UFO报表",进入报表窗口。
(2) 选择"文件"|"新建"命令,系统弹出新建窗口,选择"格式"|"生成常用报表",生成后可以在"窗口"菜单下选择相应的报表,如图7-18所示。

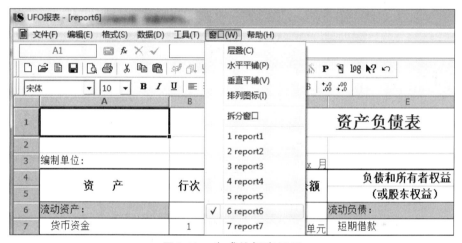

图7-18 生成的报表目录

选择"report6",就是资产负债表,如图7-19所示。

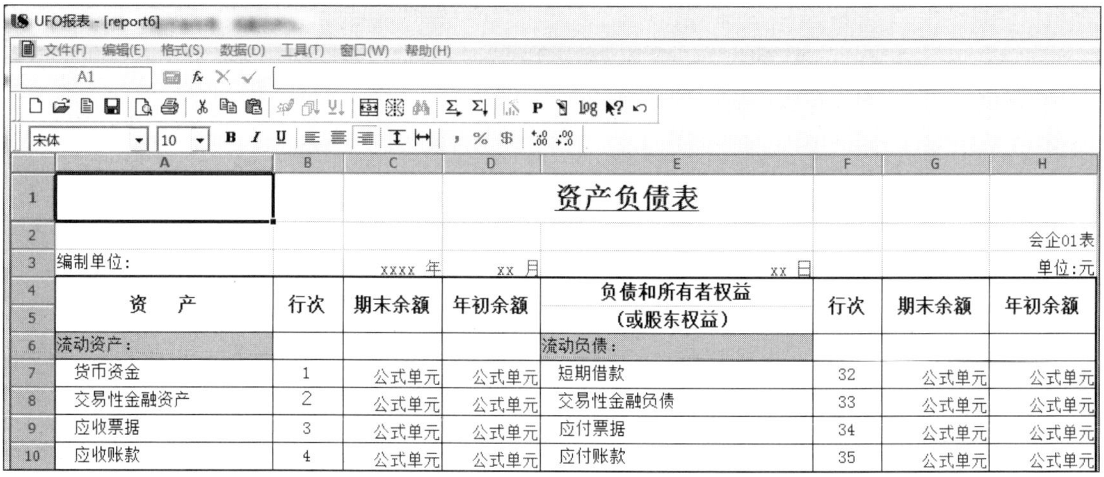

图7-19 资产负债表

在报表的左下角显示"格式"(红颜色),表示此时报表处于格式状态。

(3) 单击写有"公式单元"的单元格,在窗口上部的编辑框中会显示出当前单元格的公式,如果要修改公式,可以单击工具栏上的"fx"按钮或双击单元格,在弹出的"定义公式"窗口中,通过函数向导进行函数定义,或者直接手工输入公式,如图7-20所示。

图7-20 定义公式

(4) 根据企业的实际情况,调整资产负债表的公式定义、报表格式。

(5) 生成报表。在报表"格式"状态下,选择"数据"|"关键字"|"设置",可以选择设置"单位名称"、"年"、"月",如图7-21所示。

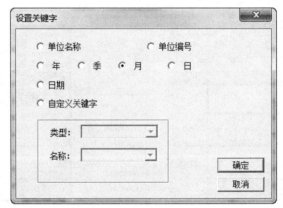

图7-21 设置关键字

单击"确定"按钮,然后单击左下角的"格式"按钮,就转变为"数据"格式状态下,可设置报表的取数月份。选择"数据"|"关键字"|"录入",输入关键字,如图7-22所示。

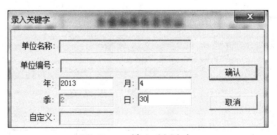

图7-22 输入关键字

单击"确认"按钮,系统弹出提示"是否重算第1页?",选择"是",系统自动根据单元公式计算报表数据,如图7-23所示。

资产	行次	期末余额	年初余额	负债和所有者权益 （或股东权益）	行次	期末余额	年初余额
流动资产：				流动负债：			
货币资金	1	1,514,212.00	1,075,542.00	短期借款	32	200,000.00	
交易性金融资产	2			交易性金融负债	33		
应收票据	3			应付票据	34		
应收账款	4	1,439,191.56	290,600.00	应付账款	35	676,845.40	367,407.00
预付款项	5			预收款项	36		
应收利息	6			应付职工薪酬	37	128,014.00	4,800.00
应收股利	7			应交税费	38	173,690.60	4,400.00
其他应收款	8	1,800.00	2,100.00	应付利息	39		
存货	9	3,912,040.85	4,328,253.00	应付股利	40		
一年内到期的非流动资产	10			其他应付款	41	2,100.00	
其他流动资产	11			一年内到期的非流动负债	42		
流动资产合计	12	6,867,244.41	5,696,495.00	其他流动负债	43		
非流动资产：				流动负债合计	44	1,180,650.00	376,607.00
可供出售金融资产	13			非流动负债：			
持有至到期投资	14			长期借款	45		
长期应收款	15			应付债券	46		
长期股权投资	16			长期应付款	47		
投资性房地产	17			专项应付款	48		
固定资产	18	3,585,974.59	3,621,376.00	预计负债	49		
在建工程	19			递延所得税负债	50		
工程物资	20			其他非流动负债	51		
固定资产清理	21	5,069.42		非流动负债合计	52		
生产性生物资产	22			负债合计	53	1180650.00	376607.00
油气资产	23			所有者权益（或股东权益）：			
无形资产	24	58,500.00	117,000.00	实收资本（或股本）	54	7,757,944.00	7,695,444.00
开发支出	25			资本公积	55		
商誉	26			减：库存股	56		
长期待摊费用	27			盈余公积	57		
递延所得税资产	28			未分配利润	58	1,655,350.00	1,362,820.00
其他非流动资产	29			所有者权益（或股东权益）合计	59	9,413,294.00	9,058,264.00
非流动资产合计	30	3649544.01	3738376.00				
资产总计	31	10516788.42	9434871.00	负债和所有者权益（或股东权益）总计	60	10,593,944.00	9,434,871.00

图7-23 资产负债表(数据部分)

单击"保存"按钮，以"两江资产负债表"为名保存，具体保存的目录可自己选择。

(6) 调整报表。首次使用时，要对报表的某个单元数据，按照科目余额表和其他有关数据，对报表数据进行验证，以确保数据的正确性。在具体的单位处理业务时，往往都有所差异，有时也因为忘记某些月末应该处理的业务，而导致报表数据不准确或者错误。

在本案例生成的资产负债表中，期末是不平衡的。

资产总计-负债和所有者权益总计=10 516 788.42-10 593 944.00=-77 155.58

造成数据不平衡的原因是：制造费用期末借方余额77 250.58元，月末未结转到生产成本科目；待处理财产损益期末贷方余额95元，期末未进行处理。所以：77 250.58-95=77 155.58，即差额。

解决方法如下：如果期末还没有结账，就可以制作相关月末处理凭证，然后再生成报表。如果月末已经结账，则可以直接调整报表公式，使报表数据正确，下月再处理相关调整业务。

2. 利用模板制作利润表

与利用模板制作资产负债表步骤相似，选择"利润表(report3)"模板，如图7-24所示。

利润表

会企02表
编制单位：　　　　　　　xxxx年　　　　xx月　　　　单位：元

项目	行数	本期金额	上期金额
一、营业收入	1	公式单元	公式单元
减：营业成本	2	公式单元	公式单元
营业税金及附加	3	公式单元	公式单元
销售费用	4	公式单元	公式单元
管理费用	5	公式单元	公式单元
财务费用	6	公式单元	公式单元
资产减值损失	7	公式单元	公式单元
加：公允价值变动收益（损失以"-"号填列）	8	公式单元	公式单元
投资收益（损失以"-"号填列）	9	公式单元	公式单元
其中：对联营企业和合营企业的投资收益	10		
二、营业利润（亏损以"-"号填列）	11	公式单元	公式单元
加：营业外收入	12	公式单元	公式单元
减：营业外支出	13	公式单元	公式单元
其中：非流动资产处置损失	14		
三、利润总额（亏损总额以"-"号填列）	15	公式单元	公式单元
减：所得税费用	16	公式单元	公式单元
四、净利润（净亏损以"-"号填列）	17	公式单元	公式单元
五、每股收益：	18		
（一）基本每股收益	19		
（二）稀释每股收益	20		

图7-24　利润表(格式)

选择"数据"|"关键字"|"设置"，选择"月"，单击"确定"按钮。单击左下角的"格式"按钮，选择"数据"|"关键字"|"录入"，月份输入"4"，即4月，利润表显示如图7-25所示。

项目	行数	本期金额	上期金额
一、营业收入	1	1,518,900.00	
减：营业成本	2	1,089,570.35	
营业税金及附加	3		
销售费用	4	74,269.38	
管理费用	5	51,188.27	
财务费用	6	7,500.00	
资产减值损失	7		
加：公允价值变动收益（损失以"-"号填列）	8		
投资收益（损失以"-"号填列）	9		
其中：对联营企业和合营企业的投资收益	10		
二、营业利润（亏损以"-"号填列）	11	296372.00	
加：营业外收入	12		
减：营业外支出	13		
其中：非流动资产处置损失	14		
三、利润总额（亏损总额以"-"号填列）	15	296372.00	
减：所得税费用	16		
四、净利润（净亏损以"-"号填列）	17	296372.00	
五、每股收益：	18		
（一）基本每股收益	19		
（二）稀释每股收益	20		

图7-25　利润表(数据部分)

选择"文件"|"保存",存为"两江利润表"。

7.2.4 自定义报表制作

实验资料

自定义费用统计表,按照销售费用和管理费用对应二级科目进行合计,报表格式及单元格公式如表7-3所示。

表7-3 费用统计表

单位名称:　　　　　　　　　　　　　　　　　　　　　　　　　　　年　　　月

项目	行次	本期金额	本年累计金额
工资	1	FS("660201",月,"借",,,"　",,)+FS("660101",月,"借",,,"　",,)	LFS("660101",月,"借",,,"　",,)+LFS("660201",月,"借",,,"　",,)
福利费	2	FS("660202",月,"借",,,"　",,)+FS("660102",月,"借",,,"　",,)	LFS("660102",月,"借",,,"　",,)+LFS("660202",月,"借",,,"　",,)
办公费	3	FS("660203",月,"借",,,"　",,)+FS("660103",月,"借",,,"　",,)	LFS("660103",月,"借",,,"　",,)+LFS("660203",月,"借",,,"　",,)
差旅费	4	FS("660204",月,"借",,,"　",,)+FS("660104",月,"借",,,"　",,)	LFS("660104",月,"借",,,"　",,)+LFS("660204",月,"借",,,"　",,)
招待费	5	FS("660205",月,"借",,,"　",,)+FS("660105",月,"借",,,"　",,)	LFS("660105",月,"借",,,"　",,)+LFS("660205",月,"借",,,"　",,)
折旧费	6	FS("660206",月,"借",,,"　",,)+FS("660106",月,"借",,,"　",,)	LFS("660106",月,"借",,,"　",,)+LFS("660206",月,"借",,,"　",,)
其他	7	FS("660299",月,"借",,,"　",,)+FS("660199",月,"借",,,"　",,)	LFS("660199",月,"借",,,"　",,)+LFS("660299",月,"借",,,"　",,)
合计	8	C4+C5+C6+C7+C8+C9+C10	D4+D5+D6+D7+D8+D9+D10

实验过程

1. 格式定义

(1) 进入报表系统,新建一张空报表。选择"业务工作"|"财务会计"|"UFO报表",再选择"文件"|"新建"创建一张空白的报表。

(2) 查看报表左下角的"格式/数据"按钮,让报表处于"格式"状态。

(3) 选择"格式"|"表尺寸",设置报表行列数,行数11行,列数4列,如图7-26所示。

(4) 选择单元格区域A1:D1,单击菜单"格式"|"组合单元",在"组合单元"窗口中单击"整体组合",将所选择的单元格组合成一个单元格,然后在单元格中输入"费用统计表"。

(5) 选择"格式"|"单元属性",将设置的组合单元格设为字符型,字体为宋体,字号18,水平、垂直方向均为居中。

(6) 选择单元格A2,选择"数据"|"关键字"|"设置",选择"单位名称",在C2单元格设置关键字"年",在D2单元格设置关键字"月"。列宽适当调整,如图7-27所示。

图7-26 建立空表

图7-27 设置表头

(7) 完成报表行列名称的设置。选中单元格区域A3：D11，选择"格式"|"区域画线"，在弹出的窗口中选择"网线"，如图7-28所示。

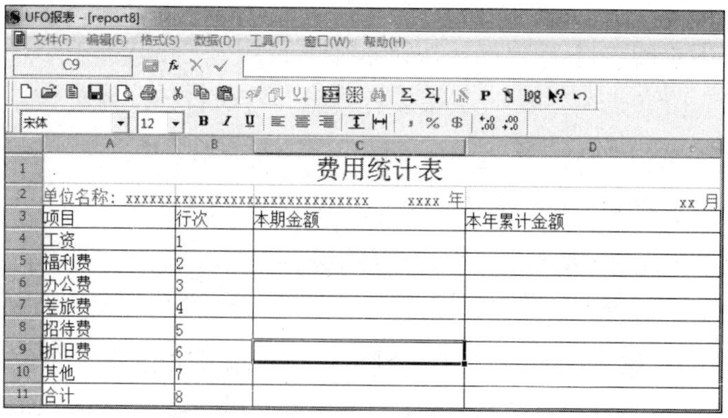

图7-28 费用统计表

2. 公式定义

(1) 选中单元格C4，单击工具栏的"fx"按钮，弹出的"定义公式"窗口，如图7-29所示。

图7-29　定义公式

单击"函数向导"按钮，打开"函数向导"窗口。

(2) 选择用友账务函数，选择"发生(FS)"函数，如图7-30所示。

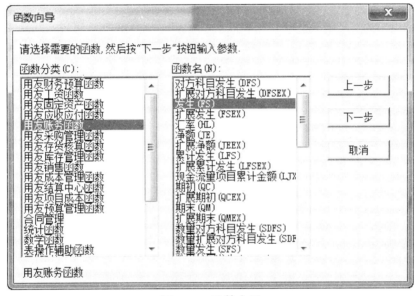

图7-30　函数向导

(3) 单击"下一步"按钮。在"用友账务函数"窗口中，单击"参照"按钮，在弹出的"账务函数"窗口中，选择科目代码660101，其他参数按默认值，如图7-31所示。

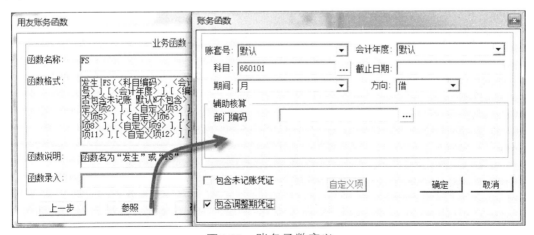

图7-31　账务函数定义

单击"确定"按钮返回"定义公式"窗口,然后输入"+",再增加另一个公式,完成C4单元格的公式定义,结果为FS("660101",月,"借",,,"",,)+FS("660201",月,"借",,,"",,),如图7-32所示。单击"确认"按钮完成定义。

图7-32　取数公式

后面的公式相近,也可以通过复制前一公式修改完成。LFS()函数是取累计发生额。

(4) 选中C11单元格,单击"fx"按钮,系统弹出"定义公式"窗口,在窗口中直接输入公式C4+C5+C6+C7+C8+C9+C10;用同样方法输入D11单元格公式。

实验提示

函数是设定公式的关键,需要熟悉相关的公式,才能自如地定义公式。关于公式函数,具体可参考软件的帮助说明。

3. 数据取数

(1) 单击左下角的"格式"按钮,切换报表状态至"数据"。

(2) 选择"数据"|"关键字"|"录入", 输入报表的关键字"4"月,进行报表计算,完成报表编制,如图7-33所示。

	A	B	C	D
1			费用统计表	
2	单位名称:		2013 年	4 月
3	项目	行次	本期金额	本年累计金额
4	工资	1	55800.00	71800.00
5	福利费	2	14714.00	15814.00
6	办公费	3	350.00	950.00
7	差旅费	4	1800.00	7400.00
8	招待费	5	1500.00	6100.00
9	折旧费	6	13970.41	26570.41
10	其他	演示数据	37323.24	37373.24
11	合计	8	125457.65	166007.65

图7-33　自定义报表

(3) 单击"保存"按钮,以"两江费用统计表"为名保存。

自定义报表在实际工作中应用广泛,要特别注意熟悉需要使用的函数,具体可查看帮助信息,结合业务进行具体编制。

7.3 期末结账

本期业务完成，报表的制作完毕后，在开始下月业务前，需要进行结账。

期末结账涉及相关业务的处理，其基本流程如图7-34所示。

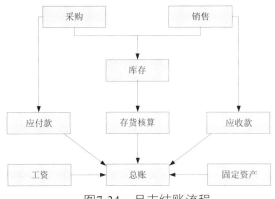

图7-34 月末结账流程

7.3.1 供应链期末处理

1. 采购管理月末结账

选择"业务工作"|"供应链"|"采购管理"|"月末结账"。然后选择"结账"，系统会提示"是否关闭订单"，如果有未关闭的订单，选择"是"，进行关闭订单操作；如果已经关闭了相关订单，选择"否"，完成结账工作。

2. 销售管理月末结账

选择"业务工作"|"供应链"|"销售管理"|"月末结账"，单击"结账"按钮完成。

3. 库存管理月末结账

(1) 对账

选择"业务工作"|"供应链"|"库存管理"|"对账"|"库存与存货对账"，然后选择对账月份进行对账。

(2) 月末结账

选择"业务工作"|"供应链"|"库存管理"|"月末结账"，然后选择结账月份，单击"结账"按钮，系统提示"库存启用月份结账后将不能修改期初数据"，选择"是"，完成结账。

4. 存货核算月末结账

选择"业务工作"|"供应链"|"存货核算"|"业务核算"|"期末处理"，选择全部库房。单击"确定"按钮，处理后会提示处理完成。

选择"业务工作"|"供应链"|"存货核算"|"业务核算"|"月末结账"。

7.3.2 期末对账

选择"财务会计"|"总账"|"期末"|"对账",进入"对账"窗口,选择对账月份。单击"试算"按钮,可查看本期的试算平衡结果。

> **实验提示**
>
> 对账是对账簿数据进行核对,以检查记账是否正确,以及账簿是否平衡。它主要是通过核对总账与明细账、总账与辅助账数据来完成账账核对。为了保证账证相符、账账相符,应经常使用本功能进行对账,至少一个月一次,一般可在月末结账前进行。

7.3.3 月末结账

结账是一种批量数据处理工作,每月只结账一次,主要是对当月日常处理的终止和对下月账簿的初始化,由系统自动完成。

(1) 结账前检查工作

① 检查本月业务凭证是否全部记账,有未记账凭证不能结账。

② 月末结转必须全部生成并记账,否则本月不能结账。

③ 检查上月是否已结账,如果上月未结账,则本月不能记账。

④ 核对总账与明细账、主体账与辅助账、总账系统与其他子系统数据是否一致,不一致则不能结账。

⑤ 检查损益类账户是否全部结转完毕,如未完成则本月不能结账。

⑥ 若与其他子系统联合使用,应检查其他子系统是否已结账,若没有则本月不能结账。

(2) 结账与反结账

结账处理就是计算本月各账户发生额合计和本月账户期末余额,并将余额结转到下月作为下月月初余额。结账完成后不得再录入本月凭证。如果结账以后发现本月还有未处理的业务或其他情况,可以进行"反结账",取消本月结账标记,然后进行修正,再进行结账工作。

(3) 执行结账

选择"财务会计"|"总账"|"期末"|"结账",进入"结账"窗口,如图7-35所示。

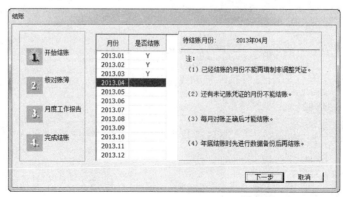

图7-35 结账

单击"下一步"按钮，系统进行账簿核对，然后单击"对账"按钮，完成后单击"下一步"按钮，系统显示本月工作报告。

单击"下一步"按钮，然后单击"结账"按钮，进行结账处理。

实验提示

结账后，除查询外，不得对本月业务进行任何操作。

结账后如果要取消结账，可在结账窗口选中要取消的结账月份，按Ctrl+Shift+F6键，激活"取消结账"功能，按提示操作，取消结账标志。

参考文献

[1] 王新玲，汪刚. 会计信息系统实验教程——用友ERP-U8 V10.1版. 北京：清华大学出版社，2013

[2] 毛华扬，邹淑. 会计业务一体化实验教程(用友ERP-U8.72版). 北京：清华大学出版社，2013

[3] 毛华扬，傅樵. 会计电算化原理与实务——基于用友T3. 北京：中国人民大学出版社，2012

[4] 李震，袁岩凤. ERP财务管理与供应链管理系统实验教程. 北京：清华大学出版社，2011